高等学校商科教育应用系列教材

金融大数据分析

吴云勇 齐 璇 张祎桐 主 编
陈敏安 鄂永利 王佳方 王欣阳 商明蕊 副主编

U0360071

清华大学出版社
北京

内 容 简 介

本书从高等院校金融学专业培养目标出发,理论联系实际,系统地介绍了金融大数据的平台和模式,大数据在银行、证券、保险等金融行业中的应用,大数据金融征信的建设,以及大数据金融信息安全和金融监管体系的构建。本书在介绍理论的基础上加入了相应的案例,便于读者理解,难度适中,具有较强的实用性,是学习金融大数据基础知识的入门教材。

本书既适合作为高等院校金融类相关专业本科生的教学用书,也可作为高等院校经管类专业学生或金融从业者、投资者及相关行业人员了解金融大数据的参考读物。

图书在版编目(CIP)数据

金融大数据分析 / 吴云勇,齐璇,张祎桐主编 .
北京:清华大学出版社,2024.12. -- (高等学校商科
教育应用系列教材).-- ISBN 978-7-302-67799-4

Ⅰ. F830.41
中国国家版本馆 CIP 数据核字第 2024RE2014 号

责任编辑:强　溦
封面设计:傅瑞学
责任校对:袁　芳
责任印制:杨　艳

出版发行:清华大学出版社
　　　　网　　　址:https://www.tup.com.cn,https://www.wqxuetang.com
　　　　地　　　址:北京清华大学学研大厦 A 座　　　　　　邮　　编:100084
　　　　社 总 机:010-83470000　　　　　　　　　　　　邮　　购:010-62786544
　　　　投稿与读者服务:010-62776969,c-service@tup.tsinghua.edu.cn
　　　　质量反馈:010-62772015,zhiliang@tup.tsinghua.edu.cn
　　　　课件下载:https://www.tup.com.cn,010-83470410
印 装 者:三河市天利华印刷装订有限公司
经　　销:全国新华书店
开　　本:185mm×260mm　　　　印　　张:14.25　　　　字　　数:340 千字
版　　次:2024 年 12 月第 1 版　　　　　　　　　　　印　　次:2024 年 12 月第 1 次印刷
定　　价:49.00 元

产品编号:101714-01

前　言 >>>

　　为了适应 21 世纪应用型人才培养的目标要求,本着"以人为本、学以致用"的办学理念,我们组织有关人员编写了本书。

　　本书在坚持"必需、够用"的原则下,力争突出和实现"精、新、实、融"的特点:"精"体现在本书只选取金融大数据的主流、核心理论进行介绍;"新"体现在本书只挑选金融大数据的前沿、热点理论进行介绍;"实"体现在本书力争用朴实易懂的语言将理论与实际相结合,让读者在思考中理解金融大数据的思想;"融"体现在本书是校企合作的结晶,由学校教师与金融业实践工作者共同编写。

　　全书共分为十一章,内容包括金融大数据概述、大数据处理技术与平台、大数据金融的商业模式、大数据在银行业中的应用、大数据在证券业中的应用、大数据在保险业中的应用、大数据在互联网金融中的应用、大数据在供应链金融中的应用、大数据金融征信体系建设、大数据与金融信息安全、大数据金融监管体系建设。

　　党的二十大报告指出,全面贯彻党的教育方针,落实立德树人根本任务。本书各章均融入了素质目标,注重提升读者的思想道德修养;设置"学习园地"模块,引入我国金融大数据领域的先进案例,注重培养读者的文化自信。

　　本书是集体智慧的结晶,具体编写分工如下:吴云勇负责编写第一章,王欣阳负责编写第二章和第三章,张思檬负责编写第四章,王佳方负责编写第五章和第六章,商明蕊负责编写第七章,王倩负责编写第八章,张祎桐负责编写第九章和第十章,齐璇负责编写第十一章。中国人民银行沈阳分行的陈敏安行长参与了第一章的编写,鄂永利处长和崔冬参与了第九章的编写,王星智参与了第十章的编写,李丹参与了第十一章的编写。陈敏安行长和鄂永利处长对全书提出了很多建设性的修改意见。

　　由于编者水平有限,本书难免有不足之处,希望读者提出宝贵的指导意见,以求止于至善。

编　者

2024 年 4 月

目　录 >>>

金融大数据概述

第一节 大数据概述

一、大数据概念的产生

近年来,随着计算技术的进步及移动互联网、物联网、5G 移动通信网络技术的发展,信息技术已经明显呈现"人—机—物"三元融合的态势,新兴应用不断出现,引发了数据规模的爆炸式增长,大数据(big data)引起了国内外产业界、学术界和政府部门的高度关注,甚至被认为是继人力、资本之后一种新的非物质生产要素,蕴含巨大价值,成为国家不可或缺的战略资源。各类基于大数据的应用正日益对全球生产、流通、分配、消费活动及经济运行机制、社会生活方式和国家治理能力产生重要影响。

在全球范围内,运用大数据推动经济发展、完善社会治理、提升政府服务和监管能力正成为趋势,有关发达国家相继制定实施大数据战略性文件,大力推动大数据发展和应用。我国互联网、移动互联网用户规模庞大,拥有丰富的数据资源和应用市场优势,大数据的部分关键技术研发取得突破,涌现出一批互联网创新企业和创新应用,一些地方政府已启动大数据相关工作。坚持创新驱动发展,加快大数据部署,深化大数据应用,已成为稳增长、促改革、调结构、惠民生和推动政府治理能力现代化的内在需要和必要选择。

二、大数据的含义

大数据引起了广泛的关注,但直到今天,并没有形成一个公认的定义,比较被人们接受的说法如下。

(1)维基百科将大数据定义为规模庞大、结构复杂、难以通过现有商业工具和技术在容许的时间内获取、管理和处理的数据集。

(2)美国国家标准与技术研究院(NIST)认为,大数据由具有规模巨大、种类繁多、增长速度快和变化多样,且需要一个可扩展体系结构来有效存储、处理和分析的广泛的数据集组成。

(3)麦肯锡全球研究院综合了"现有技术无法处理"和"数据特征"两个定义,认为大数据是指大小超过经典数据库软件工具收集、存储、管理和分析能力的数据集合。这一定义是站在经典数据库处理能力的基础上看待大数据的。

(4)高德纳(Gartner)咨询公司认为大数据是使用高效的信息处理方式以具备更强的决策力、洞察发现力和流程优化能力的海量、高增长率和多样化的信息资产。从数据的类别上看,大数据是指无法使用传统流程或工具处理或分析的信息。它定义了迫使用户采用非传统处理方法处理的超出正常处理范围及大小的数据集,其价值在于提高数据使用者的最终决策力。

综上所述,大数据是数量巨大、结构复杂、类型各异的数据集合,也是可以通过数据共享、交叉复用的知识与智力资源,更是现代社会的一种核心资产。

三、大数据的特征

大数据的特征可以用"5V"来表示:大体量(volume)、多样性(variety)、时效性(velocity)、准确性(veracity)、价值性(value)。

(一)大体量

一般数据库的大小在 TB 级别,而大数据的起始计量单位在 PB(1PB=1 024TB)级别,有的甚至跃升至 EB、ZB 级别,其中采集、存储和计算的量都非常大。过去,如此量级的数据是难以想象和获取的,但是随着信息技术和网络技术的发展,这一切成为可能。微型计算机、移动终端设备技术的进步提供了大量的源数据,人们的商业或非商业活动得以记录下来;传感器等各种仪器获取数据的能力大幅提高,越来越多的事物特征可以被感知,这些特征数据会以数据的形式被存储下来;存储介质的革命、单位芯片晶体管的几何级增加使超级数据的保存成为可能;超级计算机、云计算技术为数据的转换、分析提供了便捷。互联网的普及,使数据的分享和获取越来越容易,无论用户是有意还是无意地分享或浏览网页,都会产生大量数据。

(二)多样性

大数据具有多样性。在目前所有数据中,98%以上是数字数据,不到 2%是书本等非数字数据。即使是数字数据本身,也存在结构化数据和非结构化数据的区别。结构化数据是指存储在数据库中,可以通过二维表结构实现逻辑表达的数据。简而言之,结构化数据就是可以用相同或相似的表结构进行表达的数据;而非结构化数据则很难用二维逻辑表来表达。早期的非结构化数据主要指的是文本信息,如邮件、医疗档案、写作文档等;随着互联网和物联网的发展,网页搜索记录、社交媒体状态、图片、视频等也被纳入其中。大数据的多样性,同样体现在数据来源及数据应用过程中。例如,一个人的信用记录不仅仅源于银行,还可以源于保险公司、公安系统、就业单位等所有与生活和工作相关的地方;同样,运用个人信用记录的地方也并不单一,现实数据总是以多样化的形式存在。

(三)时效性

大数据的时效性是指在数据量特别大的情况下,数据能够在一定的时间和范围内得到及时处理,这是大数据区别于传统数据最显著的特征。数据体量的增大对数据的处理度、时效性提出了更高的要求。例如,搜索引擎要求几分钟前的新闻能够被用户查询到,个性化推荐算法尽可能地要求实时完成推荐。而金融大数据技术正好能满足这一需求,这也是其区别于传统数据的显著特征。大数据的流动速度快,当处理的数据从 PB 增加至 TB 时,超大规模的数据快速变化,使用传统的软件工具将难以处理。只有对大数据做到实时创建、实时存储、实时处理和实时分析,才能及时有效地获得高价值的信息。

(四)准确性

大数据的准确性是指保证处理的结果具有一定的准确性。结果的准确性涉及数据的可信度、偏差、噪声、异常等质量问题,原始数据的输入错误、缺失及数据预处理系统的失效等会导致数据的不准确,进而分析得出一些错误的结论。因此,保证正确的数据格式对大数据分析十分重要。

(五)价值性

在大数据中,通过数据分析,可以在无序数据中建立关联进而获得大量高价值的、非显而易见的隐性知识,从而具有巨大价值。这一价值一方面体现在统计特征、事件检测、关联和假设检验等各个方面。但是,大数据的价值并不一定随数据集规模扩大而增加。若分析一个特定的问题,大数据中可能包含大量的无用数据,有价值的数据会淹没在大量的无用数据中,因而价值密度低。因此,在计算上,如何度量数据集的价值密度,如何针对应用问题快速定位有价值的数据,挖掘出有价值的数据,是大数据计算的核心问题之一。

四、大数据带来的变革

社会变革是科技创新的产物,蒸汽机的发明和电力的广泛应用将人们带进了工业社会,计算机和互联网的成熟则使人们进入了信息社会。而现在,基于 Web 2.0 的移动互连、物联网、云计算,则将开拓全新的大数据时代。大数据已经改变了我们传统的认识和对待事物的方式,无论是医疗、商业、金融,还是教育、气象、军事等领域,大数据对于现代社会的改变都是全方位的。

(一)技术等级

大数据的处理与分析正成为新兴信息技术应用的焦点,并持续推动信息产业高速增长。移动互联网、物联网、社交网络、电子商务等是新一代信息技术的应用形态,这些应用会不断地产生即时数据,成为大数据的重要来源。云计算技术则为这些海量、多样化的大数据提供存储和运算平台,并通过分析优化,将结果反馈到应用中,使其创造出巨大的经济和社会价值。大数据价值的实现呼唤新技术、新产品、新服务、新业态的产生。这在硬件与集成设备领域表现为对芯片、存储性能提出更高的要求,并催生一体化数据存储处理服务、内存计算等市场;在软件与服务领域表现为引发了数据快速处理分析、数据挖掘技术和软件产品的发展。

(二)决策依据

在传统科学思维中,决策的制定往往是由目标驱动的。然而,大数据时代出现了另一种决策方式,即数据驱动型决策,数据成为决策制定的主要触发条件和重要依据。以天气预测为例,假如现在需要预测某天某地的天气如何,这个时候如果不掌握任何数据,就只能像抛硬币一样进行猜测。但如果知道前一天是晴天,那么预测结果的准确性就大一些。如果又知道大气云层、空气湿度、气温、风速等情况,就能更加准确地做出预测。在这个过程中,掌握的数据越多,做出的决策也就越准确。

(三)计算能力

只要拥有足够多的数据,我们就可以变得更聪明,这是对大数据时代的一个新认知。因此,在大数据时代,原本复杂的智能问题变成了简单的数据问题。只要对大数据进行简单分析,就可以达到基于复杂算法的智能计算的效果。为此,很多学者曾讨论过一个重要话题——大数据时代需要的是更多的数据还是更好的模型。

例如,机器翻译是传统自然语言技术领域的难点,虽曾提出过很多种算法,但应用效果并不理想。近年来,谷歌翻译不再仅靠复杂算法进行翻译,而是采用对它们之前收集的跨语言语料库进行简单分析的方式,提升了机器翻译的效果和效率。图灵奖的获得者吉姆·格雷(Jim Gray)曾提出科学研究的第四种范式——数据科学。在他看来,人类科学研究活动已经经历过三种范式的演变过程(早期的实验科学范式、以模型和归纳为特征的理论科学范式和以模拟仿真为特征的计算科学范式),正在从计算科学范式转向数据科学范式,即第四种范式。

(四)思维方式

大数据对社会的改变是显性的,推动这种改变的动力来自大数据对人们隐性的思维变革。从重要性来看,思维方式的改变甚至比社会的变革更加重要,因为思维的转变是社会变化的源泉。数据思维注重事物之间的相关关系;科学思维注重事物之间的因果关系。大数据的思维方式颠覆了千百年来人类的思维惯例,对人类的认知和与世界交流的方式提出了全新的挑战。

(五)统计方法

大数据时代对统计方法的要求也有着不同于以往的标准。

1. 统计数据采样更完整

在统计方法中,由于数据不容易获取,数据分析的主要手段是随机采样分析。随机采样的成功依赖于采样的绝对随机性,而实现绝对随机性非常困难,采样过程中出现任何偏差,都会使分析结果产生偏离。在大数据时代,数据的来源非常多,需要全面地考虑采样的范围,因此找到最优采样的标准非常困难。同时,随机采样的数据方法具有确定性,针对特定的问题进行数据的随机采样后,一旦问题变化,采样的数据就不再可用。随机采样也受到数据变化的影响,一旦数据发生变化,就需要重新采样。随机采样的目的就是用最少的数据得到最多的信息,这取决于小数据的时代背景。小数据时代,数据的获取非常困难。大数据时代,获取全样本已经变得可行,互联网的普及使获取信息的成本非常低,计算机的发展也使处理大规模数据不再是难事。大数据不仅数据量大,而且数据全面。当有条件和方法获取到海量信息时,随机采样的方法和意义就变得不重要了。

2. 对数据精确性要求放宽

对小数据而言,由于收集的信息较少,对数据的基本要求是数据尽量精确、无错误。特别是在进行随机抽样时,少量错误将可能导致错误的无限放大,从而影响数据的准确性。同时,正是由于数据量小,才有可能保证数据的精确性。因此,数据的精确性是人们追求的目标。然而,对于大数据,保持数据的精确性几乎是不可能的。一方面,大数据通常源于不同领域产生的多个数据源,当由大数据产生所需信息时,通常会出现多源数据之间的不一致性。同时,也由于数据通过传感器、网络爬虫等形式获取,经常会产生数据丢失,而使数据不完整。虽然目前有方法和技术来进行数据清洗,试图保证数据的精确性,然而这不仅耗费巨大,而且保证所有数据都是精确的几乎是不可能的。因此,大数据无法实现精确性。另一方面,保持数据的精确性并不是必需的。经验表明,有时牺牲数据的精确性而获得更广泛来源的数据,反而可以通过数据集之间的关联提高数据分析结果的精确性。数据的丰富使得单个数据的价值密度变低,也使数据变得混杂不精确;然而,这是大数据时代必须接受的现实。

3. 数据相关性优于因果性

人们可以通过数据分析来预测某事是否会发生,其中基于因果关系分析和关联关系分析进行预测是常用的方法。然而,因果关系分析通常基于逻辑推理,耗费巨大;关联关系分析面临数据量不足的问题。在大数据时代,对于已经获取的大量数据,广泛采用的方法是使用关联关系来进行预测。经验表明,在大数据时代,由于因果关系的严格性,数据量的增加并不一定有利于得到因果关系,反而更容易得到关联关系。目前,基于关联关系分析的预测被广泛应用于各类推荐任务上。例如,在商业领域,企业只要能够从大数据分析中知道消费者喜欢哪类商品就足够了,而没有必要也没有时间去研究消费者偏好背后有什么特殊原因。

五、大数据分析的意义

在全球信息化快速发展的大背景下,大数据已成为国家重要的基础性战略资源,正引领新一轮科技创新。对网络信息空间大数据的挖掘和应用将创造巨大的商业和社会价值,并催生科学研究模式的变革,对国家经济发展和安全具有战略性、全局性和长远性意义,是重塑国家竞争优势的新机遇。充分利用我国的数据规模优势,实现数据规模、质量和应用水平同步提升,发掘和释放数据资源的潜在价值,有利于更好地发挥数据资源的战略作用。

(一)协助企业挖掘商业价值

大数据推动社会生产要素的网络化共享、集约化整合、协作化开发和高效化利用,改变了传统的生产方式和经济运行机制,可显著提升经济运行水平和效率。大数据持续激发商业模式创新,不断催生新业态,已成为互联网等新兴领域促进业务创新增值、提升企业核心价值的重要驱动力。大数据产业正在成为新的经济增长点,将对未来信息产业格局产生重要影响。

通过大数据分析,能够获取巨大的商业价值。例如,共享单车、各类网约车等城市出行领域的共享经济应用,显著地改善了供需的共享、集约化整合与协作水平,促进了资源的有效利用。而大数据在传统工业和制造业领域的应用,则有助于制造企业打通产业链,延伸产品的价值链条,并支持产品更快地升级迭代和提供更好的个性化服务。

(二)提升政府治理能力

各国政府面临一系列问题及挑战,例如环境污染问题、疾病防御与预警、资源分配、交通拥堵和养老问题等。传统的政府部门管理方式和方法已经远远不足以适应如今瞬息万变的环境,解决这些不断变化的问题并应对挑战。因此,通过互联网、通信网、有线电视网及物联网完成数据抓取、数据融合、数据分析和数据决策的任务,采用云计算的技术消除信息孤岛,把存储器、服务器存储到有保障的云存储中心去收集和存储数据。为了在政务人员中培养使用大数据的习惯,政府部门应该率先应用大数据,形成示范作用。

大数据分析的核心就是预测。智慧政府平台决策是基于大数据的挖掘技术、统计分析技术、并行化技术、数据可视化技术及云计算、人工智能等技术的应用,辅助政府捕获实时的决策信息并精准预测和准确分析现实状况,建立虚拟决策模型,寻找规律并验证决策假设,使政府不仅对决策的合理性进行宏观把握,还能做到精准预测和客观分析。智慧政府平台架构有助于提升政府服务和监管效率、降低政府决策成本,并为政务智能的研究和应用提供新的思路。总之,智慧政府平台的应用,可大幅提高政务的透明度和及时响应度,满足民意需求和诉求。

大数据应用能够揭示传统技术方式难以展现的关联关系,推动政府数据开放共享,促进社会事业数据融合和资源整合,将极大地提升政府整体数据分析能力,为有效处理复杂社会问题提供新的手段。建立用数据说话、用数据决策、用数据管理、用数据创新的管理机制,实现基于数据的科学决策,将推动政府管理理念和社会治理模式进步,加快建设与社会主义市场经济体制和中国特色社会主义事业发展相适应的法治政府、创新廉洁政府和服务型政府,逐步实现政府治理能力现代化。

(三)拓宽科学研究途径

借助对大数据的分析研究,能够发现医学、物理、经济和社会等领域的新现象,揭示自然与社会中的新规律,并预测未来趋势,使基于数据的探索成为科学发现继经验、理论、计算之后的第四种范式。

在大数据爆发式增长的时代,在理论层面,对数据利用的理论体系正逐步形成,数据科学的诞生成为必然。在实践层面,随着数据科学的理论架构逐步成熟,与之相应的对数据的加工提炼及挖掘技术也伴随而生。数据科学理论可以指导人们对大数据的利用,数据加工提炼及挖掘技术则是挖掘数据的有力工具。

(四)改变人们的生活方式

通过大数据分析,企业可以了解市场行情,获得更多收入;农民可以了解明年种什么菜才能赚更多钱;打工者可以知道哪里更需要工人,哪里待遇更高,哪里能租到房子。随着大数据技术的发展,人们的生活将会发生彻底的改变。目前的数据都是在即时通信过程中产生的,包括电话、短信、微信、邮件和浏览网页等,特别是社交自媒体每天产生大量的文本、音频及视频,也是大数据的主要来源。随着大数据技术与云计算、物联网的进一步融合,未来物联网中的数据将更多地来源于大量传感器。例如,所有的物体上都带有一个标签式的小型传感器,每隔一定时间对外发射信号。当人们去商场购物时,商场里的多个探测器会对所有商品进行扫描,人们只需刷卡即可完成购买。下班回家前,人们可以通过手机遥控的方式提前打开空调、做饭、放洗澡水。诸如此类,如果每一个物品都联网,时间、能源等将得到更有效的利用,人们就被解放出来去从事更有创造力的活动。

六、促进大数据发展的政策支持

由于大数据对经济、社会和科研的巨大价值,世界主要发达国家给予广泛关注,投入大量的人力和财力,各国也相继制定了促进大数据产业发展的政策法规。我国也充分认识到大数据时代带来的重大机遇,部署了一系列与大数据研究密切相关的科研计划。2016 年 3 月 17 日,《中华人民共和国国民经济和社会发展第十三个五年规划纲要》发布,其中第二十七章实施国家大数据战略提出:把大数据作为基础性战略资源,全面实施促进大数据发展行动,加快推动数据资源共享开放和开发应用,助力产业转型升级和社会治理创新。2021 年 11 月,工业和信息化部正式发布《"十四五"大数据产业发展规划》,要求到 2025 年,大数据产业测算规模突破 3 万亿元,年均复合增长率保持在 25% 左右,创新力强、附加值高、自主可控的现代化大数据产业体系基本形成。2022 年 12 月,《中共中央 国务院关于构建数据基础制度更好发挥数据要素作用的意见》出台,旨在加快构建数据基础制度,充分发挥我国海量数据规模和丰富应用场景优势,激活数据要素潜能,做强做优做大数字经济,增强经济发展新动能,构筑国家竞争新优势。2024 年 1 月,国家数据局等 17 部门联合印发《"数据要素×"三年行动计划(2024—2026 年)》,旨在充分发挥数据要素乘数效应,赋能经济社会发展。

在产业方面,一批具有国际影响力的中国互联网企业已经积累了大量实际运行数据,具备了较强的研发能力。国内一些高校及科研院所也在开展与大数据相关的理论和技术研究。因此,大数据已成为关系国家经济发展、社会安全和科技进步的重要战略资源,是国际竞争的焦点和制高点。开展大数据计算的基础研究,推动大数据的技术和应用,提升我国在相关领域的自主创新能力和核心竞争力,对推动经济转型,加强社会治理,提高我国科技竞争力具有至关重要的意义。

第二节 大数据与金融的结合

互联网的应用普及使得电子银行、在线支付等通过网络提供服务的金融产品快速扩散,金融服务的质量取决于对客户行为的理解挖掘,金融业务与大数据技术逐步融合,进而催生了金融大数据。较于其他业态,金融业是信息密集型业态,现代金融企业拥有庞大的数据库,数据密度大、技术储备相对充裕,使得金融大数据创造价值的机会很大,应用也广泛。

一、金融大数据的概念

金融大数据是指集合海量非结构化数据,通过对其进行实时分析,可以为互联网金融机构提供客户的全方位信息,通过分析和挖掘客户的交易和消费信息,掌握客户的消费习惯,并准确预测客户行为,使金融机构和金融服务平台在营销和风险控制方面有的放矢。金融大数据包含结构化和非结构化的大量数据。金融大数据的管理目标是在数据海洋中分析和挖掘出有价值的规律。金融大数据是在线的和实时的,金融大数据在运用时不追求精确,而是在混杂的现实条件下追求真实时效,在这期间一旦发现某些有用的规律,马上加以利用,从而使服务更加灵活,对市场机会更加敏感。金融行业的大数据大致分为以下几种。①传统的结构化数据,例如各种数据库和文件信息等。②以社交媒体为代表的过程数据,涵盖了用户偏好、习惯、特点、发表的评论及朋友圈之间的关系等。③日益增长的机器设备及传感器所产生的数据,例如柜面监控视频、呼叫中心、手机、自动取款机(ATM)等记录的位置信息等。

根据传统金融行业的分类,可以将金融大数据细分为大数据银行、大数据保险和大数据证券。例如,差异化车险定价是典型的大数据保险形式之一,是指保险行业利用驾驶信息来确定车险价格,具有良好驾驶习惯的车主,其车险价格就较低;反之,车险价格就较高。信用卡自动授信是典型的银行大数据应用,银行根据用卡客户数据确定是否授信并计算信用额度。机器人投资是证券公司的大数据创新模式之一,证券公司根据股价的影响因素建立模型,自动选择股票或寻找交易时机,在适当的风控模型下建立机器人投资云交易模式。

二、金融大数据的特点

(一) 数字网络扩大化

在金融大数据时代,大量的金融产品和服务通过网络呈现。例如,支付结算、网络借贷、P2P、众筹融资、资产管理、现金管理、产品销售、金融咨询等都将主要通过网络实现。网络也包括固定网络和移动网络,其中移动网络将逐步成为金融大数据服务的主要途径。从长远来看,数据化和网络化全面深入的发展将极大地改变金融行业,大数据的应用将改变传统金融机构的资金中介的职能,使其表现出虚拟化和电子化的交易特征,整个金融行业未来的发展方向将是虚拟化的,全面颠覆当前的金融服务形态。传统的资金流将逐渐体现为数据信号的交换,电子货币等数字化金融产品在经济生活中将成为主流。传统的人工服务将逐渐被移动互联网、全息仿真技术等科技手段所替代,银行通过完全虚拟的渠道更广泛地向客户提供金融服务。银行业务流程中各种单据和凭证等将逐渐由传统的纸质形式转变为数字文件的形式来处理,将极大地提高工作效率和便利性。可以合理地预见,在大数据时代,传统金融机构将在涉及管理理念和运营方式的多个方面面临挑战。未来金融机构的整体运作将是一个数据的洪流,数字金融得以全面实现。

(二) 信息渠道多样化

传统金融机构拥有两项基础功能:一是资金中介,即传统金融机构通过专有技术达到规模经济,降低资金融通的交易成本;二是信息中介,即传统金融机构采用专门的信息处理技术,解决资金借贷双方之间由于信息不对称而引发的逆向选择和道德风险问题。过去,我们主要依靠银行、券商、保险等传统金融中介机构收集信息。在大数据时代,新兴技术如社交网络、物联网、搜索引擎、移动互联网、大数据、云计算等改变了信息产生、传播、处理并运用的方式,尤其是依托以互联网与移动支付技术为基础的互联网金融降低了信息不对称和物理区域所带来的障碍,通过信息流、数据流引导各类资源的全面有效分配,甚至资金供需双方可以直接通过网络获取信息并参与交易,促使传统的生产关系发生变革,形成了各机构主体之间关系的相对平等。这对传统金融机构的业务发展提出了巨大挑战,金融机构将改变过去自然的、被动的社会经济信息收集中心的角色,以开放的方式与客户平等交流,主动收集客户信息。大数据时代,信息的来源渠道得到极大拓展,通过互联网工具,每一位互联网用户都能成为信息源,尤其是网上购物、网上支付、网上金融产品交易的行为,更是为金融活动提供了源源不断的数据流。掌握用户大数据的企业具备了成为新的金融中介的基础条件。从信息传递和处理方面来看,大数据企业也与传统金融中介形式存在着显著的差别。

(三)管理科学化

在未来的经济活动中,大数据将与物质资本、人力资本一起,成为生产过程中的一个重要生产要素。它可以转变成现实的生产力,并创造出巨大的经济价值。随着大数据的广泛应用,开放的、数字化的金融机构可以实现更高的生产力。信息技术的发展带来金融产品交易的虚拟化,使金融供应链对外延伸,降低了社会融资成本和财务费用,提高了整个市场的生产效率。大数据的积累使得金融机构可以通过全面分析自身的内部数据和外部的社会化数据,进而获得更为完整的客户信息,避免因客户信息不对称而导致错误认知,使得金融产品和服务销售更具精准性。此外,银行还可以通过现有客户和他们的社交网络或商业网络找到更有价值的潜在客户,并发起精准营销。随着科技的进步和数据类型的扩展,出现了越来越多的半结构化数据,利用大数据技术能够整合结构化和半结构化的交易数据、非结构化交互数据,开展全面的模式识别、分析,帮助银行实现事前风险预警、事中风险控制,建立动态的、可靠的信用系统,并识别各种交易风险,有效防范和控制金融风险,深度挖掘高价值的目标客户。金融机构可以利用大数据分析技术对海量结构化、非结构化数据进行深度分析和挖掘,更好地了解客户的消费习惯、行为特征、客户群体及个体网络行为模式,并基于这些有价值的信息,为客户制定个性化、智能化的服务模式,设计开发出更贴近用户需求的新产品。

(四)决策精准度高

大数据的客观性和价值性将彻底重塑传统的银行决策机制,大数据时代为金融机构经营管理提供了全面、及时的决策支持信息。金融机构可以从每一个经营环节中挖掘出数据的价值,通过大数据分析更好地了解客户的行为特征、客户群体网络行为模式,优化运营流程,并进行业务创新。传统金融机构的决策模式依赖于样本数据分析和高层管理经验,而大数据时代的全面数据分析使得分析结果更具客观性和决策支持性,金融机构的决策过程将以数据为核心进行决策判断。对于金融机构的管理者来说,这是一场管理革命,能够极大地改变思维习惯。我们知道,全面数据分析是大数据的一个显著特征,在金融大数据体系下,金融机构数据获取、分析和运用的渠道机制都和传统金融运行方式截然不同。金融机构通过大数据分析技术,在对海量结构化数据和非结构化数据进行分析、判断和提取后,能够及时准确地发现业务和管理领域可能存在的机会与风险,为业务发展和风险防范提供重要决策依据。

(五)其他

除上述特点之外,金融大数据还有其他一些特征。首先,对于单个金融企业来说,最适合扩大经营规模,由于效率提升导致其经营成本下降。金融企业的成本曲线形态也会发生变化,长期平均成本曲线的底部会更快来临,也会更平坦、更宽。其次,基于大数据技术,金融从业人员的个体服务对象会更多,即单个金融企业从业人员会有减少的趋势,或至少其市场人员有减少的趋势。金融大数据的高效率性及扩展的服务边界,使金融服务的对象和范围也极大扩展,金融服务也更接地气。例如,在金融大数据时代,普通人都可以享受到极小金额的理财服务、存款服务、支付结算服务等,甚至极小金额的融资服务也会普遍发展起来,金融深化可以实现。

三、金融大数据的发展

在大数据时代,金融业将向着更加精细化、高效化的方向发展。

首先,金融市场各参与方有了更坚实的合作基础,证券信息自由流动,信息非对称程度大幅降低。这将使资源配置突破时间、空间和行业的限制,成本大为降低,效率进一步提高,甚至在一些社交网络上就可以形成交易市场。

其次,信用评价和征信体系更加有效,大数据所具有的预测能力将使风险管理和决策的模式由静态变为实时动态,个人的网络行为及动机也将被纳入风险定价和金融决策。

再次,非对称信息的减少及参与个体的信用能够被有效纳入定价模型,使金融市场的定价能力、范围和效率极大增强,价格信号的作用更及时有效。

最后,服务的综合化、一体化程度将加深,使金融服务的边界扩大;服务的精细化程度将无限延伸,个性化程度将极大增加。

因此,大数据时代的金融以无所不在的信息为中介,自然地融入我们的经济、生活和工作中。随着移动互联网和信息技术的迅速发展,金融行业的数据收集能力得到很大提高,大量连续、动态变化的数据存储成为可能。与其他行业相比,大数据决策模式对金融业更具针对性,而且金融业具备实施大数据的基本条件,所以大数据对金融业来说更具应用价值。

四、金融大数据对行业的影响

(一)提升效率降低成本

依托金融大数据的管理模式能够降低社会金融融资成本和财务费用,提高市场效率;商业模式中大数据的积累使金融机构销售更具有精准性,金融机构能够发现更多具有价值的潜在客户,并对其展开精准营销。此外,硬件的开发和数据平台的建设可以针对不同系统中分散的、底层的交易数据进行模式识别和模式分析,有助于事前预防、事中控制;同时,大数据有利于促进金融机构创新,金融机构通过对用户的分类和信用能力分析,可以高效快捷地建立并管理由不同品种、不同数量组合而成的金融产品,还可以利用计算机语言,制定复杂的交易策略,处理海量的市场信息,捕捉短暂的市场波动,把握交易机会,提升盈利水平。

金融大数据技术还能够降低金融机构的管理和运行成本。通过金融大数据应用和分析,可以帮助金融机构准确地定位内部管理缺陷,从而制定有针对性的改进措施,实行符合自身特点的管理模式,进而降低管理运营成本。除此之外,金融大数据可以提供全新的沟通渠道和营销手段,可以更好地了解客户的消费习惯和行为特征,及时、准确地把握市场营销效果。

（二）促进行业结构转型

金融大数据中的重要技术是金融机构深入挖掘现有数据，找准市场定位，明确资源配置方向，推动业务创新的重要工具。互联网和大数据打破了信息不对称与物理区域壁垒，通过信息流、数据流引导各类资源的充分有效分配，促使传统的生产关系发生变革，F2C 模式成为重要趋势，这将极大地提高传统金融行业的结构效率，对于中国经济结构调整和产业转型升级具有非常重要的意义。在新的商业模式下，未来的金融模式将会实现资金供求双方的自由匹配，并且是双向互动社交化的匹配。但在金融业中，信息不对称的现象与知识不对称的现象同时存在，因而金融产品具有风险性，个性化的解决方案在未来将会面临极大的市场。借助技术手段可以将人类的知识结构化，并且随着机器学习、信息技术（IT）智能的发展，传统金融作为服务中介的部分功能也会逐渐被 IT 智能支持所取代，整个行业将面临变革。

（三）防范信息安全隐患

金融业通过大数据的应用，催生出基于大数据的客户管理、营销管理、风险管理等应用，商业模式、运营方式、业务模式等不断创新。但在大数据产业呈现爆炸式增长的同时，大数据信息安全管理水平却呈现非对称发展，所以对现有的信息安全手段提出了更高的要求。特别是随着大数据技术在金融行业的应用，现在的金融信息化已全面进入信息安全管理阶段，并对计算机信息系统有着高度的依赖性，使得金融信息安全面临多方面的威胁，包括大数据集群数据库的数据安全威胁、智能终端的数据安全威胁及数据虚拟化带来的泄密威胁。在信息时代，信息俨然成为生产资料的一部分，黑客和不法分子利用技术漏洞进行信息窃取的事件层出不穷。在金融大数据发展的过程中，客户的个人信息、位置等资料被收集。一旦发生信息泄露，不仅会给客户带来极大的困扰，也会导致金融机构的信用受损。因此，必须建立全方位、多层次、可动态发展的金融安全信息保障体系，以确保金融信息的安全。

（四）提升个性化服务要求

随着金融行业的不断发展，个人金融业务逐渐在市场中占据了较大的份额。金融机构要想得到市场的认可，就应该建立起沟通的渠道，定向地为客户提供服务。此外，金融机构需要根据大数据分析结果，为客户提供定制的个性化服务，只有满足客户的个性化需求，才能有效地促进业务的开展。可见，在大数据时代下，互联网金融需要建立起个性化的数据档案，对客户进行跟踪性的观察，从而制定精准的方案以供选择。

（五）提高监管要求

对金融市场而言，有效的监督管理能够规范金融交易行为主体，最大限度地控制风险，保障投资人的经济利益，促进市场的平稳发展。在大数据背景下，互联网金融特有的高频交易模式给监管造成了一定的阻碍；大批量的买进卖出所形成的信息数据给监管工作带来了巨大的负担，需要行业内创新技术缓解高流量的压力；我国金融市场的法律法规也有待完善，部分金融平台缺乏法律意识。

五、金融大数据的应用

目前,国内很多金融机构建立了大数据平台,用于采集和处理金融行业的交易数据,其应用方式主要体现在以下几个方面。

(一)客户信息管理

通过大数据分析平台,在银行已有的传统结构化数据的基础之上,再接入大量的外部数据。例如,根据政府部门已经收集的数据和互联网产生的数据,就可以构建客户全方位视图,即客户画像。政府数据包括政府各个部门在日常工作中收集的各项数据,除了人民银行征信管理系统收集的信贷关系数据,政府拥有大量对于金融机构有用的数据,但目前还没有得到充分的应用。例如,税务数据,海关数据,工商数据,司法数据,房管所、车管所的数据,教育数据,社保数据等。金融机构内部也拥有大量具有价值的数据,例如业务订单数据、客户属性数据、客户收入数据、客户查询数据、理财产品交易数据、客户行为数据等。这些数据可以通过客户账号的打通,建立客户标签体系。在此基础之上,结合风险偏好数据、客户职业、爱好、消费方式等偏好数据,利用机器学习算法来对客户进行分类,并利用已有数据标签和外部数据标签对客户进行画像,进而针对不同类型的客户提供不同的产品和服务,这样可以提高客户渗透力、客户转化率和产品转化率。也就是说,通过大数据应用,金融机构可以逐渐实现完全个性化客户服务的目标。

(二)客户关系管理

1. 细化产品管理

通过大数据分析平台,金融机构能够获取客户的反馈信息,及时了解、获取和把握客户的需求,通过对数据进行深入分析,可以对产品进行更加合理的设置。通过大数据,金融机构可以快速高效地分析产品的功能特征、产品的价值、客户的喜好、产品的生命周期、产品的利润、产品的客户群等内容。如果处理得好,可以做到把适当的产品送到需要该产品的客户手上,这是金融机构客户关系管理中一个重要的环节。

2. 优化客户服务

银行可以根据大数据分析,在节假日问候客户,为客户提供定制服务,预知网点客户的未来资金需求,提前进行预约,提高客户体验;私人银行还可以通过大数据分析,代理客户参与金融市场投资,获取超额利润,优化客户服务。证券公司可以通过大数据分析,快速推出相应的行业报告和市场趋势报告,以利于投资者及时了解热点,优化客户服务。保险公司可以根据大数据预测为客户提前提供有效服务,改善客户体验。同时,商业银行可以从职业、年龄、收入、居住地、习惯爱好、资产、信用等各个方面对客户进行分类,依据其他的数据输入维度来确定客户的需求并定制产品。银行可以依据企业的交易数据来预测行业发展特点,为企业客户提供金融产品服务。保险行业可以依据外部数据导入,根据热点词汇来判断市场对保险产品的需要。证券公司也可以依据外部数据判断投资者喜好,从而定制投资产品,进行产品创新。

目前我国在大数据发展和应用方面已具备一定基础,同时拥有市场优势和发展潜力。在互联网金融领域中,也已经有了大数据应用的典型案例。

（三）金融营销管理

借助大数据分析平台,通过对形式多样的用户数据进行挖掘、追踪、分析,以提升精准营销水平。精准营销是指根据客户的消费偏好和消费能力确定目标客户,推荐个性化产品。例如,根据网络行为数据等对客户进行事件营销、实时营销;根据外部大数据分析展开交叉销售,提升业务量并加深客户关系;根据客户偏好、年龄、资产规模等进行个性化营销,以及基于客户生命周期进行客户生命周期管理,即新客户获取、客户维护、客户防流失和客户赢回等大数据应用等。具体的营销方法包括银行对客户刷卡、存款取款、银行转账、微信评论等行为数据进行整理和分析后,定期向客户推送产品和优惠信息;信用卡中心可以利用大数据追踪热点消息,针对特定人群提供产品,如热映电影、娱乐活动、美食饮品等;证券公司可以通过大数据分析为特定企业提供融资融券产品;保险公司可以根据大数据定制有针对性的保险产品。除此之外,金融机构还可以对客户进行社交化营销。社交化营销是指利用社交平台的数据资源,结合大数据分析进行营销。金融行业可以开展成本较低的社交化营销,凭借开放的互联网平台,通过对大量的客户需求数据进行分析,进行产品和渠道推广。然后依据互联网社交平台反馈的用户数据,评价营销方案的可行性,利用口碑营销和病毒式传播来帮助金融行业快速进行产品宣传、品牌宣传、渠道宣传等。

（四）金融风险管理

金融风险主要包括信用风险、市场风险、操作风险,对于这些风险的管理,大数据技术是非常重要的手段和工具。《巴塞尔协议》中对于每种风险的计算方法都有明确的规定,但是数据是基础和核心,大数据技术的应用是关键。银行可以利用大数据增加信用风险输入维度,提高信用风险管理水平,动态管理企业和个人客户的信用风险。建立基于大数据的信用风险评估模型和方法,将会提高银行对中小企业和个人的资金支持。个人信用评分标准的建立,将会帮助银行在即将到来的信用消费时代取得领先地位。基于大数据的动态的信用风险管理机制,将会帮助银行提前预测高风险信用违约时间,及时介入,降低违约概率,同时预防信用欺诈。

信用卡公司可以利用大数据及时预测和发现恶意欺诈事件,及时采取措施,降低信用欺诈风险。保险公司可以利用大数据发现恶意投保和索赔事件,降低欺诈带来的经济损失。银行可以基于大数据建立防欺诈监控系统,动态管理网上银行、POS、ATM等渠道的欺诈事件。大数据提供了多维度的监控指标和联动方式,可以弥补和完善目前反欺诈监控方式的不足。特别是在识别客户行为趋势方面,大数据具有较大的优势。金融行业的数据丰富,通过对客户信息、交易信息、资产信息、信用信息等数据的采集和整理,结合外部数据分析,可以有效地帮助金融企业进行精准营销、提高运营效率、优化客户服务、进行产品创新、提高信用风险和欺诈风险管理水平,为决策提供有效支持。但在大数据时代,金融行业也面临着诸如自身技术、信息安全、金融监管等方面的挑战,相信随着大数据技术的发展,这些问题会逐步得到解决。

（五）日常运营管理

1. 提高管理系统性能

大数据分析平台能够通过分布式计算提高交易性能,提升海量数据处理能力,加强数据的分析能力,进而能够简化金融机构的运行与管理。大数据不仅可用于前端商业决策,同样也可以用于后台 IT 信息系统的管理,提升系统管理水平和数据利用率。利用大数据分析技术采集 IT 系统各方面数据信息进行数据挖掘分析,可以自动评估企业所有 IT 系统的运行情况,从而满足企业运维层面的需求、业务增长对信息系统的需求、IT 系统性能匹配的需求及系统采购论证的需求,最终提升信息系统的服务管理水平。总之,系统管理可以通过大数据分析系统性能,为系统优化、升级和扩容提供决策依据。

2. 提高运营效率

大数据可以展现不同产品线的实际收入和成本,帮助银行进行产品管理。同时,大数据为管理层提供全面的报表,揭示内部运营管理效率,有利于内部效率提升。大数据可以帮助市场部门有效监测营销方案和市场推广情况,提高营销精度,降低营销费用。大数据可以通过展现风险视图来控制信用风险,同时加快信用审批。大数据可以帮助保险行业快速为客户提供保险方案,提高效率,降低成本。证券行业也可以利用大数据动态提供行业报告,快速帮助投资人。大数据可以帮助金融企业,为即将实施的决策提供数据支撑,同时也可以依据大数据分析找出规律,进一步演绎出新的决策。基于大数据和人工智能技术的决策树模型将会有效帮助金融行业分析信用风险,为业务决策提供有力支持。金融行业新产品或新服务在推向市场前,可以在局部地区进行试验,大数据技术可以对采集的数据进行分析,通过统计分析报告为新产品的市场推广提供决策支持。

(六)平台金融组建

平台金融模式是基于电商平台形成的网上交易信息与网上支付所形成的金融大数据,通过云计算和模型数据处理能力而形成的信用或订单融资模式。与传统金融依靠抵押或担保的金融模式相比,平台金融模式的不同之处在于,平台金融模式主要基于对电商平台的交易数据、社交网络的用户交易与交互信息和购物行为习惯等的大数据进行云计算来实时计算得分和进行分析处理,形成网络商户在电商平台中的累积信用数据,通过电商所构建的网络信用评级体系和金融风险计算模型及风险控制体系,实时向网络商户发放订单贷款或者信用贷款,具有批量、快速、高效的特点。

(七)供应链金融构建

供应链金融模式是企业利用自身所处的产业链上下游(原料商、制造商、分销商、零售商),充分整合供应链资源和客户资源,提供金融服务而形成的金融模式。京东商城、苏宁易购是供应链金融的典型代表。其以电商作为核心企业,以未来收益的现金流作为担保,获得银行授信,为供货商提供贷款。京东商城作为电商企业并不直接开展贷款的发放工作,而是与其他金融机构合作,通过京东商城所累积和掌握的供应链上下游的金融大数据库,来为其他金融机构提供融资信息与技术服务,把京东商城的供应链业务模式与其他金融机构实现无缝连接,共同服务于京东商城的电商平台客户。在供应链金融模式中,电商平台只是作为信息中介提供金融大数据,并不承担融资风险及防范风险等。

六、金融大数据的实施展望

实施金融大数据要考虑规模、资本、网点、人员、客户等传统要素,还要更加重视对大数据的占有和使用能力,以及互联网、移动通信、电子渠道等方面的研发拓展能力;要在发展战略中引入和践行大数据的理念和方法,推动决策从经验依赖型向数据依靠型转化;要保证对大数据的资源投入,把渠道整合、信息网络化、数据挖掘等作为向客户提供金融服务和创新产品的重要基础,实现金融大数据的具体应用。

(一)推进金融服务与社交网络的融合

一是要整合新的客户接触渠道,充分发挥社交网络的作用,增强对客户的了解和互动,树立良好的品牌形象。二是注重新媒体客服的发展,利用论坛、微博、微信、聊天工具等网络工具,将其打造成与电话客服并行的服务渠道。三是将企业内部数据和外部社交数据互联,获得更加完整的客户视图,进行更高效的客户关系管理。四是利用社交网络数据和移动数据等进行产品创新和精准营销。五是注重新媒体渠道的舆情监测,在风险事件爆发之前就进行及时有效的处置,将声誉风险降至最低。

(二)处理好与数据服务商的竞争、合作关系

当前各大电商平台上,每天都有大量交易发生,但这些交易的支付结算大多被第三方支付机构垄断,传统金融企业处于支付链末端,从中获取的价值较小。为此,金融机构一方面可以考虑自行搭建数据平台,将核心话语权掌握在自己的手中。另一方面可以与电信、电商、社交网络等大数据平台开展战略合作,进行数据和信息的交换共享,全面整合客户有效信息,将金融服务与移动网络、电子商务、社交网络等融合起来。

(三)增强大数据的核心处理能力

首先是强化大数据的整合能力。这不仅包括金融企业内部的数据整合,更重要的是与大数据链条上其他外部数据的整合。同时,针对大数据所带来的海量数据要求,还要对传统的数据仓库技术,特别是数据传输方式 ETL(提取、转换和加载)进行流程再造。其次是增强数据挖掘与分析能力,要利用大数据专业工具,建立业务逻辑模型,将大量非结构化数据转化成决策支持信息。最后是加强对大数据分析结论的解读和应用,打造一支复合型的大数据专业团队,他们不仅要掌握数理建模和数据挖掘的技术,还要具备良好的业务理解力,并能与内部业务线进行充分沟通合作。

(四)加大金融创新力度,设立大数据实验室

可以在金融企业内部专门设立大数据创新实验室,统筹业务、管理、科技、统计等方面的人才与资源,建立特殊的管理体制和激励机制。实验室统一负责大数据方案的制定、实验、评价、推广和升级。每次推行大数据方案之前,实验室都应事先进行单元试验、穿行测试、压力测试和返回检验;待测试通过后,对项目的风险收益做出有数据支撑的综合评估。实验室的另一个任务是对大数据进行分析,不断优化模型算法。

(五)加强风险监管,确保大数据安全

为了确保大数据的安全,金融机构必须抓住三个关键环节:一是协调大数据链条中的所有机构,共同推动数据安全标准,加强产业自我监督和技术分享;二是加强与监管机构合作交流,借助监管服务的力量,提高自身的大数据安全水准;三是主动与客户在数据安全和数据使用方面加强沟通,增强客户的数据安全意识,形成大数据风险管理的合力效应。

【思考练习】-------------------------------

1. 什么是金融大数据?

2. 举例说明金融大数据在行业中的应用。

3. 与传统金融相比,金融大数据有什么创新?

4. 举例说明大数据在金融风险管理中的作用。

5. 金融大数据未来的发展方向是什么?

【学习园地】

黑龙江:"大数据+金融"打造支农新模式

农村改革是"三农"发展的重要动力,是乡村振兴的重要法宝。黑龙江持之以恒深化农村改革,创新推出的"农业大数据+金融"支农模式,不仅被农业农村部和中国建设银行在全国推广,还受到了国务院第七次大督查通报表扬。

托管下单、手机贷款、线上支付,这种操作简单的支农方式,在过去是实现不了的,原因是金融部门不能精准掌握农民托管的信息,不敢线上放款。2017年,黑龙江省农业农村厅在全国率先成立了农业大数据管理中心,其中的"数字农业综合服务体系"通过整合相关数据,拥有了全省一千多万农民和新型经营主体的多维度数据,无论是土地托管、流转、租赁,还是信贷、保险的申请,都实现了线上快速精准的审核。通过"生产托管+农村金融+粮食银行+农业保险",把整个生产过程中所有金融应用的场景,与政府监管、农民生产之间的信息化管理场景深度融合,把金融的风险降低。在大数据平台的支撑下,金融活水更加精准快捷地滴灌进农业环节。目前,黑龙江"数字农业"综合服务体系的土地管理、涉农补贴、金融共享等7类平台已经建成运行。初级农产品流通、大宗农产品交易、农产品销售三大市场场景,都在持续深入建设。

作为"数字农业"综合服务体系的重要组成部分,黑龙江省农村金融服务平台已经成为与7家国有银行总行核心系统全部打通数据接口的服务平台,累计线上发放贷款超过200亿元,探索了"农业大数据+金融"的支农模式,农民融资成本大幅降低。下一步,黑龙江将鼓励并引导更多的金融机构加入金融大数据平台,为农业农村发展提供更优惠的金融产品,以助力乡村振兴。

资料来源:牡丹江市农业农村局.“大数据+金融”打造黑龙江支农新模式[EB/OL].[2020-12-18].http://nyncj.mdj.gov.cn/nyzx/1191934.jhtml.

第二章

大数据处理技术与平台

【学习目标】

● 了解大数据处理流程。
● 理解金融大数据处理的关键技术。
● 了解数据挖掘与分析的经典算法。
● 掌握金融大数据服务平台。

【素质目标】

通过本章内容的学习,学生能够了解大数据处理流程、处理技术和数据挖掘与分析的经典算法,夯实大数据的理论基础,为今后金融大数据服务的应用打下扎实的技术应用基础,尤其是培养大数据处理的应用能力,为建设更加完善的金融大数据平台作出贡献。

第一节 大数据处理流程

大数据的处理流程可以定义为在合适工具的辅助下,对大量异构的金融数据源进行抽取和集成,然后按照一定的标准统一存储,再利用合适的数据分析技术对存储的数据进行分析,从中提取有益的知识并利用恰当的方式将结果展现给终端用户。大数据的数据来源广泛,由此导致应用需求和数据类型千差万别,但总体来说,大数据的基本处理流程大致上是相同的。

大数据的处理流程主要包含以下几个方面:①利用多种轻型数据库收集海量数据;②对不同来源的数据进行数据预处理;③将数据整理后存储到大型数据库中;④根据企业或个人的需求,运用合适的数据挖掘技术来提取有用的信息;⑤使用恰当的方式将结果展现给终端用户。简单来说,大数据的处理流程包括数据采集、数据预处理、数据存储、数据挖掘及数据解释五个步骤。

一、数据采集

数据采集是大数据处理流程中最基础的一步,由于大数据的数据量大、数据种类复杂,因此,通过各种方法获取数据便显得格外重要。

数据采集是指使用多种数据库来收集来自不同客户端（如传感器、网站网页、移动应用等）的数据。在我们的日常生活中，不同的地点、空间时刻都在产生各种数据，收集这些海量的数据是大数据应用的第一步，也是最基础的一步。而大数据收集的难点正是来自大数据的"5V"特征。

（一）大数据的来源

从数据来源的角度看，大数据的来源包括但不限于以下三种。

1. 智能设备中的运行数据

随着科技的不断发展，物联网技术已经渗透到了我们的生活中，身边随处可见的可穿戴设备、智能家居、智能制造等为我们的生活带来了很多便利。各种可穿戴设备需要随时随地收集用户的使用数据、身体状态信息，汽车内置传感器也要时刻收集车速、车况等信息，这些信息都是大数据的来源之一。

2. 互联网的操作数据

当今时代，社交网络、电商平台及各种各样的 App 已经与我们的生活密不可分，我们在互联网上的各种操作每时每刻都在产生数据，对这些数据的合理运用是非常有必要的。对于企业来说，合法收集用户的消费、产品评价等信息有助于企业更好地推介产品和提供服务。

3. RFID 标签

RFID 标签即无线射频标签，可以安装在装运托盘或产品外包装上。在制造业或零售业中，RFID 标签可以免去对商品的人工盘点，并及时将商品信息记录在计算机等设备中，可以降低错误率，提高效率。

（二）数据采集的内容

从数据采集的内容来看，数据采集主要有以下几种。

1. 系统日志的采集

很多大型互联网企业都设置了自己的数据采集工具，并通常用于系统日志的采集。典型的日志系统需要具备三个基本组件，分别为 agent（封装数据源，将数据源中的数据发送给 collector）、collector（接收多个 agent 的数据，并在进行汇总后导入后端的 store）、store（中央存储系统，应该具有可扩展性和可靠性）。

2. 非结构化数据的采集

非结构化数据的采集主要包括企业内部数据的采集和网络数据的采集等。其中，企业内部数据的采集是指对企业内部涉及的各种文档、视频、音频、邮件、图片等具有互不兼容的数据格式的数据进行采集。

网络数据的采集是指利用互联网搜索引擎技术实现有针对性、行业性、精准性的数据抓取，按照一定规则和筛选标准进行数据归类，并形成数据库文件的过程。目前，网络数据的采集主要是通过垂直搜索引擎技术的网络爬虫（网络爬虫指的是按照一定的规则自动抓取万维网信息的程序或者脚本，它是一个自动提取网页的程序）、网站公开 API（application programming interface，应用程序接口）或数据采集机器人、分词系统、任务与索引系统等技术来进行，它将非结构化的数据从网页中提取出来之后，对其进行内容和格式上的处理、转换和加工，使之能够符合用户的需求，最后以结构化的方式存储为本地数据文件。如果除网络中包括的内容外，还想采集网络流量，则可以使用 DPI（deep packet inspection，深度包检测)或 DFI(deep/dynamic flow inspection,深度/动态流检测)等带宽管理技术进行处理。

3. 其他数据的采集

企业在生产经营过程中可能会涉及一些保密要求较高的数据,如科研数据等。为了获取这些数据,企业可以与研究机构合作,并使用特定的系统结构等方式来获取。

二、数据预处理

经过第一步数据采集得到的数据属于原始数据,原始数据往往存在不完整、不一致的问题,这样的数据无法直接用于分析和研究。因此,为了进一步分析、挖掘和存储,应对原始数据进行预处理,然后将处理过的数据再导入一个集中的大型数据库或者分布式存储集群。数据预处理的过程主要包括数据清洗、数据集成、数据转换、数据归约等。

(一)数据清洗

数据清洗的主要思想是通过填补缺失值、光滑噪声数据、平滑或删除离群点,并解决数据的不一致性来"清理"数据。

(二)数据集成

原始数据是从多种渠道收集来的。数据集成是指将多个数据源中的数据结合起来并统一存储,建立数据仓库,以更好地解决数据的分布性和异构性问题,而这些数据源可能包括多个数据库、数据方或一般文件。

数据集成需要考虑的问题主要有以下方面。

1. 实体识别问题

实体识别问题即来自多个信息源的现实世界的实体怎样匹配,更具体地说是指数据分析者或计算机如何确定数据库中的 customer-id 与另一个数据库中的 customer-number 所指的是同一个实体。关于这个问题,数据库中通常有元数据,也就是关于数据的数据,这些元数据能够帮助避免模式集成中的错误。

2. 冗余问题

如果一个属性能由另一个或另一组属性导出,则这个属性是冗余的;而属性或维度命名的不一致也可能导致结果数据集中出现冗余。

3. 数据值冲突的检测与处理

对于现实中的同一个实体,其来自不同数据源的属性值可能是不同的,这是因为数据的表示方法、比例或编码等不同。例如,重量属性可能在某个数据源中以公制单位存储,而在另一个数据源中以英制单位存储;对于连锁酒店的房价数据,会因为各国不同的货币种类而以不同的货币种类存放。

(三)数据转换

数据转换是采用线性或非线性的数学变换方法将多维数据压缩成较少维数的数据,消除它们在时间、空间、属性、精度等特征表现方面的差异,使其变为适合数据挖掘的形式。数据转换可以用相当少的变量捕获原始数据的最大变化,具体转换方法的选择可根据实际数据的属性特点而定,常见的数据转换方法有数据平滑、数据聚焦、数据规范化、属性构造(特征构造)等。

1. 数据平滑

数据平滑是指去掉数据中的噪声,常用技术有分箱、聚类和回归分析。

2. 数据聚集

数据聚集是指将数据汇总或聚集。例如,可以将日销售数据聚集起来,计算月销售额和年销售额。

3. 数据规范化

由于数据可能有不一致的量纲,或数值之间的差别可能很大,如果不进行处理可能会影响数据分析的结果,因此,需要对数据按照一定比例进行缩放,使之落在一个特定的区域,便于进行综合分析。特别是对基于距离的挖掘方法,例如聚类、KNN、SVM,一定要做规范化处理。常见的规范化处理方法有最大—最小规范化、Z-score 标准化、Log 变换等。

4. 属性构造

属性构造是指通过已有的属性构造和添加新的属性,以提高精度和理解高维数据结构,如根据属性 height 和 width 添加属性 area。属性构造可以帮助平缓使用判定树算法分类产生的分裂问题。通过属性构造可以发现关于数据属性间联系的丢失信息。

(四)数据归约

数据归约是指在理解了数据挖掘任务和数据本身内容的前提下,提取数据的有用特征,以缩减数据规模,从而在尽可能保持数据原貌的前提下,最大限度地精简数据量。对归约后的数据集进行数据挖掘将更加有效,并且能产生相同(或几乎相同)的分析结果。数据归约的类型主要有特征归约、样本归约和特征值归约等。

1. 特征归约

特征归约是指将不重要或不相干的特征从原有特征中删除,或者通过对特征进行重组来减少特征的个数。其原则是在保留或提高原有判别能力的前提下减少特征向量的维度。

2. 样本归约

样本归约是指从数据集中选择一个有代表性的样本的子集,这个子集大小的确定需要考虑计算成本、存储要求、估计量的精度及其他一些与算法和数据特性有关的因素。

3. 特征值归约

特征值归约是特征值离散化技术,指将连续型特征的值离散化,使之成为少量的区间,并将每个区间映射到一个离散符号。这种技术可以简化数据描述,并有助于提高对数据和最终的挖掘结果的理解。

三、数据存储

在大数据时代,非结构化数据占据主导地位,数据种类多,因此传统数据库存储系统已经无法满足数据存储的需要。由于大数据的数据体量巨大,无法由一台服务器中的数据库来承受巨大的并发量和高速的访问需求,因此应当采用分布式服务集群的存储方式。分布式存储方式要求大数据存储平台能够容忍由硬件故障导致的可用性问题,例如服务节点宕机、因网络原因使得服务器节点失去连接等。而多个服务器组成的服务集群要求大数据存储平台具有高度的可伸缩性。

当前市场上比较知名的数据存储产品有:由卡内基·梅隆大学信息技术中心(ITC)开

发、Transarc公司参与开发和负责销售的Andrew系统;谷歌公司为了存储海量搜索数据而设计的专用文件系统GFS,以及GFS的变种Apache;开放软件基金会(OSF)的分布式文件系统HDFS,等等。

下面介绍三种典型的大数据存储方案:分布式文件系统、分布式数据库和云存储。

(一)分布式文件系统

分布式文件系统(distributed file system,DFS)是指文件系统管理的物理存储资源不一定直接连接在本地节点上,而是通过计算机网络与节点相连,众多的节点组成一个文件系统网络;每个节点可以分布在不同的地点,通过网络进行节点间的通信和数据传输。常见的分布式文件系统有GFS、HDFS、Lustre、Ceph等,它们适用于不同的领域,其中GFS和HDFS最具有代表性。GFS是谷歌公司设计的专用文件系统,主要用于存储海量搜索数据,处理大文件。HDFS是Hadoop分布式文件系统,是一个具有高度容错性的分布式文件系统,HDFS以流式数据访问的模式来存储超大文件(具有几百MB、GB甚至TB的文件),非常适合在大规模数据集上的应用。

(二)分布式数据库

分布式数据库是指利用网络将物理上分布的多个数据存储单元连接起来组成的逻辑数据库,其基本思想是将集中式数据库中的数据分散存储到多个数据存储节点上,并通过网络节点连接起来,以获取更大的存储容量和更高的并发访问量。与传统的集中式数据库相比,分布式数据库具有高扩展性、高并发性、高可用性及更快的数据访问速度。近年来,随着数据量的高速增长,传统的关系型数据库开始从集中式架构向分布式架构发展,从集中式存储走向分布式存储,从集中式计算走向分布式计算。例如,Apache HBase就是一种基于HDFS的面向列的分布式数据库,主要用来满足超大规模数据集合的实时随机读写需求。Apache HBase利用Hadoop的分布式文件系统HDFS作为其文件存储系统,是Google BigTable的开源实现。

(三)云存储

云存储是一种以数据存储和管理为核心的云计算系统,它是指利用集群应用、分布式文件和网络技术系统等功能,通过应用软件协同网络中大量的各种不同类型的存储设备,共同建设一个具有数据存储和业务访问功能的系统,以保证数据的安全,节约存储空间。互联网技术的发展是实现云存储的基本条件。通过互联网技术,云存储才能实现数据、文档、图片、音频、视频等内容的存储和共享。云存储系统结构主要由存储层、基础管理层、应用接口层、访问层四个部分构成。

四、数据挖掘

数据挖掘是指依据业务的需求和目的,运用计算机技术从大量的数据中提取出隐藏的有价值的信息和知识的过程。

(一)数据挖掘的特点

1. 广博性

数据挖掘所需要的数据集是很大的,只有数据集越大,得到的规律才能越贴近于正确的实际的规律,结果也才越准确。除此以外,数据往往都是不完整的。

2. 新奇性

新奇性是指挖掘出来的知识应该是不简单的,而且只有全新的知识才可以帮助企业获得进一步的洞察力。

3. 隐藏性

隐藏性是指数据挖掘要发现深藏在数据内部而非浮现在数据表面的知识。

4. 价值性

价值性是指挖掘的知识能给企业带来直接或间接效益,大量的成功案例已证明,数据挖掘可以成为提升企业效益的利器。

(二)数据挖掘的对象

根据信息存储格式,可以把数据挖掘的对象分为关系数据库、面向对象数据库、数据仓库、文本数据源、多媒体数据库、空间数据库、时态数据库、异质数据库及 Internet 等。

(三)数据挖掘的工具软件

数据挖掘常用的工具软件有 Intelligent Miner、SPSS、SAS、WEKA、Matlab、R 语言、Python 等。数据挖掘的技术方法主要涉及统计学、机器学习和数据库等领域内的研究成果,如统计分析、聚类分析、决策树、神经网络等。

大数据统计分析是指利用统计学对大数据进行分析,包括统计学中的回归分析、差异分析、判别分析、因子分析等,主要用来处理结构化数据。聚类分析是指根据事物的特征进行分类,以期从中发现一定的规律。其原则是使同一类事物尽可能相似,不同类事物尽可能差异大。聚类分析又可细分为划分聚类法,层次聚类法,基于网格、模型的聚类法等。决策树是机器学习中最基础、应用最广泛的算法模型。其原理是,在一批已知的训练数据的基础上建立一棵决策树,继而利用这棵决策树对数据进行分析和预测。决策树常见的算法包括分类回归树(CART)、C4.5、随机森林等。人工神经网络(ANN)是一种仿照人脑神经元结构和功能进行数据分析的信息处理系统,如 BP 神经网络和 RBF 神经网络。

五、数据解释

数据解释是指将大数据挖掘及分析结果在显示终端以友好、形象、易于理解的形式呈现给用户,是一个面向用户的过程。传统的数据解释方法是以文本形式输出结果或者直接在计算机终端上显示结果。大数据分析的结果一般是数据量巨大且关系复杂的结果,传统的分析结果展示方法已经无法满足要求。现在主要利用可视化技术、人机交互、数据起源等新的方法将结果展示给用户,帮助用户更清晰地了解数据处理后的结果,从而为用户提供决策信息的支持。目前,大部分企业已经引进数据可视化技术和人机交互技术。

(一)数据可视化技术

数据可视化技术主要是通过图形化方法进行清晰、有效的数据传递。其基本思想是使用单个图元元素表示数据库中的每个数据项,大量的数据集组成数据图像,并以多维数据的形式表示数据的各个属性值。运用可视化技术就可以将数据结果转化为静态或者动态的图形展示给用户,通过交互手段抽取或者集成数据,并在画面中动态地显示改变的结果。这样,用户就可以从不同的维度观察数据,对数据进行更深入的观察和分析。

可视化技术可以分为五类,包括几何技术、图标技术、图形技术、分层技术、混合技术。

基于不同的需求可以采取不同的可视化技术,也可以通过多种技术手段来展示数据处理结果。例如,全球航班运行可视化系统,将某一时段全球运行航班的飞行数据进行可视化展现,大众可以很清晰地了解全球航班的整体分布和运行态势。

(二)人机交互技术

人机交互技术是指通过系统输入、输出设备,以有效的方式实现人与系统之间的信息交换的技术。其中,系统可以是各类机器、计算机和软件。用户界面或人机界面是人机交互所依托的介质和对话接口,通常包括硬件和软件系统。人机交互技术是一种双向的信息传递过程,既可以由用户向系统输入信息,也可以由系统向用户反馈信息。通过人机交互技术,用户只需要通过输入设备向系统输入有关信息、提示、请示等,系统就会输出或通过显示设备提供相关信息、回答问题等。人机交互技术能够更好地向用户解释大数据分析的结果。这种交互式的数据分析过程可以引导用户逐步进行分析,使得用户在得到结果的同时能够更好地理解分析结果的由来。与此类似的还有数据起源技术,通过该技术可以帮助用户追溯整个数据分析的过程,从而有助于用户理解结果。

第二节　大数据处理关键技术

大数据技术基本上是伴随着云计算的发展而发展起来的,一些云计算服务商提供了大数据分析的工具。研究机构 IDC 预言,大数据将按照每年 60％ 的速度增加,其中包含结构化和非结构化数据。如何方便、快捷、低成本地存储海量数据,是许多企业和机构面临的一个严峻挑战。对此,云数据库是一个非常好的解决方案。目前,云服务提供商正通过云技术推出更多可在公有云中托管数据库的方法,将用户从烦琐的数据库硬件定制中解放出来,同时让用户拥有强大的数据库扩展能力,满足大企业的海量数据存储需求和中小企业的低成本数据存储需求。

此外,在开源平台 Hadoop、Spark 框架的基础上,很多开发者也贡献了一些分析方法的包。针对灵活的应用需求,使用编程语言实现各种分析方法是最常用的解决方案,甚至需要开发自己的特定方法。Python 语言是目前最流行的编程语言,甚至代表了大数据分析的潮流方向。R 语言因其统计模型和数据可视化功能丰富,在金融分析尤其是量化研究领域也有着广泛的应用基础。这些技术方法随着大数据的发展,其内涵和外延也在不断发展和变化。

一、云计算

云计算是大数据分析处理的基础,也是大数据分析的支撑技术。如果将各种大数据的应用比作一辆辆"汽车",支撑起这些"汽车"运行的"高速公路"就是云计算。正是云计算技术在数据存储、管理与分析等方面的支撑,才使大数据有了广泛的用途。因此,在大数据时代,大数据是需求,云计算是手段,没有云计算就无法处理大数据。

（一）云计算定义

对于云计算,美国国家标准与技术研究院的定义是:云计算是一种按照使用量付费的模式,提供可用的、便捷的、按需的网络访问,让用户可以访问可配置的计算资源(包括网络、服务器、存储、应用软件和服务),这些资源能够被快速提供,用户只需投入很少的管理工作,或与服务供应商进行很少的交互。

国内专家对云计算给出了更简洁的定义:云计算是一种商业计算模型。它将计算任务分布在由大量计算机构成的资源池中,使各种应用系统能够根据需要获取计算力、存储空间和信息服务。

在这个定义中,提供资源的网络被称为"云",这些资源包括计算服务器、存储服务器和网络带宽资源等。"云"通过网络向用户按需提供可动态扩展的廉价计算服务和存储服务。"云"中的资源在用户看来是可以无限扩展的,并且可以随时获取、按需使用、随时扩展、按使用付费。

云计算不是一种全新的网络技术,而是一种全新的网络应用概念。云计算让每一个使用互联网的人都可以使用网络上的庞大计算资源与数据中心。云计算甚至可以让用户体验每秒 10 万亿次的计算能力,强大的计算能力可以模拟核爆炸、预测气候变化和市场发展趋势。用户通过计算机、手机等方式接入数据中心,按自己的需求进行计算。通过云计算,用户不需要购买昂贵的硬件设备和操作软件,也不需要专门的 IT 维护人员,只需要通过网络就可以随时随地使用云计算强大的计算能力。因此,有人将云计算比喻为从单台发电机供电模式转向了电厂集中供电的模式,这意味着计算能力也可以作为一种商品进行流通,就像水、电和煤气一样,取用方便,费用低廉。

（二）云计算的主要特点

1. 大规模、分布式

"云"一般具有相当的规模,一些知名的云供应商,如 Google 云计算、Amazon、IBM、微软、阿里巴巴等,都拥有上百万级的服务器规模。而依靠这些分布式的服务器所构建起来的"云",能够为用户提供前所未有的计算能力。

2. 虚拟化

云计算都会采用虚拟化技术,用户并不需要关注具体的硬件实体,只需要选择一家云服务提供商,注册一个账号,登录云控制台,购买和配置需要的服务(如云服务器、云存储、CDN等)。用户在完成简单的配置后,就可以让应用提供对外服务,这比传统的在企业的数据中心部署一套应用要简单方便得多,而且用户可以随时随地通过 PC 或移动设备来控制资源。

3. 高可靠性和扩展性

知名的云计算供应商一般会采用数据多副本容错、计算节点同构可互换等措施来保障服务的高可靠性。基于云服务的应用可以持续对外提供服务(7×24 小时),而且"云"的规模可以动态伸缩,来满足应用和用户规模增长的需要。

4. 按需服务更加经济

用户可以根据需要来购买服务,甚至可以按照使用量来进行精确计费。这能大幅节省IT 成本,同时资源的整体利用率也将得到显著改善。

5. 安全

网络安全已经成为所有企业或个人创业者必须面对的问题,企业的 IT 团队或个人很难应对来自网络的恶意攻击,而使用云服务则可以借助更专业的安全团队来有效降低安全风险。

(三)云计算的类型

1. 私有云

私有云是指企业内部基础架构、桌面、应用程序和数据的统称,由企业防火墙后面的IT人员按需交付。私有云具有很多优势,包括灵活交付服务、提供自服务和可精细化地跟踪使用情况,同时允许企业对自己的基础架构有很强的控制力,具有更高的安全性。

2. 公共云

公共云是指场外多租户基础架构、存储和计算资源及SaaS应用和数据的统称,通常由外部服务提供商按需提供。

3. 行业云

行业云(社区云)是指云服务仅由一组特定的云服务客户使用和共享的一种云部署模型。这组云服务客户的需求相似且彼此相关,资源由组内云服务客户或云服务提供商控制。行业云可以由社区里的一个或多个组织、第三方或两者联合拥有、管理和运营。行业云可以在云服务客户的场内或场外。行业云主要面向有共同关注点的行业内客户,这些共同关注点包括业务需求、安全需求、政策符合性考虑等。

4. 混合云

混合云多指"云融合",在企业用户中越来越普及。当私有云与公共云紧密集成在一起时就形成了混合云,使IT有更多的灵活性,可以选择将应用放在哪里运行,在成本和安全性之间进行平衡。这种融合出现的原因是私有云的成本逐渐降低并越来越灵活,同时公共云越来越安全与透明。

(四)云计算的服务层次

在服务方面,云计算主要提供基于云的各类服务,包括三个层次。

1. 软件即服务

软件即服务(software as a service,SaaS)是最常见的,也是最先出现的云计算服务。通过SaaS模式,用户只要接上网络并使用浏览器,就能直接使用在云端上运行的应用,并由SaaS云供应商负责维护和管理云中的软硬件设施,同时以免费或者按需使用的方式向用户收费,所以用户不需要顾虑类似安装、升级和防病毒等琐事,并且免去了初期高昂的硬件投入和软件许可证费用的支出。

SaaS的前身是ASP(application service provider),其概念与思想和SaaS相差不大。最早的ASP厂商有Salesforce.com和Netsuite,其后还有一批企业跟随进来。这些厂商在创业时都主要专注于在线CRM(客户关系管理)应用,但由于那时正值互联网泡沫破裂时期,而且当时ASP技术尚未成熟,缺少定制和集成等重要功能,再加上当时欠佳的网络环境,使ASP没有受到市场的热烈欢迎,从而导致大批相关厂商破产。但自2003年后,随着技术和商业的不断成熟,在Salesforce的带领下,Salesforce、WebEx和Zoho等国外SaaS企业获得成功,国内诸如用友、金算盘、金蝶、阿里巴巴和八百客等企业也加入SaaS的浪潮中。

由于SaaS产品起步较早,开发成本低,所以在现在的市场上SaaS产品不论是在数量上还是在类别上,都非常丰富。SaaS也出现了多款经典产品,其中最具代表性的是Google

Apps,中文名为"Google 企业应用套件",提供包括企业版 Gmail、Google 日历、Google 文档和 Google 协作平台等多个在线办公工具。例如,谷歌的在线文档处理软件 Google Docs 就是典型的 SaaS。用户不需要在本地 PC 机上安装这个软件,只要有网络,就可以在线使用它来完成文档编辑、排版、保存和打印的工作,而且具有价格低廉、使用方便,支持公开协议、安全保障、初始成本低等优点。

谷歌于 2006 年首先提出了云计算的概念。谷歌基于云计算平台开发了支持大数据应用的一系列技术,包括分布式文件系统 GFS、分布式数据处理 MapReduce 及分布式数据库 BigTable。这些技术获得了广泛的应用,其中 GFS 为整个大数据提供了底层的数据存储支撑架构,GFS 能够处理的文件很大,容量通常都在 100MB 以上,而且大文件在 GFS 中可以被有效地管理;MapReduce 是一种处理海量数据的并行运算模式,特别适用于非结构化和结构化的海量数据的搜索、挖掘和分析;BigTable 是非关系型数据库,能够有效存储和管理大数据中的半结构化数据和非结构化数据,这对大数据集中占较大比例的非结构化数据非常适用。

这些技术对大数据的分析处理产生了深远影响,催生出以 Hadoop 为代表的一系列开源大数据处理工具。

2. 平台即服务

平台即服务(platform as a service,PaaS)提供用户应用程序的运行环境,即把应用服务的运行和开发环境作为一种服务提供的商业模式。通过 PaaS 这种模式,用户可以在一个提供 SDK(software development kit,软件开发工具包)、文档、测试环境和部署环境等在内的开发平台上非常方便地编写和部署应用。不论是在部署还是在运行的时候,用户都无须为服务器、操作系统、网络和存储等资源的运维操心,这些烦琐的工作都由 PaaS 云供应商负责。PaaS 相当于给用户提供一台安装了操作系统的计算机,用户可以在这个平台上继续安装所需的其他软件。而且 PaaS 在整合率上非常惊人,例如一台运行 Google App Engine 的服务器能够支撑成千上万的应用。也就是说,PaaS 是非常经济的。PaaS 主要面对的用户是开发人员。

第一个 PaaS 平台诞生在 2007 年,是 Salesforce 的 Force.com。通过这个平台,用户不仅能使用 Salesforce 提供的完善的开发工具和框架来轻松地开发应用,而且能把应用直接部署到 Salesforce 的基础设施上,从而能利用其强大的多租户系统。2008 年 4 月,Google 推出了 Google App Engine,从而将 PaaS 所支持的范围从在线商业应用扩展到普通的 Web 应用,也使得越来越多的人开始熟悉和使用功能强大的 PaaS 服务。和 SaaS 产品百花齐放相比,PaaS 产品主要以少而精为主,其中比较著名的产品有 Force.com、Google App Engine、Windows Azure Platform 和 Heroku。Windows Azure Platform 是微软推出的 PaaS 产品,并运行在微软数据中心的服务器和网络基础设施上,通过公共互联网来对外提供服务。它由高扩展性云操作系统、数据存储网络和相关服务组成,而且服务都是通过物理或虚拟的 Windows Server 2008 实例提供。其附带的 Windows Azure SDK 提供了一整套开发、部署和管理 Windows Azure 云服务所需要的工具和 API。

和现有的基于本地的开发和部署环境相比,PaaS 平台具有友好的开发环境、丰富的服务、精细的管理和监控、伸缩性强、多住户(multi-tenant)机制、整合率高和经济性好等优点。

3. 基础设施即服务

通过基础设施即服务（infrastructure as a service，IaaS）这种模式，用户可以从供应商处获得所需的计算或者存储等资源来装载相关的应用，并只需为其所租用的那部分资源付费，同时将这些基础设施烦琐的管理工作交给 IaaS 供应商负责。和 SaaS 一样，IaaS 的想法也已经存在很久了。例如，过去的 IDC（Internet data center，互联网数据中心）和 VPS（virtual private server，虚拟专用服务器）等，由于技术、性能、价格和使用等方面的缺失，使得这些服务并没有被大中型企业广泛采用。但在 2006 年年底 Amazon 发布了 EC2（elastic compute cloud，灵活计算云）这个 IaaS 云服务，由于 EC2 在技术和性能等多方面具有优势，使得这一类型的技术终于得到业界广泛的认可和接受，其中包括部分大型企业，例如著名的《纽约时报》。最具代表性的 IaaS 产品和服务有 Amazon EC2、IBM Blue Cloud、Cisco UCS 和 Joyent。亚马逊公司的弹性计算云 EC2 和简单存储服务 S3 就是 IaaS 的典型代表。IBM Blue Cloud"蓝云"解决方案由 IBM 云计算中心开发，是业界第一个在技术上比较领先的企业级云计算解决方案。该解决方案可以对企业现有的基础架构进行整合，通过虚拟化技术和自动化管理技术，构建企业的云计算中心，并实现对企业硬件资源和软件资源的统一管理、统一分配、统一部署、统一监控和统一备份，也打破了应用对资源的独占，从而帮助企业享受云计算所带来的诸多优越性。

（五）云计算的关键技术

1. 虚拟化技术

虚拟化技术是云计算基础架构的基石，是指将一台计算机虚拟为多台逻辑计算机，在一台计算机上同时运行多台逻辑计算机，每台逻辑计算机可运行不同的操作系统，并且应用程序都可以在相互独立的空间内运行而互不影响，从而显著提高计算机的工作效率。

虚拟化的资源可以是硬件（如服务器、磁盘和网络），也可以是软件。例如，服务器虚拟化将服务器物理资源转化为逻辑资源，使得一台服务器被转化为几台甚至上百台相互隔离的虚拟服务器。虚拟化技术不再受限于物理上的界限，而是将 CPU、内存、磁盘、I/O 等硬件转化为可以动态管理的"资源池"，从而提高资源的利用率，简化系统管理，实现服务器整合，增强 IT 系统对业务变化的更具适应能力。

虚拟化技术屏蔽了底层复杂性，使用户可以按照简单的方式使用 IT 资源，将用户从物理硬件的和软件的绑定中解放出来，使用户可以自主选择优化和组合 IT 资源，提供商可以实现资源的弹性服务。目前，虚拟化技术最常见的两个应用场景是实现服务器合并和桌面虚拟化。服务器合并就是把分布在多台不同物理机上的应用合并安装在一台有多台虚拟机的物理机上。桌面虚拟化就是用户通过客户端访问服务器上封装的虚拟机，其用户体验与现场物理机相同，用户客户端的性能不再是关键因素，而是取决于后台虚拟机的配置。

虚拟化技术具有以下四个重要特征。

（1）兼容性强。虚拟机在逻辑上与物理计算机看起来一样，具备完整计算机必备的所有组件。由于虚拟机是逻辑上的机器，脱离了硬件对软件的约束，所以理论上能够兼容所有标准的操作系统、应用和设备驱动程序。

（2）封装性好。封装性的基本原理是通过软件把虚拟机需要的虚拟硬件资源、操作系统和应用捆绑在一起。封装后产生的虚拟机可以自由地移动和复制。由于是软硬件一起进行封装,不需要用户重新安装驱动程序或者重新安装应用程序,因此使用效率大大提高。

(3)隔离性稳定。虚拟化的隔离技术确保了封装后的虚拟机在共享一台物理计算机的情况下,相互之间不会产生影响。也就是说,即使其中一台虚拟机发生故障,也不会影响在同一台物理计算机上运转的其他虚拟机的正常使用。

(4)硬件独立性。虚拟机使用者可以灵活配置虚拟计算机组件,这种配置可以与物理机完全不同。例如,不同的虚拟机可以安装不同的操作系统。

Hyper-V、VMware、KVM、VirtualBox、Xen、QEMU 等都是非常典型的虚拟化平台。Hyper-V 是微软公司的一款虚拟化产品,旨在为用户提供效益更高的虚拟化基础设施软件,从而为用户降低运作成本,提高硬件利用率,优化基础设施,提高服务器的可用性。VMware 是全球桌面到数据中心虚拟化解决方案的领导厂商。

2. 分布式计算

分布式计算就是把一个大任务分解成很多个小任务并分配到不同的计算资源上进行处理。分布式计算能够有效解决成本、效率和扩展性之间的平衡问题。

面对海量的数据,传统的单指令单数据流顺序执行的方式已经无法满足快速处理数据的要求;同时,我们也不能寄希望于通过硬件性能的不断提升来满足这种需求,因为晶体管电路已经逐渐接近其物理上的性能极限,摩尔定律已经开始慢慢失效,CPU 性能很难每隔18 个月翻一番。在这样的大背景下,谷歌公司提出了并行编程模型 MapReduce,让任何人都可以在短时间内迅速获得海量计算能力,它允许开发者在不具备并行开发经验的前提下也能够开发出分布式的并行程序,并让其同时运行在数百台机器上,在短时间内完成海量数据的计算。MapReduce 将复杂的、运行于大规模集群上的并行计算过程抽象为两个函数——Map 和 Reduce,并把一个大数据集切分成多个小的数据集,分布到不同的机器上进行并行处理,极大地提高了数据处理速度,可以有效满足许多应用对海量数据的批量处理需求。Hadoop 开源实现了 MapReduce 编程框架,被广泛应用于分布式计算。

分布式计算也是云计算最重要的支撑技术之一,它解除了用户和大型应用系统的绑定关系,与虚拟化技术解除了用户与物理资源的绑定关系有异曲同工之妙。分布式计算在孕育了云计算的同时,也重塑了云计算环境下的应用和服务形态。分布式计算作为云计算的关键技术,既可以支持不同地理上分布的计算资源的有效利用,又使复杂的大数据应用的计算方式更为简单。

3. 分布式数据存储和管理技术

面对"数据爆炸"的时代,集中式存储已经无法满足海量数据的存储需求,分布式存储应运而生。云计算系统由大量服务器组成,同时为大量用户服务,因此云计算系统采用分布式存储的方式存储数据。分布式网络存储系统用冗余存储的方式(集群计算、数据冗余和分布式存储)保证数据的可靠性。冗余存储的方式通过任务分解和集群,用低配机器替代超级计算机的性能来保证低成本,这种方式保证了分布式数据的高可用性、高可靠性和经济性,即为同一份数据存储多个副本。

云计算的一大优势就是能够快速、高效地处理海量数据。因此,数据管理技术必须能够高效地管理大量的数据。由于云数据存储管理形式不同于传统的数据管理形式,如何在规模巨大的分布式数据中找到特定的数据,也是云计算数据管理技术必须解决的问题。同时,由于管理形式的不同造成了传统的 SQL 数据库接口无法直接移植到云管理系统中,因此目前的一些研究也在关注为云数据管理提供 RDBMS 和 SQL 的接口。另外,在云数据管理方面,如何保证数据安全性和数据访问高效性也是研究关注的重点问题之一。

此外,信息系统仿真系统在大多数情况下会处在多节点并发的执行环境中,要保证系统状态的正确性,就必须保证分布数据的一致性。为了解决分布的一致性问题,计算机界的很多公司和研究人员提出了各种各样的协议,这些协议即一些需要遵循的规则,在云计算出现之前,解决分布的一致性问题取决于众多协议,但对于大规模甚至超大规模的分布式系统来说,如果无法保证各个分系统、子系统都使用同样的协议,也就无法保证分布的一致性问题得到解决,而云计算中的分布式资源管理技术就很好地解决了这一问题。

4. 并行编程技术

云计算采用并行编程模式。在并行编程模式下,并发处理、容错、数据分布、负载均衡等细节都被抽象到一个函数库中,通过统一接口,用户可以自动将大规模的计算任务并发和分布执行,即将一个任务自动分成多个子任务,并行地处理海量数据。

并行计算出现在 20 世纪 60 年代初期,这个时期晶体及磁芯存储器开始出现,处理单元变得越来越小,存储器也更加小巧和廉价。这些技术的发展导致了并行计算机的出现,这一时期的并行计算机大多是规模不大的共享存储多处理器系统,即所谓的大型主机。并行计算在高性能计算领域迅速发展,与此同时,其体系结构也在不断变化。并行计算所依赖的平台称为并行机,并行机由多个节点组成,任务被分解到各个节点,在各个节点并行运行。早期的并行节点并不是互相完全独立的主机,而更像一台主机的各个模块。到了 20 世纪 90 年代,随着网络设备的发展及 MPI/PVM 等并行编程标准的发布,集群架构的并行计算机开始出现,此时的并行计算硬件平台的节点就是彼此独立的主机了。

现代的并行机体系结构有对称多处理共享存储并行机、分布共享存储并行机、大规模并行机和并行向量多处理机。所有这些体系结构的并行机都是位于云端的,但和云计算没有直接的关系。随后,另外一种体系结构的并行机出现了,这就是工作站机群,它诞生于微处理器性能和网络带宽飞速发展的时代,为云计算的诞生奠定了基础。对于像信息系统仿真这种复杂系统的编程来说,并行编程模式是一种颠覆性的革命,它基于网络计算等一系列优秀成果,所以更加彻底地体现了面向服务的体系架构技术。

分布式并行编程模式创立的初衷是更高效地利用软件、硬件资源,让用户更快速、更简单地使用应用或服务。在分布式并行编程模式中,后台复杂的任务处理和资源调度对于用户来说是透明的,从而极大地提高了用户体验。

(六)云计算的应用

云计算的应用领域非常广泛,常见的有政务云、金融云、工业云等。

1. 政务云

政务云属于行业云的一种,是面向政府行业,由政府主导,企业建设和运营的综合服务平台。它一方面可以避免重复建设,节约建设资金;另一方面通过统一标准有效地促进政府各部门之间的互联互通、业务协同,避免产生"信息孤岛",同时有利于推动政府大数据的开发与利用,是大众创业、万众创新的基础支撑。

2. 金融云

金融云是指利用云计算的模型,将信息、金融和服务等功能分散到由庞大分支机构构成的互联网"云"中,旨在为银行、保险和基金等金融机构提供互联网处理和运行服务,同时共享互联网资源,从而解决现有问题并且达到高效、低成本的目标。2013 年 11 月 27 日,阿里云整合阿里巴巴旗下资源并推出阿里金融云服务。由于金融与云计算的结合,现在只需在手机上简单操作,就可以完成存款、购买保险和基金买卖。现在,不仅阿里巴巴推出了金融云服务,像苏宁金融、腾讯等企业均推出了自己的金融云服务。

3. 工业云

工业云是指使用云计算模式为工业企业提供软件服务,使工业企业的社会资源实现共享化。工业云能降低信息化门槛,让更多的中小企业以较低成本切入信息化领域。通用电气、西门子等国际巨头都在积极布局工业云,抢占智能制造时代的产业生态制高点。工业云将是未来云计算领域影响层面最为广泛的领域,普及工业云将有助于减轻制造业的 IT 运营成本,进而提升整体制造业的竞争实力。如果说传统信息技术领域是美国企业占据优势地位,那么工业领域的信息服务发展正迎来群雄逐鹿的时代。谁能率先建立覆盖全球的工业云服务,谁便能在智能制造时代掌握产业生态的制高点,并抢占掌控工业数据的先机。

二、云 数 据 库

(一)云数据库的概念

云数据库是部署在云计算环境中的虚拟化数据库。云数据库是在云计算的大背景下发展起来的一种新兴的共享基础架构的方法,它极大地增强了数据库的存储能力,避免了人员、硬件、软件的重复配置,让软件、硬件升级变得更加容易,同时虚拟化了许多后端功能。云数据库具有高可扩展性、高可用性、采用多租户形式和支持资源有效分发等特点。

在云数据库中,所有数据库功能都是在云端提供的,客户端可以通过网络远程使用云数据库提供的服务。客户端不需要了解云数据库的底层细节,所有的底层硬件都已经被虚拟化,对客户端而言是透明的,客户端就像在使用一个运行在单一服务器上的数据库一样,非常方便,同时可以获得理论上近乎无限的存储和处理能力。

(二)云数据库的优势

在大数据时代,每个企业几乎每天都在产生大量的数据。企业类型不同,对于存储的需求也千差万别,而云数据库可以很好地满足不同企业的个性化存储需求。

1. 满足大企业的海量数据存储需求

云数据库在当前数据爆炸的大数据时代具有广阔的应用前景。传统的关系数据库难以横向扩展,通常无法存储如此海量的数据。因此,具有高可扩展性的云数据库就成为企业海量数据存储管理的很好选择。

2. 满足中小企业的低成本数据存储需求

中小企业在 IT 基础设施方面的投入比较有限,因此非常渴望从第三方方便、快捷、廉价地获得数据库服务。云数据库厂商采用多租户形式同时为多个用户提供服务,降低了单个用户的使用成本,而且用户使用云数据库服务通常按需付费,不会浪费资源造成额外支出。因此,云数据库使用成本很低,对于中小企业而言可以极大地降低企业的信息化门槛,让企业在付出较低成本的同时,获得优质的专业级数据库服务,从而有效地提升企业信息化水平。

3. 满足企业动态变化的数据存储需求

企业在不同时期需要存储的数据量是不断变化的,有时增加,有时减少。在小规模应用的情况下,系统负载的变化可以由系统空闲的多余资源来处理。但是在大规模应用的情况下,传统的关系数据库由于其伸缩性较差,不仅无法满足应用需求,而且会给企业带来高昂的存储成本和管理开销。相比之下,云数据库具有良好的伸缩性,可以让企业在需求增加时立即获得需要的数据库资源,在需求减少时立即释放多余的数据库资源,从而更好地满足企业的动态数据存储需求。

三、大数据处理架构 Hadoop

(一) Hadoop 简介

Hadoop 是一个开源分布式计算平台,为用户提供系统底层细节透明的分布式基础架构。Hadoop 是基于 Java 语言开发的,具有很好的跨平台特性,并且可以部署在廉价的计算机集群中。Hadoop 的核心是 Hadoop 分布式文件系统 HDFS 和 MapReduce。HDFS 是针对谷歌文件系统 GFS 的开源实现,是面向普通硬件环境的分布式文件系统,具有较高的读写速度、很好的容错性和可伸缩性,支持大规模数据的分布式存储,其冗余数据存储的方式很好地保证了数据的安全性。MapReduce 是针对谷歌 MapReduce 的开源实现,允许用户在不了解分布式系统底层细节的情况下开发并行应用程序,采用 MapReduce 来整合分布式文件系统上的数据,可保证分析和处理数据的高效性。借助于 Hadoop,程序员可以轻松地编写分布式并行程序,将其运行于廉价计算机集群上,完成海量数据的存储与计算。

云计算是大数据分析处理的关键技术,Hadoop 被公认为行业大数据标准开源的云计算平台,在分布式环境下提供了海量数据的处理能力。现在 Hadoop 已经发展为一个包括分布式文件系统 HDFS、分布式数据库 HBase 及数据分析处理 MapReduce 等功能模块在内的完整生态系统,目前已经成为最流行的大数据处理平台。用户可以从 hadoop. apache. org 免费下载和安装 Hadoop 的相关软件。几乎所有主流厂商都围绕 Hadoop 提供开发工具、开源软件、商业化工具和技术服务,例如谷歌、雅虎、微软、思科、淘宝等都支持 Hadoop。

(二) Hadoop 的特性

Hadoop 是一个能够对大量数据进行分布式处理的软件框架,并且是以一种可靠、高效、可伸缩的方式进行处理的,它具有以下几个方面的特性。

1. 高可靠性

Hadoop 采用冗余数据存储方式,即使一个副本发生故障,其他副本也可以保证正常对外提供服务。

2. 高效性

Hadoop 作为并行分布式计算平台,采用分布式存储和分布式处理两大核心技术,能够高效地处理 PB 级数据。

3. 高可扩展性

Hadoop 的设计目标是可以高效稳定地运行在廉价的计算机集群上,可以扩展到数以千计的计算机节点上。

4. 高容错性

Hadoop 采用冗余数据存储方式,自动保存数据的多个副本,并且能够自动将失败的任务进行重新分配。

5. 低成本性

Hadoop 采用廉价的计算机集群,成本比较低,普通用户也很容易用自己的 PC 搭建 Hadoop 运行环境。

四、Python

在大数据时代,无论是提供底层基础架构的云计算,还是实现各种人工智能的应用,都离不开其核心的源泉——数据。由于网络中的数据太多、太宽泛,人们需要通过特殊的技术和方法实现在海量的数据中收集到真正有价值的数据,从而为下一步的数据清洗、分析和可视化等技术提供数据支撑。Python 作为重要的大数据应用辅助工具脱颖而出。

在实际应用中,Python 语言已逐渐成为除 Java 和 C/C++外,最受人欢迎的编程语言。Python 也是开源免费软件,是 FLOSS(自由/开放源码软件)之一。用户可以自由地发布这个软件的拷贝、阅读它的源代码、对它做改动、把它的一部分用于新的自由软件中。用户可以从 www. python. org 下载和安装 Python 的开发平台。Python 的语法简单清晰,容易学习掌握。作为一种编程效率非常高的计算机语言,Python 使用的代码量相对较少,使得代码更易于理解、阅读、调试和扩展。它常被昵称为"胶水语言",能够很轻松地把其他语言开发的各种功能模块集成到所开发的程序中。在用 Python 语言编写程序时,无须考虑诸如如何管理程序使用的内存一类的底层细节。Python 拥有庞大的标准库,其核心只包含数字、字符串、列表、字典、文件等常见类型和函数,而由 Python 标准库提供的额外功能包括系统管理、网络通信、文本处理、数据库接口、图形系统、XML 处理等。Python 标准库命名接口清晰、文档良好,很容易学习和使用,它可以帮助处理各种工作,包括正则表达式、文档生成、单元测试、线程、数据库、网页浏览器、CGI、FTP、电子邮件、XML、XML-RPC、HTML、WAV 文件、密码系统、GUI(图形用户界面)、Tk 和其他与系统有关的操作,这被称作 Python 的"功能齐全"理念。除了标准库,Python 还有许多其他高质量的库,如 wxPython、Twisted 和 Python 图像库,等等。

Python 语言数据分析的函数库主要包括 NumPy、SciPy、IPython 和 Pandas,可视化函数库包括 Matplotlib,用户可以调用这些函数库完成各种数据分析和可视化任务。Python 可以应用于多个业务领域:Web 程序设计、数据库接入、桌面 GUI、软件游戏编程、数据科学计算、数据采集、清洗和分析等。

第三节 金融大数据服务平台

一、金融大数据服务平台的概念

金融大数据服务平台是一个利用大数据、云计算等技术,分析各类结构化和非结构化的数据,得出所需的某一方面信息,从而为金融机构决策提供支持,为交易双方提供信息支持的平台。金融大数据服务平台通过收集用户的行为数据,并结合金融行业自身的数据,以及外部的数据,帮助金融机构实现大数据的变现。

金融大数据服务平台的架构主要由四部分组成:数据集成层、数据存储层、数据分析层和数据使用层。这四个部分在平台管理的整体控制下,自下而上地完成数据的处理,最终得出所需的信息。

数据集成层的主要功能是汇总收集所有渠道的、可用于分析的数据,包括金融机构日常的营业数据、App 应用数据、日志,以及其他各类结构化和非结构化数据。通过数据的集成形成一个完整统一的数据库,方便数据的查询和调用。我们通常称此数据库为数据源。数据存储层负责从数据源获取数据,并且在必要时将它转化为适合数据分析方式的不同格式。数据存储层的主要任务就是根据合规性制度和数据处理需求的不同,为不同的数据提供合适的存储方式。数据分析层主要是通过读取数据存储中的信息,分析找出所需的信息。在某些情况下,数据分析层也可以直接从数据源中提取数据。在分析数据前,必经过认真的规划,明确分析的目的、数据来源,以及所需的工具及算法。数据使用层是对数据分析层所得出信息的输出。信息的使用者可以是可视化的应用程序、平台用户、金融机构等主体。通过对数据的使用,可以实现大数据的变现,实现大数据平台的最终价值。

二、金融大数据服务平台的分类

随着移动互联网时代的科技进步,市面上的金融大数据服务平台层出不穷,种类繁多,以下从不同角度对其进行简单的分类。

(一) 按数据来源划分

数据资源是金融大数据服务平台的基础,因此可以按数据来源来划分其类别,大致分为第一方金融大数据服务平台和第三方金融大数据服务平台。

1. 第一方金融大数据服务平台

第一方金融大数据服务平台是指私有的金融大数据平台,是用户自身创建的金融大数据服务平台,并且服务于其本身。此平台用于收集、分析平台创建者自身的数据,并经过一定的处理过程,使数据结果服务于自身的目标。这样的平台相对具有高度的保密性和安全性。在第一方金融大数据服务平台的理论下,各金融机构能够独立地分析处理自身的数据,不对外界透露自身数据,但也同时难以获取其他金融机构的数据,缺乏数据的全面性。数据是金融机构珍贵的无形资产,创建者所拥有的数据信息越多、越全面,也就越能够在数据中挖掘出更多的价值,平台所产生的价值就越大。然而,大数据的价值不仅在于拥有多大体量的数据,更在于对数据进行有效的分析、管理和运用。第一方金融大数据服务平台强调的就是既能实现大数据的价值,又能保证其自身数据的安全性。

第一方金融大数据服务平台适用于分支机构较多、规模庞大的金融机构。一方面,大型金融机构资金力量雄厚,拥有大量经验丰富的专业人才,能够建立健全的金融大数据服务平台;另一方面,大型金融机构希望维持其领先地位,对数据的安全性、保密性要求较高,因而更希望通过自身运作数据,不假于他人之手,以保障数据的安全。

第一方金融大数据服务平台最大的优点在于其具有很强的针对性,它是针对开发者所在的金融机构的业务量身定制的金融大数据平台。通过收集和处理数据,可以更好地帮助金融机构认识自己营销活动的效果、了解自己业务的合理性,提出有针对性的解决方案。同时内部处理数据可以保证商业机密不外泄,维持金融机构自身的竞争优势。但是,第一方金融大数据服务平台的数据源大多来自金融机构本身,数据的全面性无法保证,难以适应市场的快速发展变化,容易与市场脱节。因此,在实践中,第一方金融大数据服务平台的应用较少,各金融机构通常会将外部数据与自身数据相结合,以真正反映行业的真实状况,密切关注时事的变化,避免出现脱离实际的分析结果。

2. 第三方金融大数据服务平台

第三方金融大数据服务平台是指公用的金融大数据平台,是独立于数据使用者的由运营商搭建的大数据平台。数据的控制和使用权归运营商所有,对数据的使用者来说,数据属于第三方数据。第三方金融大数据服务平台的运营商能够根据金融机构的数据分析要求,整合内外部数据进行分析,为金融机构的决策提供依据。第三方金融大数据服务平台认为虽然数据本身很重要,但是数据的开放程度更为重要,只有在不断的互联互通中才能更好地发挥数据的价值。大数据的价值不仅在于其体量大、包含的信息多,更在于其能够形成一个多维度的数据链条。随着数据链条的不断延伸,数据之间互联互通,使数据之间的相互关系更加丰富完善,数据应用的效果也越来越好。

第三方金融大数据服务平台的数据来源广泛,但能够实现数据的集中处理,适合分支机构较少、业务简单的中小型金融机构。一方面,中小型金融机构由于自身没有条件搭建平台或者搭建平台的成本太高,而求助于第三方大数据运营商;另一方面,中小型金融机构的技术一般并不处于领先地位,在行业中没有很强的竞争优势,为了提高行业竞争力更需要密切关注市场的发展,紧跟市场变化,因而需要开放的大数据平台提供信息支持。

第三方金融大数据服务平台相对于第一方金融大数据服务平台的优点首先是费用低,免去了独立搭建平台的巨大开支;其次,数据的来源更加广泛,包含了金融机构内外部的各方面数据,使数据之间的联系更加紧密;最后,由专业人员管理平台,使数据的分析结果更加全面,决策更加科学有效。而其主要的缺点是数据的安全性和保密性差,大量的数据存储于平台的数据库中,一旦外泄,将会对整个行业造成极大的混乱。同时第三方金融大数据服务平台由于兼顾了普适性,因而针对性较差,难以实现对不同金融机构的具体业务进行单独的数据收集与分析,同时得出的结论也需要根据各个金融机构的实际进行具体的分析。

两类平台综合比较情况见表2-1。

表2-1 第一方与第三方金融大数据服务平台综合比较

项　　目	第一方金融大数据服务平台	第三方金融大数据服务平台
核心功能	数据采集、数据管理 数据分析、对接应用	数据采集、数据管理 数据分析、对接应用
数据源	创建者第一方数据及公共数据	授权的第三方数据 共享数据
控制权	创建者	平台运营商
安全性能	信息安全有保障	信息安全没保障

(二) 按服务内容划分

金融大数据服务平台也可以按服务内容进行分类,即针对用户某一方面的需求进行数据采集与分析,提供最优的解决方案。就当前已经在市场上出现的金融服务平台而言,主要分为大数据征信平台和小额信贷平台两大类。

1. 大数据征信平台

大数据征信平台是通过对客户行为、交易记录等大量数据进行分析整理,能够提供客户信用评级服务的平台,其中的客户既包括个人客户,也包括机构客户。征信平台就是针对金融机构对客户信用信息这一单方面的需求而创建的金融大数据服务平台。该平台通过对数据的综合处理,得出客户的信用等级,并以此为依据为客户提供差异化的服务。这里提及的大数据征信平台就是征信体系的一种实现方式。

当前我国的征信体系主要由三方面构成:金融征信体系、行政管理征信体系及商业征信体系。而与金融大数据服务平台关系最紧密的就是金融征信体系,其以金融机构为主导,以授信申请人为主要对象,以信用信息在平台内实现互联互通、防范信用交易风险为主要目的。金融征信平台主要包含的信息由三部分组成:第一部分是个人或者机构的基本信息,包括个人身份、机构信息、地址信息、收入信息等;第二部分是客户与金融机构的交易记录,包括贷款信息、担保信息等;第三部分是与非金融机构的交易信息,如缴费信息、参保信息等。金融征信平台利用大数据技术对上述信息进行综合分析,得出客户的信用等级,判断客户违约的概率,为客户提供相应的服务。这样的业务模式大幅降低了客户违约的风险,减少了金融机构的坏账率,促进了整个金融体系的良性发展。

目前,我国金融征信平台随着金融行业的发展及互联网、大数据技术的进步已经初具规模,但仍需进一步完善。其主要不足在于数据来源以金融信贷的信用信息为主,证券、保险、信托等其他金融信用交易记录涉及较少,并且以客户与本金融机构的交易记录为主,缺少信息的互联互通。总体来说,由于缺乏数据的全面性,在一定程度上影响了信用信息的准确度。

2. 小额信贷平台

小额信贷平台是为了解决客户小额贷款的需求而创建的金融大数据服务平台,其通过对大量数据的分析处理,将传统的抵押贷款模式转变为信用贷款模式,为优质客户的小额贷款提供更加便利的服务。目前市场上的小额信贷平台种类繁多,层出不穷,比较知名的有阿里小贷、拍拍贷、开开贷等。小额信贷平台的主要目标客户是微小企业主和自主创业者,这类客户大多由于自身条件的限制,难以从银行等传统金融机构获得贷款,或者获得贷款的利息过高。在"全民创业、万众创新"的大背景下,此类小微企业、创业企业的数量急剧增多,融资需求大增,而融资难、融资贵的局面并未改善,因此小额信贷平台的涌现有助于解决这样的困境。

小额信贷平台在一定的限额下提供"金额小、期限短、随借随还"的纯信用小额贷款服务。平台借助大数据技术,通过对客户的信用数据进行分析,能够对不同客户实行差异化的贷款政策,降低了信贷业务的风险,提高了业务效率,填补了小额贷款这一领域的空白,同时极大地方便了小微企业和个体业主的资金融通,实现了双方的互利共赢。

在我国现阶段,小额信贷可以根据其运作流程,分为四种具体的运营模式。①传统模式,通过搭建网站、线上撮合投资人和筹资人。该模式能够迅速积累数据、实现品牌的独立,线上的交易模式使得借贷双方用户不受地域限制,符合监管要求,是最正规的小额信贷平台。但是前期需要着力培养平台的竞争力,如果没有用户基础,就很难实现盈利。②担保模式,在传统模式的基础上,引入保险公司或小贷公司为交易双方提供担保。该模式能确保资金安全,顺应大多数中国人的投资偏好,但由于参与主体众多,小额信贷平台的定价权和话语权不高。③债券转让模式,通过搭建平台,攫取线下购买债券与线上转让之间的利差。该模式线下购买便利,并可显著增加线上交易量,但业务程序烦琐且有政策风险,同时由于需要地勤人员,受地域限制,不利于扩展业务。④平台模式,通过搭建网站与小贷公司达成合作,将多家小贷公司的融资需求引入平台,协助其进行风险审核。该模式成本小、见效快,但核心业务已经脱离金融范畴。

大多数小额信贷平台并非采用单一的模式运营,而是根据实际情况综合运用多种运营模式。

(三)按平台目的划分

按金融大数据服务平台的目的对其进行分类,可以大致分为六大平台:金融大数据战略管理平台、金融大数据信息应用平台、金融大数据业务拓展平台、金融大数据经营创新平台、金融大数据风险控制平台及金融大数据行政管理平台。

1. 金融大数据战略管理平台

金融大数据战略管理平台是基于金融机构整体建立的,管理金融机构总体战略规划目标的平台。具体来说,首先,其构建需要经过认真的规划和商议,确立整个金融机构在一定时间内所要实现的总体目标,明确各时间段的分期目标和各分支机构的具体任务。其次,根据实现目标的要求,在金融大数据战略管理平台的统一指挥下,收集整合各方面的数据,改变原先各分支机构之间分立、分散的联系方式,将各分支机构的客户信息、交易信息、资产负债信息等整合为一个统一的数据库,方便数据的调用和存储。金融大数据战略管理平台不仅可以整合多方数据,实现金融机构内部的数据共享,还可以通过平台管理对金融机构内部的资源进行统一的调用与分配,实现资源优化配置,从而更好地达成总体的战略目标。同时,通过实时监测各分支机构返回的数据,可以监督各分支机构的任务完成情况,确保总体战略目标的实现。

金融大数据战略管理平台不仅可以整合金融机构的内部资源,而且具有协调上下游企业关系的功能。其通过专业的数据技术人员,分析处理整个产业链上下游企业的相关数据,找出最忠诚的合作伙伴和最有能力的战略协作者,从而有针对性地寻求合作伙伴。金融大数据战略管理平台通过进行总体的战略规划可以提高决策的科学性。当制定战略目标时,如果有数据的支持,就可以预先通过数据分析其可行性,并且严格监督目标的实施。整体战略规划决定着企业的生存与发展,一旦出现偏差将会危及企业的生存。金融大数据战略管理平台能够从一定程度上避免决策错误,促进金融机构的可持续发展。

2. 金融大数据信息应用平台

金融大数据信息应用平台是在经过整合的大数据信息的基础上,根据不同的目标,分析调用相应数据的应用平台。要建立该平台,首先需要一个统一完整的数据库,其中包含金融机构客户和历史交易信息等静态数据,以及客户的实时搜索和在线提问等动态数据,形成数据挖掘分析应用的基础。具体来说,对待个人客户,根据客户的年龄、所在地域、从事职业、总体收入、与本金融机构的交易记录、与其他机构的交易记录等,分析得出客户的消费能力、风险偏好、投资偏好等个性化信息,进行客户的金融需求分析,从而为客户提供更加高效、便捷、量身定制的金融服务,提高客户的满意度和对本金融机构的忠诚度。对待企业客户,根据其经营地域、行业领域、经营状况、政策导向、交易记录等方面,分析企业客户的发展前景、盈利状况、风险大小等方面的信息,并根据其对金融服务的需求,为其提供专属的金融服务。

采用金融大数据信息应用平台分析客户行为,既可以提高金融服务的满意度,又能有效地控制经营风险,降低违约概率。金融大数据信息应用平台除了可以通过数据分析为单个客户量身定制金融服务,还可以根据现有的金融服务,为其匹配最理想的客户,提高金融服务的成功率。二八理论是这一领域最常用的结论之一,它指出通常情况下,公司中20%的客户会带来80%的利润。这就要求金融机构通过分析以往客户的交易记录,对为其带来不同等级利润的客户进行精准区分和差异化处理,从海量的客户中筛选出最能带来利润的重要客户,以及一般客户、潜在客户等。金融大数据信息应用平台可以提供客户关系管理系统,帮助金融机构实现金融服务和有需求客户的匹配,并开发潜在客户,提高销售成功率,从而提高利润率,以及金融机构的竞争力。

3. 金融大数据业务拓展平台

金融大数据业务拓展平台是通过对客户行为数据和基本资料的整合,分析客户的金融服务需求,针对不同客户的特点提供不同的金融服务,采用线上线下相结合的方式,拓展金融机构业务范围的应用平台。金融大数据中线上和线下两种业务拓展模式各有其特点与利弊,两者相辅相成,互为补充。线上的业务拓展模式适合个人客户、小微企业及自主创业者。

线上业务的特点是资金规模小、客户众多且比较分散,因此相应的违约风险较小。如果采取逐一考察客户的方法,可能会浪费资源甚至得不偿失。因此,借助金融大数据业务拓展平台可以借鉴互联网金融的成功经验,利用平台优势与客户进行线上沟通、线上成交,节约人力物力。同时线上业务相比于传统网点形式的业务服务来说,更加便捷,而且不受时间和空间的限制,因此吸引了大批的客户。

线下的业务拓展模式主要适用于规模庞大、风险较大的机构客户。线下业务的特点是资金规模庞大、经营风险较大、客户数量少且便于跟踪管理。由于线下业务的客户一般资金需求量大,业务合同时间较长,因此违约风险较高,一旦此类客户出现违约,将会对金融机构的正常经营带来严重的影响,因此必须谨慎对待。金融大数据业务拓展平台作为线下业务的有力支撑,能够根据平台处理得出的信息,为客户提供一对一的专业定制服务,平衡收益和风险。具体来说,平台利用大数据技术,掌握客户的需求信息,制定分阶段的服务目标,再由线下的客户经理跟踪调查服务实现的效果,监督客户履行义务,双管齐下,保证金融服务的效果,有效控制经营风险。

在实践中,线上和线下两种模式是密不可分、相互促进的。金融大数据业务拓展平台充分利用大数据技术,通过线上了解客户需求,线下监测重大风险,针对不同客户的特点提供不同的服务方式,以拓展业务链条,并提升客户的满意度和忠诚度。

4. 金融大数据经营创新平台

金融大数据经营创新平台是利用大数据技术,推动传统金融机构的经营业务模式革新、促进新型金融机构涌现和转变传统商业模式的应用平台。通过金融大数据经营创新平台,有利于实现金融机构的可持续发展,创造新的行业核心竞争力。

金融大数据经营创新平台对传统经营模式创新的推动,体现在随着大数据、云计算等技术的成熟,金融机构通过该平台可以分析处理更多的数据信息,从而对客户需求有更准确的了解,开发出更多的新业务来满足不同客户的需求,从而提高金融服务的效率。例如,商业银行的精准营销就是在数据分析的支持下实现市场细分、客户精准定位,并建立个性化的客户沟通服务体系,在充分了解客户信息的基础上,针对客户偏好及消费习惯,有针对性地进行产品营销,包括实时营销、交叉营销、个性化推荐、客户生命周期管理等。这是一种将直复营销与数据库营销结合起来的营销新趋势,能够实现企业可度量的低成本扩张,帮助企业取得竞争优势。

金融大数据经营创新平台也催生了新型的金融机构,例如电商金融服务公司。电子商城原本属于实体经济的范畴,但是其依托已有平台积累了大量用户,拥有海量的沉淀数据,通过这些数据分析用户的行为信息,为传统电商提供了从实体经济向金融服务转型的桥梁,催生了新型的金融机构。如今,电商平台能够提供支付服务、个人理财、众筹、保险、消费金融等各项金融服务。

金融大数据经营创新平台能够转变传统金融机构的商业模式,通过整合海量数据信息,催生新的商业模式,促进金融机构的发展。例如,以京东商城为代表的供应链金融模式,通过整合产业链上下游企业的现金流、物流等各种信息,形成以大数据为基础的金融模式。而以 P2P 小额贷款为代表的平台金融模式,则是建立在 B2B、B2C 基础上的,通过资金流、物流、信息流等组成的大数据将供需方利用一个平台对接起来的金融模式。

5. 金融大数据风险控制平台

金融大数据风险控制平台是利用大数据技术进行金融机构风险管理的平台。金融风险是指任何可能导致企业或机构财务损失的风险,代表着企业未来收益的不确定性与波动性。金融大数据风险控制平台通过对各类风险进行衡量与识别,能够采取相应的措施与处置方案实现风险最小化和利润最大化。金融风险控制是平衡金融投资安全性与收益性的一种金融管理方法。

近年来,金融监管部门对金融机构的监管与审查强度持续加大,市场波动率增加,股东、消费者、商业伙伴及供应商的需求不断增长,同时互联网、手机银行等科技的进步推动银行创新,银行必须管理和应对的风险范围正在不断扩大。经济时报智库的调查显示,金融机构出色的风险管理表现与大数据工具的使用有一定关系,而缺乏数据则是提高风险管理成效的最大障碍。传统的风险控制方法是金融机构将每天发生的数据整理成报告,提供给后台的专家,以供他们研究最新的市场趋势,从而控制风险。而金融大数据风险管理平台则可以从移动设备、社交应用、网页访问及第三方获取数量巨大、形式多样且具有瞬时性的海量数据,包括信用消费等方面的数据。通过大数据分析,可以揭示那些连专家都不易察觉的客户潜在的消费习惯,从更细致的层面上发掘潜在的风险,可以细致到单一客户、产品及投资组合水平,甚至达到信用审批及定价层面。

金融大数据风险控制平台利用数据挖掘技术,通过对金融机构面临的市场风险、流动性风险、操作风险等进行识别、计量、检测和处理,以及对信用风险进行评估,对金融机构财务危机进行预警分析、进行供应链风险评估,极大地降低了金融机构的风险,提高了其竞争力,促进了企业的长足发展。

6. 金融大数据行政管理平台

金融大数据行政管理平台是利用大数据技术创新行政管理方式,改进行政管理效率,为金融业的快速发展提供良好环境的平台。当前社会已经全面进入"互联网＋"的时代,以数据作为社会治理的核心维度,构建起在三维空间和一维时间基础上的"五维政府"。

当前以移动互联网、云计算、大数据为基础设施的"大数据＋政务"也成为政府创新战略。互联网的本质就是数据源的拓展,移动互联网让数据的流通速度更快,云计算让数据处理更便宜、更实时。而金融大数据行政管理平台综合运用以上技术,汇聚了远超过传统金融机构规模的海量数据进行分析挖掘,使政府能够更加方便、实时地监测社会经济运行情况。通过直观的数据,能更真实地反映行政管理的效果,缩短金融机构与政府部门之间的距离。通过大数据的刻画,可以使政府直观地感受到社会经济运行的真实图景。通过从数据的产生到数据之间相关性的分析,可以帮助政府"防微杜渐",有效打击数据造假,维护金融生态环境。通过对历史数据的预判为行政管理提供决策支持,具有危机预警、智能处理的功能。大数据在行政管理方面的运用能有效地监督公共权力,通过让数据说话,使权力运行处处留痕。

(四)按服务对象划分

按服务对象来划分,金融大数据服务平台可以大致分为为政府提供服务的平台、为企业提供服务的平台及为公众提供服务的非营利性平台。

1. 为政府提供服务的平台

为政府提供服务的金融大数据服务平台是指收集各方面的金融数据并进行分析,为政府的决策提供数据支持的金融大数据平台。政府的决策关系着国计民生,一旦决策错误,将会造成难以挽回的损失。因此,政府决策更应该充分利用大数据技术,做到有据决策、科学决策。这类金融大数据平台通常并不仅仅为政府服务,还会兼顾金融机构。

为政府提供服务的金融大数据服务平台通常包含行政管理中多个方面的业务,涉及民生、军事等多个领域,能够为提高行政效率提供信息支持。例如,对于市场监督管理部门来说,金融大数据服务平台可以整合分析市场监督管理部门的大量市场主体信息、年检情况、个体户信息、执法数据和 12315 热线电话信息等数据,帮助市场监督管理部门了解和预测市场走向与经济形势,提高市场的运行效率,更好地管理市场,服务民众。

同时,政府的决策关系国计民生,数据的保密性格外重要,这就对为政府提供服务的金融大数据服务平台的安全性提出了更高的要求。一旦数据泄露,就可能威胁整个国家的安全。大数据的危险可能隐藏在一个不起眼的细节上,一个微小的失误就可能会造成无法挽回的损失。因此,保障数据的安全性和保密性是这类金融大数据服务平台的首要标准。

2. 为企业提供服务的平台

随着互联网、大数据热潮,越来越多的企业凭借自身积累的海量数据,并采用金融大数据服务管理平台,开始涉足金融业务。金融大数据服务平台通过数据分析与挖掘,产生了为企业决策提供数据支持的金融信息。以往,企业的经营决策经历了"拍脑袋"决策、使用Excel 表格工具、运用报表工具、使用传统商业智能(BI)四个阶段,但是传统分析决策方式价格昂贵、操作烦琐。大数据技术的出现颠覆了之前的处理技术,使数据的处理分析更加高效、便捷,提高了企业决策的效率。

按照数据的来源划分,为企业提供金融大数据服务的平台具体可以分为以下三类。

(1)电商平台。电商平台所积累的数据主要来源于平台上的交易数据。随着移动互联网走进生活,各大电商的迅猛发展,线上交易量迅速增长,数据规模实现井喷。用于分析客户需求的金融大数据平台能够更好地进行客户行为分析,了解客户需求。其通过客户在电商平台的交易记录分析客户的收入情况、消费偏好,对客户的消费能力、信用水平作出评价;

通过实时用户访问数据,分析用户的喜好来推荐对应的产品,实时调整运营方案,提升销量。同时,电商平台还逐渐涉足金融业务,除了基于平台交易的支付方式,还推出了理财服务、个人征信、小额信贷等多样化的金融服务。通过运用大数据平台,电商提高了服务效率,扩展了业务范围,有助于其提高企业竞争力、实现长期发展。

(2)搜索平台。搜索平台所处理的数据主要是实时检索数据。实时检索分析平台旨在为公司大数据分析业务提供一套实时的、多维的、交互式的查询、统计、分析系统,为公司各个产品在大数据的统计分析方面提供完整的解决方案,让万级维度、千亿级数据下的秒级统计分析变为现实。其主要实现步骤是首先设定分析逻辑,快速统计客户群人数规模;然后瞄准客户群,详细对比分析客户群特征;最后通过多维度交叉分析,深入挖掘,识别有价值的客户,进行针对性营销,以达到更好的营销效果。

(3)传统的金融机构平台。传统的金融机构为了应对来自互联网企业的挑战,也纷纷开始运用大数据技术。传统金融机构平台所处理的数据主要是营业网点、互联网和移动应用上的用户金融消费与服务的信息。传统金融机构平台可以将线上线下的客户数据信息相结合,综合分析客户的行为信息,这也是电商平台和搜索平台无法比拟的优越性。同时,传统金融机构可以通过线下的方式面对面接触客户,这种通过直接沟通反映出的数据更加真实可信,从而提高了数据分析结果的准确性。

3. 为公众提供服务的非营利性平台

为政府提供服务和为企业提供服务的金融大数据服务平台都属于营利性的金融服务平台,其最终目的都是提高收益。与其相对应的是为公众提供服务的非营利性平台,此类平台大多是由平台技术开发公司提供的,其最终目的并不是获取平台自身的收益,而是作为一个数据共享的开放系统,促进数据的互联互通,使大众共享大数据分析的成果,开启数据民主时代,充分实现数据的价值。非营利性的大数据金融服务平台一般提供大数据营销、大数据预测、大数据统计、大数据工具、大数据推荐、行业应用等多种功能,帮助社会大众利用大数据技术,更加精准地查询所需的信息,更加高效便捷地处理问题。同时,平台可以通过收集用户的信息需求,了解社会热点,丰富自身的数据库,更好地服务社会民生。

(五)按大数据定价机制划分

目前,从世界范围来看,可以用于大规模推行的商用数据交易模式尚未形成。组织大数据交易一般采取交易所模式,该机制也正处于探索阶段。数据交易价格的影响因素主要包括数据品种、时间跨度、数据完整性、数据样本覆盖范围和数据时效性等。考虑到买卖双方的信息是否对称及交易地位等因素,大数据定价可参考以下三种模式。

1. 买卖方一对一的协商模式

买卖方一对一的协商模式主要是指买卖双方进行协商,其中数据交易平台参与整个协商过程的观察与控制。在两者之间提出要约、反要约、再要约及承诺的整个过程中,逐渐明确产品价格,而数据交易所则在协商过程中扮演着撮合者的角色。

这种协商模式发生在给定的双方之间,目标性较强,在严格遵守有关规定的前提下,买卖双方在价格敲定的过程中有着较大的自主权。

2. 买卖方一对多的系统自动定价模式

如果买卖双方不是特定的,那么在进入交易所交易系统后,可以在交易平台提供的资源查询及挂牌中锁定交易,借助交易系统实现自动成交。例如,贵阳大数据交易所中的数据被分为能源、医疗、金融等30个品种,不同类型的数据对应着配套的固有计价公式。通过实时的交易系统,数据买方能够准确观测各种数据波动情况,及时掌握市场信息,提出合理的报价。当数据买方报价大于或等于卖方报价时,交易系统就会按照买方的价格在系统中自动撮合交易。对于那些无法匹配直接成交的应约,卖方往往会从中选取最满意的进行匹配,成交价为买方应约价。这与先前讨论的一对一的协商定价方式是一致的,只是把操作行为放在了线上。与之不同的是,最初的卖方要约价作为基准成交价来说,一般与卖方预期相差不大。当然,数据价格的合理性拟定更加依赖于卖方。

3. 动态应用效果定价模式

大数据应用于微观业务的具体实施,是基于数据价值转化为货币价值的市场意图,为分析数据终端的应用对数据价格的影响提供了便利。例如,典型的自动化定向广告中,一个投向飞利浦剃须刀广告位的流量价值为1万元。通常,面向女性用户的剃须刀的购买潜在可能性比较小。如果对流量进行区分,把飞利浦剃须刀的广告全部投放给男性用户,广告商只需花费5 000元,有效用户基本不会遭受损失。而剩余的女性流量可以再用于投放另一个化妆品广告。后续方案产生的额外盈利就是数据价值。这个例子告诉我们,在一定的规模化下,数据能够带来盈利效应。知道性别这一信息就可以多赚取一定数额,也说明如果知道的信息越多越详细,带来的利润越多,这是数据在市场上应用的反映。

根据数据交易的盈利效益,可以为数据交易定价提供有效的参照和测算。目前数据需求方包括数据分析服务商及不同的行业用户,涉及公共服务、医疗健康、娱乐、经济金融、人力资源、能源等。不同的用户对数据的应用领域和效果会有所不同,我们可以在对行业进行用途分类之后,选择中位数值定价的方法,然后由市场优胜劣汰或调整。

三、金融大数据服务平台的风险与挑战

随着技术的发展,国家政策的扶持,大数据金融服务平台蓬勃发展,为我国经济的进一步发展提供了有力的推手。但是我们也必须看到,在金融机构与大数据融合的过程中也面临着诸多的挑战和风险,金融大数据服务平台的发展仍然困难重重。

(一)从数据质量来看

1. 数据的真实性难以保证

金融大数据是基于对大量数据的分析,来支持金融机构的决策活动。因此,数据的真实可信程度就显得尤为重要。如果源头的数据就产生错误,那么由此得出的结论也必定是错误的,大数据分析就失去了其最初的意义。可是,要保持大数据的真实准确性并非易事。无论是提供大数据的人员,还是使用大数据的人员,都有其自身的利益考虑,为了满足一己私欲,就难以避免对大数据的造假。但只要数据造假能获利,造假的情况就不会少见。同时,当今网络上的数据繁多,鱼龙混杂,各种网站和软件都会提供所谓的第一手资料,但这些数据的真实性缺乏必要的监督,导致其质量无法得到保证。如何辨别数据的真实可靠性也就成了很大的问题。为了构建和谐稳定的金融大数据生态环境,对发布数据的真实准确性的监督必不可少。

2. 数据的代表性存在质疑

即使数据是真实的,得出的结论也未必是准确的。数据多并不绝对地代表事物本身,有

时收集的海量数据只能描述事物某一方面的情形,而忽略了其他方面。如果是这样,那么利用这种数据得出的结论也必然是有失偏颇的,难以反映我们要研究的事物的真实状态。例如,如果我们过于依赖网上的言论并将其视为现实的民意,就可能会出现决策错误。

3. 数据的相关性存在误差

数据的相关性误差也是数据分析错误的重要影响因素。相关性的误差可能会使逻辑上明显不成立的变量之间表现出显著的相关关系。一个经典的案例是,如果一个产品的网页搜索数量越多,就说明这个产品越受欢迎。虽然统计数据的确显示了网页数量和产品销量之间的正相关关系,但是这种结论却不符合现实的逻辑。网页搜索数量的暴增也有可能是受负面消息的影响导致的。同时,在处理数据方面,舍弃异质点时也必须格外小心,应保证数据的误差在合理的范围之内,只有这样得出的结论才能真实有效。控制数据的误差是保障数据质量十分关键的一环。

(二) 从金融业的应用来看

金融大数据服务平台的蓬勃发展为金融业带来了新气象,同时也对金融业提出了新的要求和挑战。

1. 数据的不确定性需加强软硬件基础设施建设

在大数据时代,除了传统的报表类数据,还有大量的非结构化数据,包括图像数据、语音数据、卫星数据、行为数据、线上交易数据和线上浏览数据等。金融场景中另类数据的应用逐渐被开发出来,将会有更多类型的新数据纳入金融大数据分析中,这就带来了金融大数据在体量方面的不确定性。此外,金融大数据还存在数据孤岛现象带来的不确定性,影响数据之间的整合关联,制约金融大数据的发展。另外,新金融跨市场、跨行业、多维度的特点使行业之间的界限越来越模糊,各领域之间的数据交互共享也越来越频繁。在这种情况下,保护数据隐私权、归属权,以及平衡数据共享与数据安全之间的关系,成为金融大数据平台发展在数据层面上的另一个不确定性因素。金融体系本身是一个复杂的系统,其应用场景也会越来越复杂,需要大量快速和专业化的运算能力作为支撑。因此,在大数据时代,要求全面加强软硬件基础设施建设,以支持金融大数据服务平台的建设。同时,应采用新的数据分析方法,充分利用金融大数据平台的优势,全面整合分析内外部数据,为企业提供决策信息支持。

2. 技术选择与运用存在风险

目前,我国的大数据技术仍然处于起步阶段,分析型的数据库尚未成熟。对大数据的分析能力仍然主要面对结构化数据,对非结构化数据的处理能力较差。在此基础上,金融机构将面临很大的决策风险。过早地大量投资于金融大数据服务平台建设,可能会由于知识和经验的缺乏,而选择和自身不相适应的软硬件,导致难以达到预期目标。相应地,过晚地引入金融大数据服务平台,可能会错失发展的良机,未能取得先占优势,陷入被动的局面。因此,关于如何引进与开发金融大数据服务平台的决策至关重要,是企业今后运用大数据的基础,这要求金融机构具备更高的决策能力,同时也存在一定的决策风险。

3. 金融业竞争格局面临重构

随着信息技术的进步、金融业的开放程度不断加深,监管政策明显跟不上形势的发展,这就从客观上降低了金融行业的准入门槛,使更多的非金融机构切入金融服务链条。非金融机构利用自身的技术优势和监管机构存在的盲区,在金融业版图中逐渐扩张。例如阿里巴巴和腾讯集团等,它们冲击了传统金融机构的服务模式。而传统的金融机构由于原有的组织架构和管理模式的限制,短期内难以进行变革,无法充分发挥自身潜力,难以快速适应市场的变化,因此在激烈的市场竞争中可能处于劣势。这可能导致整个金融业竞争格局的变革,引致市场波动,不利于金融业的稳定发展。

(三)从监管的角度来看

市面上的金融大数据服务平台数量众多,良莠不齐,如何科学有效地监管成了金融大数据平台发展的又一挑战。

1. 数据安全问题难以保障

随着大数据的繁荣发展,金融大数据的安全问题也日益凸显出来了。大数据平台包含的信息量巨大,一旦处理不当,就会遭受巨大损失。当下大数据生态环境中亟待解决的问题,即如何保护公民的个人隐私。个人信息的泄露是指个人信息被大范围公开,导致信息主体对于自身的信息失去控制的状态。例如,网络借贷平台为借贷双方提供"一站式"服务,包括发布信息、审核资料到转账借款等环节。客户只需要进行会员注册登录,并提交个人信息给平台,就能进行借贷活动。由于没有严格的准入机制,这就要求平台自身对用户的个人信息尽到保密义务。然而,在借贷平台为客户提供高效便捷的服务外,由于交易完全依赖于网络,其虚拟性和开放性也导致了客户个人信息泄露方面的风险。例如,客户身份账号等个人信息在交易时被非法盗取、网络借贷平台利用客户个人信息非法获利等。从更大的层面上来说,金融大数据的保密性还可能威胁整个国家经济的安全。因此,金融大数据的安全监管不可懈怠。

2. 平台的正确使用需要法律法规的规范

近年来,我国一直在保障大数据安全方面增加投入,但是随着业务链的拉长、云计算模式的普及、自身系统复杂程度的提高等,大数据的风险隐患被进一步放大。这也反映了相关法律法规和理论在大数据安全方面的局限性,因此应尽快推动经济系统和社会系统相关法律和理论的完善。大数据金融为用户带来了便利和更加多元的金融服务,但同时也为不法分子洗钱、金融欺诈、非法集资等金融犯罪活动提供了更多的渠道。例如,一些投资者利用电子账户系统,通过场外资金配置实现高杠杆运作,导致金融市场的脆弱性,容易引发系统性金融风险。颠覆式科学技术对于金融的赋能,使金融市场的原有秩序、权责分配、利益机制等都发生了不同程度的改变。相关的法律法规需要适时跟进金融大数据的发展,及时规范市场并保证金融市场稳步运行。

【思考练习】

1. 大数据处理流程包括哪几个部分?

2. 云计算的特点有哪些?

3. 简单介绍一下云计算的三个服务层次。

4. 云数据库的优势有哪些?

5. 大数据十大数据挖掘算法有哪些?

【学习园地】

传统文化与大数据的碰撞，让传承更加科学

2020年9月5日，中国科学院云计算中心优秀传统文化大数据联合实验室在中国科学院云计算中心正式授牌成立。经过了9个多月的努力，实验室取得了阶段性的实验成果，为大家展示如何利用大数据分析传统文化。

2021年5月19日下午，中国科学院云计算中心优秀传统文化大数据联合实验室于广东东莞松山湖举办"优秀传统文化成果暨数据采集活动启动仪式"。期间，实验室的大数据文化交流中心、大数据采集中心先后揭牌。实验室向到会的各界人士展示了如何利用科技助力文化传承、科学弘扬传统文化的部分研究成果。

据实验室主任介绍，实验室以当今诸多社会问题为重点研究课题，瞄准实际应用的科研方针，大力开展客观性、前瞻性、决策性、多领域融合的文化应用研究；系统研究与弘扬中华优秀传统文化，运用云计算大数据将大量经典作品以现代科技的手段上传到云端，通过立项深度研究传统文化在各领域的应用。

实验室现阶段进行了33个课题研究，主要分为5个研究方向，分别是：①研究传统文化的大数据文本——典籍、家传书籍等文本的数据智能化；②研究非物质文化遗产，建立相关大数据资料库；③研究优秀传统文化在家居生活中的应用，科学提高生活品质、促进和谐家庭；④研究声音、光线、色彩、气味、空气、温度、材质、工艺、选址、方向、方位、造型对人居环境中人的情绪、健康等各方面的影响；⑤研究年龄、人员结构、职业、情感、健康状况等对生活及人居环境需求的影响。

实验室外联事务合作处主任在发布会中介绍，实验室将会在全国各直辖市、省会及地级市成立约400家交流中心以及数千个采集中心，其中，交流中心将协助、管理、协调采集中心，确保实验室各项研究成果有序输出给大众；同时整理、梳理各类采集中心采集的工作成果，将其有序地提交给实验室。实验研究成果将应用于现代社会各领域各行业的实践与发展，实际作用于现代文明、科学经济、社会建设，以文化软实力推动社会健康发展。

传统文化传承在历史发展的长河中受到碎片化信息的冲击，存在一些被歪解的现象。实验室依靠科学建模，运用大数据分析，科学地向大众解释优秀传统文化的魅力。未来可以在各个采集中心展示自己的"绝活"，为文化传承做一点贡献，同时可以在交流中心学习各种被遗忘的中华优秀传统文化。

资料来源：澎湃新闻．传统文化与大数据的碰撞，让传承更加科学[EB/OL]．[2021-05-20]．https://www.thepaper.cn/newsDetail_forward_12753913.

第 三 章

大数据金融的商业模式

【学习目标】

- 了解大数据金融的商业模式的选择。
- 理解大数据金融商业模式的维度。
- 了解企业的大数据金融商业模式创新。
- 了解产业的大数据金融商业模式创新。
- 了解行业的大数据金融商业模式创新。
- 了解大数据金融商业模式的发展趋势。

【素质目标】

通过本章内容的学习,学生能够理解大数据、云计算、物联网的相关技术在社会各领域,特别是金融领域的应用概况及应用场景等;理解金融行业进行数字化转型的必要性;重点掌握大数据推动金融创新的商业模式。

第一节 大数据金融商业模式的选择

随着数据挖掘和人工智能技术的不断发展,数据对于一个企业乃至一个行业的重要性已成为共识。数据不仅是战略性资源,更是可以深度挖掘价值、带来直接经济利益的资产。2018 年 5 月 21 日,中国银行保险监督管理委员会发布《银行业金融机构数据治理指引》(银保监发〔2018〕22 号),指导银行业金融机构加强数据治理,提高数据质量,发挥数据价值,提升经营管理能力。大数据时代,数据资产将成为衡量企业价值的重要标尺,也将决定企业在竞争格局中的地位。数据的价值在于能够通过分析和挖掘的过程消除信息的不对称,从而获取信息、推动业务发展,实现盈利。在大数据时代下,互联网从媒体、零售和内容开始,逐步向金融、医疗、教育、电视、建筑等行业渗入,融合形成新的商业模式,并有效提升行业的竞争效率。接下来将简要概括分析大数据金融商业模式创新对金融行业的影响。

一、提升金融行业的运营效率

金融交易形式的电子化和数字化,具体表现为支付电子化、渠道网络化、信用数字化,使得金融行业的运营效率大幅提升。随着金融中介体现出虚拟化和电子化的交易特征,其职能逐渐发生了变化。金融数据平台的升级及数据的整理能够提升整个金融市场及金融体系的生产力,其主要体现在以下几个方面:①计算机技术的发展带动的商业模式创新使金融供应链得以扩展,降低了全社会金融融资成本和财务费用,给整个市场带来了高效率;②商业模式中大数据的积累使得金融机构销售更具有精准性,金融机构能够发现更多具有价值的潜在客户,并对其展开精准营销;③由于商业模式创新中硬件的开发和数据平台的建设,推动了在不同系统中分散化的、面向最底层的交易数据实现完整的模式识别和模式分析,有助于事前提防、事中控制;④有利于促进金融机构进行产品创新,金融机构通过对用户的分类和信用能力分析,可以高效快捷地建立并管理由不同品种、不同数量组合的金融产品,还可以利用计算机语言编写复杂的交易策略,处理海量的市场信息,捕捉短暂的市场波动,把握交易机会,提升金融机构的营业水平。

二、提升金融行业的结构效率

互联网和大数据打破了信息不对称与物理区域壁垒,通过信息流、数据流引导各类资源的充分有效分配,促使传统的生产关系发生变革,F2C 模式成为重要趋势,这将极大地提高了传统金融行业的结构效率,对于中国经济结构调整和产业转型升级具有非常重要的意义。

传统上,我国金融市场提供两种融资方式:①间接融资方式,即银行系统的信贷,这也是当前中国主要的资金融通方式;②直接融资方式,即通过证券系统的股票或债券上市交易。这两种资金融通方式对于促进我国经济增长和资源配置起到了重要的作用,但也产生了很高的交易成本。在新的商业模式下,未来的金融模式将会实现资金供求双方的自由匹配,并且是双向互动社交化的。但在金融业中,信息不对称与知识不对称的现象同时存在,因而金融产品具有风险性,个性化的解决方案在未来将会面临广阔的市场。借助技术手段可以将人类的知识结构化,随着机器学习、IT 智能的发展,传统金融作为服务中介的部分功能将逐渐被 IT 智能支持所取代,整个行业将面临变革。

第二节 大数据金融商业模式的维度分析

商业模式是一套整体的解决方案,旨在实现客户价值最大化,整合企业运行所需的内外各要素,形成一个完整、高效率且具有独特核心竞争力的运行系统。该模式以实现客户价值为核心理念,以最优的实现形式呈现给客户,满足客户的实际需求,并能实现系统的持续盈利目标。下面从企业、产业和行业三个维度来具体阐述大数据金融的商业模式创新,并简要论述大数据对金融行业商业模式创新带来的影响与意义。

一、企业维度

从微观角度可以将商业模式理解为企业获取价值的逻辑,也就是企业如何利用价值链中的具体环节及在价值链中的定位来获取利润。商业模式主要关注以下问题:哪些是企业的顾客,他们的价值在哪里,如何获取这些价值,如何以合适的成本传递价值。其主要构成要素包括市场、企业、客户和盈利模式。一方面,大数据能帮助企业解答如何利用商业模式创造价值的问题；另一方面，大数据金融改变了原有金融市场的市场格局、企业运营模式、客户关系管理和盈利模式，甚至创造了全新的商业模式。

本章从企业层面将大数据技术影响商业模式创新的关键因素划分为组织、产品、客户、业务、财务五个方面，并分别进行阐述。第一，基于大数据的组织创新，从管理和经济两个层面进行分析。第二，基于大数据的产品创新，关注价值主张、技术革新和产品定价策略。第三，基于大数据的客户创新，主要探讨客户细分、渠道通路和客户关系管理方面。第四，基于大数据的业务创新，关注关键业务、核心资源、营销策略、风控模式、重要合作和流程再造。第五，基于大数据的财务创新，关注成本结构和收入来源。

二、产业维度

大数据的广泛应用使得大数据产业链中的各个环节之间的联系更加紧密，提高了运作效率，使得大数据发挥更重要的作用。在大数据的背景下，企业的商业模式往往由其在大数据产业链中所处的位置决定。人们看到的通常是大数据应用的结果，它不是单一的没有联系的大数据产物，而是大数据产业链环环相扣的结果。大数据产业链由四个部分构成：数据采集、导入与预处理、统计与分析、解释与应用。这些环节在第二章中已经有了较为详细的技术层面解释，在这里，仅从产业链的角度对其进行解释与补充。

数据采集，是指对企业的内部经营数据、企业的内部管理数据和企业外部的用户行为数据等进行挖掘、整合的过程。数据源是互联网、物联网、企业数据等。数据的导入，是指通过提取、转换、加载（ETL）等方式将数据导入数据处理平台中，从而进行数据存储的工作。数据的预处理是在数据导入的基础上对数据进行的批处理、交互分析和流处理的过程。数据的统计与分析，是指通过数据仓库、联机分析处理（OLAP）、商务智能等方式对数据进行深度挖掘，所以也称数据挖掘。数据的统计与分析有利于寻找数据的价值，但在这一过程中往往体现了大数据价值密度低的特征。数据的解释与应用，是指将可视化数据应用到行业中，数据产品将有利于企业主体进行决策，提高企业运营效率。

数据采集、数据导入与预处理、数据统计与分析和数据的解释与应用这四个环节，是层层递进、环环相扣的，它们共同组成了大数据产业链。一方面，从大数据产业链的过程看，不同环节正在催生不同的商业需求，并涌现出相应的新兴产业，例如数据供应商、数据分析商、数据集成商、大数据硬软件技术供应商等不同的企业，使得大数据产业链蕴含巨大的市场和利润空间。另一方面，从大数据产业链的行业应用看，产业链上每一环节的应用都可以向不同行业无限延伸，突破行业界限，进行互联结合，引发行业内部的数据化变革浪潮，在传统的基础上创造出新的成果。

三、行业维度

目前很多国内金融机构的数据量级已经达到 100TB 以上，而且非结构化数据量正在以更快的速度增长。金融业不仅是大数据的重要生产者，也是大数据的重要消费者。数据即资产，这在金融业表现得尤为明显。大数据在行业维度上的表现相比企业层面、产业层面更为宏观。在金融行业中，大数据在金融机构中的广泛应用催生了创新的产品和服务，也推动了企业内部的数据整合，通过构建平台式的商业模式，疏通了数据采集、分析、应用、反馈的通道,提高了数据流通效率,从而充分挖掘与发挥大数据的价值。

在建立大数据平台的基础上,大数据金融以数据为媒介整合和控制产业链上下游,占据平台金融的核心位置,从而利用聚集效应为用户提供金融服务,实现数据驱动跨界;通过数据连接起不同行业,拉近市场、企业和客户之间的距离,最终实现价值关系的重组。

第三节 大数据金融的企业商业模式创新

一、基于大数据的组织架构创新

大数据对于组织架构的创新体现在管理层面和经济层面两个方面。组织架构包含三个核心要点:①它决定了正式的报告关系,包括层级和管理者的管理幅度;②它决定了内部形成机制,即个体如何构建出部门,在此基础上部门如何构建出组织;③它保障了交流体系,以保证部门之间的有效沟通、合作与整合。

在管理层面上,大数据改变了组织的层级结构,使其趋于扁平化,减少了管理层级,扩大了管理者的管理幅度,加快了信息的迅速传递和横向传递。借助大数据技术,通过管理信息系统,传统单一的上下级报告关系变为底层业务信息也可直接输送给决策者的网络报告模式。布里克利(2004)从经济学角度提出,组织架构是指公司组织中三个关键方面:公司内部决策权的分配、个人奖励的方法、个人和业务单位业绩评估系统的结构。只有统筹考虑,组织架构才能稳固。

在经济层面上,大数据技术使得企业内外部资源和数据得以统筹规划,可以改善企业决策模式,使得企业决策模式从"高管决定"转变为"大众参与",从"业务核心"转变为"数据中心",从"事后归纳"转变为"事前预判"。传统金融业中,企业高层管理人员依据现有业务状况、经验和市场调研来做出决策。而大数据技术的应用使得企业能够基于各个管理层和业务层提供的全面的市场、客户、产品信息,利用管理信息系统(如高管支持系统),收集和分析非结构化数据,从而预测企业的未来发展。此外,工作人员的登录操作日志、线上业务处理时间等数据也可以被大数据技术处理,纳入个人考评体系。海量的数据和全面的信息及管理信息系统可以帮助企业完善个人与业务单位的业绩评估,并比较各种奖励方法的优劣,从而选择出最优的奖惩制度。

二、基于大数据的产品创新

(一)价值主张

价值主张即企业为满足客户需求而生产的产品或服务,以及向客户提供的价值。价值主张是企业在市场中树立形象、获取客户、吸引消费的核心内容。价值主张一般与企业所能提供的产品或服务相吻合,这些产品或服务是依据客户属性和需求生产的,它是企业所能提供的产品或服务的集合。价值主张可以是全新的,能够为客户提供区别于原有产品或服务的体验,也可以是对现有产品或服务的完善与改进。

在大数据时代,由于大数据的可得性,包括企业内外部的业务数据、客户数据、各类环境数据等的易于广泛获取和高透明度的特征,企业可以在对这些数据更加科学深入地挖掘与分析之后，再决定其主张的价值。

企业对大数据进行收集、存储、处理和分析，整合分析企业内外部数据，使得企业在生产产成品或提供服务之前，就可以通过开展各类可控的数据实验，预判其价值主张是否能够切实满足客户的具体需求。通过对大数据的挖掘与分析，企业能够更加准确地把握客户的真实需求、解决存在的问题，生产出更加适应客户和市场需求的产品或服务。因此，这项产品或服务能够给客户带来的价值将远高于传统时代的产品或服务的价值。

此外，在大数据时代，数据成为企业迫切需要的战略资产，具备收集、存储、处理和应用海量大数据的企业，还可以将数据成果进行加工，进而将大数据作为可交易的产品出售。未来数据市场有可能会出现数据现货交易、期货交易，甚至是数据衍生品交易。到那个时候，数据将成为企业的主要资产，为企业创造新的收入来源，甚至进入企业的资产负债表。大数据在未来的发展中必将成为企业创新发展的驱动力。

（二）技术革新

在大数据时代，技术革新是企业利用大数据的基石。在数据采集方面，由于数据量大并且结构多样，需要离线采集和在线采集技术并行；在数据计算方面，为了提升数据质量和效率，需要开发、计算和存储资源，以及离线计算与在线计算技术；在数据服务方面，不仅需要利用大数据技术使数据服务化，还必须保证数据交换过程中的数据不共享，以确保数据的安全性；在数据产品方面，必须使得数据产品在商业理解、数据披露和数据解读中价值最大化。为了达到以上要求，大数据技术必须保证数据的准确性、及时性、机密性和可用性。

大数据技术的出现和应用使得一些以往被忽略、难以使用的数据也有了用武之地，为企业开发新的功能提供了基础。例如，用户的登录和操作行为是一种系统日志，在过去，由于缺乏大数据技术对数据资产进行长久管理，这些系统日志数据无法被利用，只能被抛弃。现在，很多证券公司都意识到了日志数据管理的重要性，它们通过大数据技术来管理日志数据，对股价走势进行预测。

此外，大数据技术使得企业供应链和客户关系管理更加信息化。大数据技术可帮助我们判断供应链上的企业资金供需量的变动和变动的规律，对目标客户进行资信评估、风险控制等，从而改变传统的供应链金融商业模式。银行的客户经理可以借助大数据平台上源源不断的数据来源和数据分析结果成为客户的顾问，向客户提供当地最新的市场信息、个性化产品，提升服务水平和客户满意度。

（三）定价策略

定价策略分为产品定价策略和平台定价策略两种。

1. 产品定价策略

制定合适的产品价格是企业获取利润的基础。企业可以基于数据分析作出更合理的定价决策，对于能够有序应对复杂大数据的公司而言，这其中蕴含着巨大的价值。

在传统时代，企业往往根据规模和销量来制定产品价格，而不是科学合理地制定价格。传统定价方法只能根据过于简单的因素来制定价格，例如产品制造成本、标准利润、类似产品的价格和批量折扣等。依赖"久经考验、屡试不爽"的历史方法，例如所有产品价格普遍上调10%，这是一种几乎不可能完全释放价值的定价模式。而大数据可以很好地解决这一问题，可以充分利用海量数据，甚至商业引擎的其他方面，例如"动态交易评分"，提供了单笔交易层面的价格指导，以及决策逐级上报点、激励机制、绩效评分等多方面信息，立足于一系列相似的盈亏交易来制定价格，从而获得利润。

2. 平台定价策略

在传统的双边平台模式中，定价策略是向买卖双方收取不同的交易费用来确定的。根据交易费用来源的不同，可分为会员费制、佣金制和二部收费制三种情况。然而，近年来，国内企业采用的双边平台定价策略经历了从买卖双方的免费到其中一方免费一方收费的转变。平台向买卖双方（顾客和供应商）承诺一定期限的免费政策，由此带来的网络外部性效应推动了平台的快速发展和扩张。随后，平台逐步采取了对顾客免费而对供应商收取一定费用的价格结构策略。随着大数据技术的飞速发展，企业可以在满足多边群体和不同细分市场需求的基础上，拥有更多自主营销决策和价格策略的选择与确定，不再依赖于经验直觉判断，而是通过对海量数据进行严谨的数理统计分析，从而预测顾客实际行为的变化，实施多边协同定价策略。

三、基于大数据的客户创新

（一）客户细分

客户细分是指根据客户的属性，包括自然属性和行为属性，从不同的角度对客户进行深层次分析，以此增加新的客户、提高客户的忠诚度、降低客户流失率、提高客户消费额。它主要描述了企业的目标客户群，同一客户细分中的客户往往具有某些共同的属性，使得企业可以根据这些属性为这个客户细分提供针对性的价值主张。一般而言，企业客户细分描述了可以传递价值主张的客户群体，即企业期望接触和服务的不同客户群体。企业通常对不同地域、不同类型、不同属性的人群采取相应的营销方式，提供个性化的产品或服务。通过对商业模式的研究和实践，可以看出商业模式的核心就是客户。只有依靠可以使企业获益的客户，企业才能长久生存。随着客户越来越个性化且其水平越来越高，企业为了能够提高销售产品或服务的效率及满意度，就会对客户进行细分工作，有针对性地满足他们的需求。

在传统的非数据时代，企业一般只根据客户的基本属性进行细分，因此，传统金融机构长期面临着一个很尴尬的局面，就是不知道客户的真实想法，无法挖掘客户的潜在需求，也无法对客户需求的满足程度进行精确分析。而进入大数据时代后，企业通过收集与客户有关的各方面的数据，利用大数据技术分析挖掘现有客户消费行为背后隐藏的真实需求，以及发掘更多的潜在客户群体，并以此为依据对客户进行细分。在这样的模式下，企业可以更加科学、有效地辨别客户群体特征及需求，对客户群体进行准确的优先级排序，从而将企业的价值主张传递给最需要的客户细分群体，针对特定的客户群体创造符合需求的新产品、新服务来实现企业价值最大化。

除此之外，依托大数据海量性和实时性的特征，企业可以实时掌握用户的各项数据，从而为用户实时提供定制化产品或服务，全面提升企业的效率和客户细分群体的满意度。因此，大数据能使企业创造高度细分的市场，并精确调整产品及服务来满足客户具体的需求。营销部门利用社会媒体信息，改变传统的客户抽样分析，将其转变为全数据集分析，以一对一营销取代按人口特征进行细分的市场营销方式，从依靠历史数据进行长期趋势预测转变为对突发事件的实时反应。这一改进大幅提高了预测客户行为的准确度和拟采取方案的有效性，催生了新的商业模式。

（二）渠道通路

渠道通路是指企业向其客户销售产品或服务并且维系关系的各种途径。每个企业都需要通过其自身的渠道通路向客户传递价值主张。如果没有渠道通路，企业就不能接触到客户，其商业模式也无法维持。渠道通路是企业与客户沟通的关键要素，对于提升客户体验非常重要。大数据技术对渠道通路的创新，一方面在于大数据可以开辟新的渠道通路；另一方面在于利用大数据技术，企业可以很好地调节渠道冲突的问题，主要是线上和线下渠道冲突。以银行业为例，通过大数据，银行可以监控不同市场推广渠道，尤其是网络渠道推广的质量，从而进行合作渠道的调整和优化。同时，银行也可以通过数据分析，确定哪些渠道更适合推广哪类银行产品或者服务，从而优化渠道推广策略。

（三）客户关系

客户关系是指企业与其特定客户细分群体之间建立的关系。首先，企业受到客户获取、客户维系及提高销售额这三个动机的驱动，需要明确所需建立的客户细分群体的关系类型，其客户关系的范围可以从个人到自动化。商业模式所要求的客户关系将在很大程度上影响着整体客户体验。

在建立客户关系方面，大数据思维下客户被放在企业战略的核心位置。企业通过交互网站、政府、在线社区及第三方数据库可以获取客户信息，并利用先进的分析工具更快、更有效、更低成本地进行数据处理，并开发出新的洞察力。由此，企业在逐步满足客户差异化需求、提供具有前瞻性的服务等手段的过程中，建立了更加稳固、亲密的客户关系。

在传统金融业，从决策、生产到最终客户消费、反馈的链条拉得很长，过长的内部时滞和过低的信息传递效率导致价值流失严重。在大数据时代，企业通过获取、收集、分析大量内外部数据，提炼出全方位、有价值的信息，为管理者提供决策支持和缩短决策时间。信息的迅速传递和横向传递可以减少从决策到消费反馈的中间环节，精简组织构架，从而使客户关系紧密化、亲密化，减少客户价值流失。此外，客户在使用过程中的问题、对产品的使用建议、对产品开发的建议都可以通过大数据处理技术直接提交给企业，甚至客户可以参与企业设计和创造金融产品与服务的过程，客户不仅是价值消费者，也是价值创造者。

四、基于大数据的业务创新

（一）关键业务

关键业务是指让商业模式成功运营所必需的经营活动。只有通过这些活动，企业才能创造并提供价值内涵，占领市场，保持客户关系，并获得收入。其主要包括生产产品、提供服务、解决问题、构建平台等。一般而言，仅仅依靠一项关键业务并不能撑起整个商业模式，一个成熟的商业模式需要多种关键业务相互配合。这些关键业务可以是研发、销售、售后服务等任何一个环节。可以说，企业的关键业务就是在企业运作、管理和发展中最重要的一项任务。

在传统时代，技术研发、产品销售、售后支持等方面是企业的关键业务，企业运营主要依靠经验者的经验或直觉，主观性较强。进入大数据时代后，基础数据分析成了企业运作活动的中心，企业的决策、管理、运营、销售等都将由数据驱动。因此，在大数据时代，企业要想有所作为就必须将数据的收集、存储、处理和分析当作关键业务来对待。只有在大数据方面的业务得以成功运作，企业的商业模式才能发挥其该有的价值，而企业其他的关键业务都将围绕数据业务展开,由数据业务进行指导和驱动。这也增加了企业商业模式运作的科学性、严谨性和有效性。

(二)核心资源

核心资源是指商业模式成功运营所必需的资源,是企业运作、管理和发展中最重要的内部与外部因素。核心资源是生产和传递价值主张,与客户细分群体相互作用从而获得收益的关键因素,任何商业模式的有效运作都离不开核心资源。这些核心资源可以是实体的,也可以是虚拟的;可以是自有的,也可以是租借的或合作方提供的。例如,实物资产、知识产权、人力资源、金融资源等。

在传统时代,尽管很多企业也会进行大量的数据分析,但是相对而言,企业的核心资源仍然是实体资产、金融资产等。进入大数据时代后,企业能够通过大数据的收集、存储、处理和分析来提高企业决策水平、管理水平,提升企业产品或服务的质量,并节省企业各项成本,甚至企业运作的一切活动都建立在大数据的基础上。因此,企业商业模式运转的最核心资源是数据资产,其包括企业内外部的各种结构化、半结构化及非结构化数据。在大数据时代,任何对数据这项核心资源不够重视的企业,都将落后于其竞争者,最终被市场淘汰。为了在大数据浪潮中提升竞争力,每个企业都需要尽可能多地收集、存储各类数据,并且对这些数据进行高效、科学的处理与分析。

目前,高层次的大数据分析专业人才极为短缺,因此适应大数据时代的数据专家人才成为每个企业所必须具备的核心资源。为了最大限度地挖掘大数据中潜藏的价值,必须将数据与具备相关处理能力的人才相匹配。目前,国内能够充分利用大数据的金融公司数量很少,主要原因是人才跟不上,特别是交叉复合型人才。

(三)营销策略

从营销视角来看,企业可以利用大数据分析提供的信息,针对具体的客户,满足他们的个性化需求,设计和提供不同的金融产品与服务,提高营销的成功率。

具体来说,企业可以利用大数据实现精准营销。精准营销通常建立在客户画像的基础上。客户画像应用主要分为个人客户画像和企业客户画像。个人客户画像包括消费能力数据、人口统计学特征、兴趣数据、风险偏好等;企业客户画像包括企业的生产、流通、运营、销售、财务、客户、相关产业链上下游等数据。

1. 分析外部数据

以往金融机构拥有的客户信息往往存在片面性,基于自身拥有的数据很难得出理想的结果,甚至会出现偏差,因此需要与其他外部数据相结合,通常包括以下几个方面。

(1)客户在社交媒体上的行为数据。例如,银行建立了社交网络信息数据库,通过打通银行内部数据和外部社会化的数据可以获得更为完整的客户画像,从而进行更为精准的营销和管理。

(2)客户在电商网站上的交易数据。例如,银行将自身的电子商务平台和信贷业务结合起来,以电子交易数据弥补企业数据不全面的短板。而互联网电商平台涉足金融业务时,在数据方面具有先天的优势。阿里巴巴集团旗下拥有淘宝网、天猫商城、聚划算等平台,这些平台为其开展金融业务提供了坚实的数据基础。通过对用户过去交易行为数据的分析与判断,能够对客户的信用水平作出评级,进而为其提供相应的无抵押贷款。

（3）企业客户的产业链上下游数据。如果银行掌握了企业所在的产业链上下游的数据，就可以更好地掌握企业外部环境发展情况，从而预测企业未来的状况。

（4）其他有利于扩展银行对客户兴趣爱好的数据。例如，网络广告界目前正在兴起的DMP数据平台的互联网用户行为数据。

2. 基于客户画像进行营销

基于客户画像开展的精准营销一般包括以下几个方面。

（1）实时营销，即根据客户的实时状态来进行营销。例如，根据客户实时的地理位置、最近一次消费等信息进行有针对性的营销；或者将改变生活状态的事件（如改变工作、婚姻状况、购置房产等），视为营销机会，向客户推荐相对应的符合客户需求的产品。

（2）交叉营销，即不同业务或产品的交叉推荐。例如，招商银行可以根据客户交易记录分析，有效地识别小微企业客户，然后用远程银行来实施交叉销售。

（3）个性化营销，主要是为了迎合客户越来越多变的需求，实时了解客户需求的变化，及时为客户提供最需要的服务，提高企业的服务水平和效率。这需要企业能够实时获取客户的数据信息，并且企业内部各部门之间整合、共享数据资源，分工协调，确保信息传递的畅通、高效。以一个具体事例来说明：当客户需要住房贷款时，银行通过大数据就可以在客户提出贷款要求之前，及时为其提供相应服务。在交易之前，银行整合了与客户的交流渠道。只要某个客户在网上点击查询了有关房贷利率的信息，系统就会提示呼叫中心在电话交流时推荐房贷产品。如果发现顾客确实对此感兴趣，销售部门就会发送推介信息给客户。如果这位顾客到银行网点办事，业务人员就会详细介绍房贷产品。开始时只有少量的线索，但通过多渠道地与顾客交互接触，在这个过程中，顾客体验了银行精准、体贴的服务，其结果是营业收入大为增加，成本大幅降低。

（4）客户生命周期管理，包括新客户获取、客户防流失和客户赢回等。例如，招商银行根据用户数据构建了客户流失预警模型，为了挽留流失率等级前20％的客户，向他们发售高收益理财产品，有效降低了客户流失率，其中金葵花卡和金卡的客户流失率分别降低了7％和15％。

（四）风控模式

大数据技术在金融行业的应用彻底改变了银行信息获取、分析和运用的渠道与机制，为信息化风险监控创造了技术条件。一方面，随着客户交易行为迅速增加，运营过程中积累了海量数据。借助有效的数据清洗和数据挖掘技术，信用风险管理过程中的关键信息可以被有效地识别出来，提高了数据的价值和利用效率。另一方面，随着互联网的普及化，社交媒体、电子商务等与银行业务越来越多地紧密融合起来，大量的非结构化数据信息广泛存在于互联网、电子商务等媒介中。整合结构化和非结构化的信息，可以打破数据边界，减少信息不对称的风险，使银行能够对客户进行行为立体化的跟踪评估，以期望构建更为深化的信用风险管理全景视图。

金融企业通过推进对大数据的应用，可以创新风险决策模式。一方面，通过多种传感器、多渠道采集数据，更加全面、准确、实时地掌握借款人信息，有效降低信息不对称带来的风险。另一方面，利用大数据技术可以找到不同变量间的内在关系，形成更准确的决策模型。这方面，国内外金融机构已取得不少成功经验。例如，利用客户积累在阿里巴巴B2B、支付宝、淘宝等电商平台上的信用及行为数据，构建网络数据模型和在线视频资信调查模式。通过交叉检验技术,并借助第三方验证提高客户信息的真实性,就能够衡量那些通常无法在传统金融渠道获得贷款的客户群体的信用水平,以此为依据向他们发放"金额小、期限短、随借随还"的小额信贷。这是向传统银行发起挑战的核心竞争力。至于金融机构面临的其他风险,包括市场风险、操作风险、流动性风险等,也可以依靠大量基础数据,进行有效的监控和管理。

(五)重要合作

重要合作主要描述了企业为了能够有效运作其商业模式而与其他企业建立的合作伙伴关系。一般来说,战略联盟或战略伙伴关系是最常见的企业合作伙伴关系之一。重要合作随着经济全球化的不断发展,已逐渐成为商业模式体系的坚实基础。通过构建重要合作伙伴关系,企业可以获取自身不具有的资源,降低企业运作的风险,并完善其商业模式。

在大数据时代,企业应当加强与各大电商的合作。当前各大电商平台上每天都有大量交易发生,但这些交易的支付结算大多被第三方支付机构垄断,传统金融企业处于支付链末端,从中获取的价值较小。为此,金融机构可以考虑自行搭建数据平台,将核心话语权掌握在自己的手中。另外,它们也可以与电信、电商、社交网络等大数据平台开展战略合作,进行数据和信息的交换共享,全面整合客户有效信息,将金融服务与移动网络、电子商务、社交网络等融合起来。从专业分工角度讲,金融机构与数据服务商开展战略合作是比较现实的选择,如果选择自主开发电商平台,由于缺乏专业优势和先发优势,不仅费时费力,还可能丧失市场机遇。

(六)流程再造

流程再造是指对企业的业务流程进行根本性的再思考和彻底性的重新设计,旨在保持或获取核心竞争力,实现企业的持续发展。从实践中可以看出,信息化技术的发展与企业流程再造相辅相成,大数据时代的到来是信息化不断发展的直接产物,大数据不仅带来了IT技术上的又一次挑战和飞跃,更使管理理念和商务决策模式发生了全新化、智能化的改变。企业要想通过变革来顺应大数据时代的潮流,那么企业流程再造就是其中不可或缺的一步。

在传统时代,企业流程再造的方法主要有两种:①全新式再造法,就是从企业的目标出发,逆向倒推,对企业流程进行彻底的重新设计;②系统再造法,就是从企业原有的流程出发,通过移除非增值任务,再对其他任务进行简化、整合及信息化,来完成优化再造的过程。

在大数据背景下,企业要进行流程再造就要考虑许多新的问题,包括如何判别企业在大数据浪潮中的位置,以及基础设施、人才、大数据本身的发展和变化等。这就需要我们寻求更适宜的方法来指导企业在大数据背景下的流程再造活动。为了紧跟时代的步伐,企业必须不断地开展信息化、数字化改造,不断推动自身从管理理念、商务运营模式、决策模式、组织形式、人才取向等各方面进行调整和变革,发挥企业流程再造的最大的价值。大数据时代带来的各种革新,触发了企业进行流程再造的需求。相应地,合理的企业流程再造也能帮助企业更好地应对大数据时代带来的各种挑战。

五、基于大数据的财务创新

(一)成本结构

成本结构主要描述了企业商业模式运作而产生的所有成本,任何企业在生产和传递价值主张、与客户细分群体交互从而获得收益的过程中都会产生各种各样的有形或者无形的成本。成本结构与商业模式相对应,不同的商业模式会形成不同的成本结构,例如成本驱动型、价值驱动型等。成本结构的主要经济特征有规模经济效应、范围经济效应、固定成本和可变成本关系等。在任何一个商业模式中,成本结构都扮演着比较重要的角色,合理的成本结构是企业进一步发展的强有力支撑。

在传统时代,企业的成本往往在更大程度上基于生产产品或服务、销售产品或服务等活动产生。在大数据时代,数据量极速扩张,传统数据存储、处理能力上限被迅速超越。因此,为了更好地适应大数据的需求,企业必须在大数据收集、存储、处理和分析方面投入更多的资源与能力。这些资源和能力的成本将成为基于大数据的商业模式的主要成本,使得企业原有的成本结构发生巨大的变化。因此,企业只有在此基础上优化其成本结构,才能够创造更加适应大数据时代的商业模式,使企业立于不败之地。

在大数据时代,企业的成本结构可以通过大数据进行优化,这体现在大数据改变了企业价值活动的衔接、协调方式,由此导致企业成本结构发生变化。以生产一种新的金融产品过程中的成本控制为例,某金融企业想为高净值客户提供一个新的信托产品,在设计产品之前需要进行市场调研,这时可以利用大数据技术对调查结果进行分析,减少调查过程中的信息流失,甚至可以利用大数据技术对过去客户的购买记录或反馈数据进行分析,节约调研成本。同时,还可以利用大数据技术对整个生产流程进行实时监控,并邀请高净值客户随时参加产品设计,了解每个环节的执行情况,快速地发现异常或不符合高净值客户需求的环节,并进行有针对性的改进,从而最大限度地降低企业的运营成本。

通过对大数据的应用和分析,金融机构能够准确地定位内部管理缺陷,制定有针对性的改进措施,实行符合自身特点的管理模式,进而降低管理运营成本。例如,在传统金融业中,很多管理层对企业经营发展的分析只停留在简单业务信息层面,对客户需求、产品设计、市场需求的分析数据不足,从而限制了决策者的思维。另外,从决策到营销的链条很长,过长的内部时滞和过低的信息传递效率导致了价值流失严重。在大数据时代,企业通过获取、收集、分析大量内外部数据,提炼出全方位、有价值的信息,为管理者提供决策支持和缩短决策时间。信息的迅速传递和横向传递可以减少从决策到营销的中间环节的管理层,精简组织构架,从而减少内部成本。

(二)收入来源

收入来源主要描述了企业从不同客户细分群体获得的各种收入。企业存在的核心目标是盈利,因此,收入来源是企业商业模式的关键部分。为了创造收入,每个企业都必须生产符合客户需求的产品或服务来吸引客户消费。

在大数据时代,企业的价值创造方式从实体经营转向虚拟经营,价值创造空间也从企业内部转向企业外部。在这样一个多维的价值网络体系下,合作伙伴网络就处于一个极其重要的位置。在网络合作界面中,企业必须考虑如何选择合作方式及设计合作机制。在选择合作方式时,企业可以考虑将非核心活动或业务与核心业务剥离开来,外包给合作企业,利用比较优势获取各种互补性资源并最大限度地减少资产性投入,也可以通过虚拟运营实现合作网络内企业的协同运作。在设计合作机制时,大数据背景下维持合作网络稳定有效运行的关键是信任机制与利益分配机制。通过搭建大数据信息平台,确保数据信息通道畅通,实现合作伙伴之间内部大数据的沟通与共享,从而形成稳健的信任关系。同时,企业可以利用大数据资源和技术更加精准地评估在合作网络中不同利益主体的贡献值,以此为基础设计基于贡献率的利益分配机制。

第四节 大数据金融的产业商业模式创新

一、数据资源提供商

数据作为大数据时代的核心资源,是产业链上的关键起点。而数据资源提供商因具备大量的数据资源或者拥有获取数据资源的平台与渠道,能够为后续企业提供数据支持,具有天然的优势。

(一)数据拥有者

自身拥有大量数据的企业,可以分为两类。一类企业没有将大数据作为其主流业务,只是将其置于从属地位,以帮助企业提高运营效率、增加业务收入或者创造新的收入。目前,大部分银行、运营商等仍属于这一类型,虽然它们在信息获取能力方面拥有得天独厚的优势,但并没有对自身积累的大数据进行重复利用与挖掘。另一类企业将大数据视为其核心业务,并对大数据进行重复利用,扩展产业链下游的分析与运用环节,以此来赚取企业利润,这可以概括为数据自营模式。这类企业往往拥有海量数据并具有很强大的大数据技术能力,同时具备一定的分析能力,因而可以涉足产业链上多重角色,既为新的数据开源又钻研技术、提供服务。这样的商业模式能够降低生产与研发成本,并能够及时获取最新的数据资源,使企业在大数据驱动的商业浪潮中更容易占据优势地位并获取利益。但是,数据自营模式对企业自身有着极高的要求,它要求企业首先要拥有海量的用户数据;其次是不断更新坚实的大数据技术,继而具备完善可靠的数据统计和分析能力;最后是能够将数据分析结果精准运用于实践。

数据自营模式在阿里巴巴、Google、Amazon 和 Facebook 等企业身上得到了成功的运用。以阿里巴巴为例,其并购活动和其内部大数据产业链的构建是紧密联系在一起的。其投资动作主要围绕大数据产业链的纵轴来展开,有针对性地补充产业链短板,把并购重点放在了社交、地图、移动工具和垂直应用领域。经过多次具有战略意义的收购之后,阿里巴巴实现了向产业链上游的延伸及向下游产业链的拓展。

目前,国内主要的大数据交易机构对比分析如表 3-1 所示。

表 3-1 国内主要的大数据交易机构对比分析

大数据交易所（中心）	运营厂商	交易所（中心）特点	运营厂商优势
贵阳大数据交易所	九次方	具有全国先发优势及标杆影响,由于具有贵州省政府的强力支持,在政府数据公开方面起先导作用	九次方在金融大数据行业积累了大量成功经验,在全国企业征信平台的基础上,能够为平台企业提供信用分级、风险评估、投资研究和数据服务,还受邀参加工业和信息化部《大数据产业"十三五"发展规划》的编制工作,具有先发优势

大数据交易所 （中心）	运营 厂商	交易所(中心)特点	运营厂商优势
长江大数据 交易中心	亚信 科技	以市场需求为导向，目前以企业数据交易为突破口	具有丰富的电信支撑软件提供商业经验，提供覆盖电信运营商信息化运营全部环节的700多个解决方案和300多个软件产品，拥有大数据产品团队，能够为企业提供大数据应用层面的服务
东湖大数据 交易中心	中润 鲁达	以个人数据交易为突破口，交易方式灵活	独创的中文大数据分词矩阵、信源矩阵和规则矩阵技术，已战略性布局数据交易领域，武汉、江苏、浙江、北京等地的大数据交易中心已启动布局
京津冀大数据 交易中心	数海 科技	借助数海科技经验，交易中心在数据资产评估方面具有优势，同时具有服务京津冀的地域优势	数海科技建立了全国第一家数据交易平台，在大数据资产评估层面拥有比较多的积累，目前正在运营的中关村数海大数据交易中心、京津冀大数据交易中心均由北京数海科技进行运营

（二）数据流通平台

拥有获取数据资源平台与渠道的企业，通常也能够作为数据资源的提供商占有一席之地。其本身不具有创造数据的能力，而是一个数据交易与流通的平台，从各种地方收集数据进行初步的整合，然后再提取有用的信息进行利用。这类企业在实际操作中主要采用数据租售与数据平台两种商业模式。

1. 数据租售模式

数据租售模式是指通过媒介将精心筛选的数据包出租或者售卖给别人，体现了"数据即资产，你就是猎物"的思想。在大数据的世界里，每个人都是由数据集构成的一个画像，各种数据显示出他们的爱好、个性、消费习惯、生活习惯等，而这些数据就是每个人独特的资产。在这种模式下，企业需要具备众多获取数据的渠道，同时也需要具备良好的数据分析能力和甄别能力。

数据租售模式使数据实现了增值的目的，也为企业获利增加了新的渠道。这种模式适合自身拥有海量数据的企业，因为它们只需稍加分析和整理，便可将海量数据打包成数据库，并且每年更新，以出租来获得报酬。数据租售模式是一种常见的商业模式，如 Inrix 公司在交通信息领域，面向 GPS（全球定位系统）生产商、交通规划部门、UPS（联合包裹速递服务公司）等，出售完整的当前甚至未来的交通状况的模式图或者数据库。另一种数据租售模式的代表是广联达，它通过销售"建筑材料价格信息"来盈利。由于广联达的主营业务在建筑领域，因此其在经营过程中能够接触到大量实时产品数据，通过简单的数据分析与加工，广联达能够有效筛选出建筑公司、研究院所需的价格信息，并将其销售出去。通过把主营业务中的信息变成有价值的数据，广联达毫不费力地拓展了新的盈利空间。

2. 数据平台模式

数据平台模式是指通过平台就能够实现数据的分析、分享和交易等功能，其商业模式是为用户提供快捷方便的个性化平台服务以获取利润。按平台实现客户目的的不同，可以分为数据分析平台模式、数据分享平台模式和数据交易平台模式。

数据分析平台模式是指通过灵活租赁的方式为用户提供数据存储、数据运算和数据分析的平台服务。在数据分析平台模式下,用户只需将数据上传到平台上,并掌握一定的数据分析技能,便可利用平台上面的分析工具进行数据分析。

数据分享平台模式是指平台服务商凭借其拥有的数据资产,为用户提供云数据库、数据推送、数据集成等服务,同时开放数据接口、提供开发环境,通过向开发者提供应用开发所需的数据从而获取利润的商业模式。在数据分享平台模式下,数据平台服务商必须具备强大的数据采集能力和分析能力,才能为用户提供满意的服务。

数据交易平台模式是指第三方平台提供商为数据所有者和需求者提供数据交换、交易的服务平台。其交易的顺利进行需要完善的平台技术作为保证,数据的拥有者将数据上传到平台,需求者便可从平台上下载。技术创新型企业是数据平台模式的最佳应用领域,因为其拥有先进的平台技术,能够自如地利用平台进行数据处理和交易。这种模式主要是由技术驱动的,只要技术不断创新,未来将不可估量。

当前已经有一些关于数据平台模式的尝试。例如,在线数据分析平台 BigQuery 是由 Google 提供的真正为大数据而生的企业级云计算产品。从技术角度来看,BigQuery 就是一个在云端的 SQL 服务(类 SQL),提供对海量数据的实时分析。它能够处理 5 个 TB 的数据,并在 15 秒内反馈结果。BigQuery 是一项付费服务,旨在帮助企业在大规模数据分析的需求下,无须承担硬件设备的投资就可以开展大数据业务。用户可以直接上传大量数据,并通过大数据产业链进行交互式分析,不必投资建立自己的数据中心。BigQuery 为用户提供了方便快捷的服务,同时节省了时间和成本。广告交易平台"品友互动"也是大数据交易平台中的一种,其拥有海量数据,利用数据处理与分析能够判断出用户感兴趣的、出价最高的商家的信息,并及时反馈到平台上,以便广告交易平台将相应的广告投放到用户浏览的网页上。数据交易平台模式让消费者、广告主和媒体的利益都实现了最大化。

二、大数据分析咨询提供商

数据分析咨询提供商主要提供数据分析和决策支持工作。数据分析商与纯粹的技术提供商还是有很大区别的,前者是基于大数据基础设施的大数据处理手段,而后者则更倾向于大数据基础设施的构建与完善。数据分析商提供数据分析解决方案、数据可视化、统计计算、社交媒体、舆情分析、分析服务及 IT 分析等。数据分析商在大数据产业链中担任着十分重要的角色,大数据只有通过具体的分析处理,才能转换为有用的结果。

数据分析商主要采取数据仓库的模式经营,通过整合所有类型的数据来为企业提供决策支持,从而达到获利目的。运用该模式的企业需要有高素质的数据分析人才和数据挖掘技术,因为该类企业最终通常是提供分析性报告和决策支持。数据仓库模式专注于某一具体行业,通过大量数据支持,对数据进行挖掘分析后预测相关主体的行为,以开展业务。这类企业凭借擅长的数据挖掘分析技术,协助银行、运营商等拥有海量数据的企业开展新的业务,一般拥有很快的成长速度。数据仓库模式在金融投资领域应用广泛,特别是证券投资公司,该类型企业往往需要帮助客户快速做出决定,以实现投资回报率最大化。

三、大数据处理服务提供商

大数据处理服务提供商能够有效整合大数据产业链的上下游,承担数据集成的角色,进行数据价值的深入挖掘与加工。它们运用数据资源与数据分析的成果,进行成果转换与服务输出,是大数据产业运用的前沿阵地。目前其主要代表有两类企业,一类是新兴互联网企业,一般从事 IT 行业、电子商务等;另一类是传统运营商企业,负责提供网络服务。

(一)互联网企业

互联网企业依靠电子商务平台和电子支付工具逐步向金融领域的其他产品和服务渗透,依靠大数据技术的发展,创新金融理财产品,例如活期宝、余额宝等。通过大数据分析和挖掘技术,这些企业利用海量用户数据实现了风险控制的创新。例如,百度、阿里巴巴、腾讯和京东四大互联网巨头,其下的互联网信贷产品:"有钱花""花呗""微粒贷""京东白条"通过 IPC(进程间通信)技术,有效地保证了服务平台资金流充足,可通过控制流量、排名等技术方式控制借贷者的行为。电商从在线平台入手,通过用户和数据积累,能够较为容易地向金融服务转型,实现金融理财产品和服务的创新。

(二)传统运营商

传统运营商在提供网络服务的基础上,顺应市场需求,运用大数据与互联网思维重新规划发展战略。它们开始注重开发线上平台,采取新的营销策略和风控方式,利用数据了解客户需求并开发新产品。中国移动和中国联通都在大数据领域进行了布局,构建了覆盖数亿用户的大数据平台,实现基于大数据支撑而展开的自动化存量维系营销活动。大数据分析应用在为企业降本增收、增加用户黏性、提高用户服务水平等方面都发挥了巨大的作用。

四、大数据解决方案提供商

大数据解决方案提供商主要为大数据企业提供软硬件设施等技术产品方面的支持及运营维护服务。这类公司以技术占据市场,凭借技术承担起连接大数据产业链的功能,贯穿于大数据产业链的各个环节,是大数据产业链中最基础的一环。这类企业大部分并不具备数据资源,因此更应该称为技术公司而非大数据公司。它们着重于大数据基础设施的建设,比如 NoSQL 数据库、Hadoop 相关产品、NewSQL 数据库、MPP 数据库、管理监控等。

第五节　大数据金融的行业商业模式创新

一、数据驱动跨界模式

金融和大数据的相互作用诞生了一种全新的跨界融合力量。数据在跨界融合中发挥了极大的作用。金融和大数据的融合,将促进金融机构和互联网企业形成技术与数据上的互补,通过加强数据资源上的合作,将为大数据价值的发挥开辟新的空间。随着互联网技术的发展,互联网金融日益受到关注。它们不仅改变了人们的消费习惯,而且深刻地影响着金融产业的格局。

传统金融交易和服务因互联网技术得以升级和替代,最直接的表现是支付方式的不断创新,电子支付系统不断完善并仍在继续发展。互联网技术为大数据下的跨界合作提供了平台和技术基础。基于大数据金融的优势,电商、电信运营商、钢铁企业、IT 企业等纷纷利用大数据金融涉足金融产业,发展跨界经营。

大数据金融极大地降低了金融交易的成本,减少了信息不对称而导致的道德风险和逆向选择问题,同时大数据金融也在无形中弱化了金融中介的作用。传统金融行业,例如银行业,五大国有商业银行及部分股份制商业银行纷纷开通了手机银行、微信银行等服务,商业银行逐步减少物理网点,着力于完善对线上平台的功能设计。而其他行业,例如电商、电信运营商、钢铁企业、IT 企业等,也纷纷利用大数据金融涉足金融领域,发展跨界经营。

二、价值关系重构

大数据金融的商业模式最重要的一个创新点和趋势是价值环模式。

传统金融通常采用价值链模式,即由上游供应商(主要是银行、基金公司等)首先从市场获取基本资源(如客户存款等),再根据客户存款和需求设计金融产品(如基金产品、理财产品等),最后由分销商将这些产品销售给客户。客户在使用完产品后,其信息和使用的产品就失去了价值,从而被丢弃。

与传统金融业不一样的是,大数据金融将客户在交易前的基本信息、交易时的相关信息(包括产品信息)及其他信息,在交易完成后,被作为数据存储下来,并进行分析,提取信息,用于下一次交易或其他类型交易,从而帮助企业根据这些信息设计新产品,提高客户消费。此外,客户对使用过程中的问题、对产品的使用建议及开发建议都可以通过大数据处理技术提交给企业,参与企业设计和创造金融产品与服务的过程。在这个过程中,客户不仅是价值消费者,也是价值创造者,从而实现价值共创,为价值链中间环节增值,促进金融的健康良性循环。无论是哪一种商业模式,其价值来源都是利用大数据缩短了从战略规划到产品成功销售的时间,从而获取资金的时间价值,这是大数据金融最重要的特点。

第六节　大数据金融商业模式的发展趋势

一、企业战略制定

企业大数据的发展战略是根据大数据整体的技术发展方向制定的,将整合产业链上下游,向理论突破、数据资源、云端结合等方向发展。大数据资源化是指大数据成为企业和社会关注的重要战略资源。因而,企业必须提前制订大数据经营战略计划,抢占市场先机。

在技术方面,工业和信息化部发布的物联网"十二五"规划中,四项关键技术创新工程之一便是信息处理技术,而其包含的数据挖掘、海量数据存储、图像视频智能分析等都是大数据的重要组成部分,企业的大数据战略也将向这些方面靠近。工业和信息化部发布的物联网"十三五"规划指出,我国物联网加速进入"跨界融合、集成创新和规模化发展"的新阶段。加强创业创新服务平台建设,依托各类孵化器、创业创新基地、科技园区等建设物联网创客空间,提升物联网创业创新孵化、支撑服务能力。鼓励和支持有条件的大型企业发展第三方创业创新平台,建立基于开源软硬件的开发社区,设立产业创投基金,通过开放平台、共享资源和投融资等方式,推动各类线上、线下资源的聚集、开放和共享,提供创业指导、团队建设、技术交流、项目融资等服务,带动产业上下游中小企业进行协同创新。引导社会资金支持创业创新,推动各类金融机构与物联网企业进行对接和合作,搭建产业新型融资平台,不断加大对创业创新企业的融资支持,促进创新成果产业化。工业和信息化部发布的物联网"十四五"规划中,还将数字经济单独列为一篇,可以看出中央对数字经济的重视,也在一定程度上说明数字经济将是未来 5～10 年中国经济转型升级的核心驱动力,而数字经济也迎来重要的发展机遇期。"十四五"规划中划定了七大数字经济重点产业,包括云计算、大数据、物联网、工业互联网、区块链、人工智能、虚拟现实和增强现实,这七大产业也将承担起数字经济核心产业增加值占 GDP 超过 10% 目标的重任。可以看出,规划中不仅划定七大重点产业,也给每个产业提出了重点发展的领域和方向。

在数据分析方面,大数据时代已经改变了传统的以企业内部的结构化数据为主、以描述性分析和报表为主的数据分析形式,迎来了大数据分析的 2.0 时代。数据主要来源于企业外部的各种文档、照片、视频和传感器、社交媒体数据等非结构化的数据,并运用技术作出相关性分析及预测性分析。未来,数据分析将走向运营型分析的 3.0 时代,所谓运营型分析,是指分析过程已超出了描述性甚至是预测性,是规范性的,将分析与业务运行整合,实现快速而敏捷的发布,将分析嵌入决策与运营过程中,从而自动地制定决策。

二、产业生态构建

大数据对经济的贡献在于提升各行各业的效率,同时以新的业务形态颠覆旧经济体。就大数据的产业特征看,其进入壁垒不高,只要掌握数据来源,就能够进入大数据领域。但是,其成长发展的壁垒很高,集中表现为大数据需要 IT、数学、相应行业经验及三者的综合能力。而且,其规模化发展的壁垒随时间积累越来越高,企业掌握的数据资源越多,分析数据的能力越强,则利用数据带来的产出越多,越容易在产业中占据主导地位。

打造一个多方共赢的生态圈是大数据商业模式创新战略的核心。大数据产业依靠大数据生态圈的整体发展氛围,构建一个多边群体合作共赢机制,在核心业务的驱动下,各个衍生覆盖业务模块经过有机的协同而形成一个统一的系统,连接多边群体,创造一个和谐共赢的大数据金融生态圈。基于以上目标,必须全面考虑以下几点。

(一)政策环境

政策支持能够为构建大数据生态圈创造良好的环境,应当全面性、系统性、集中性地出台"创新政策群"。政策支持应当将大数据产业发展需求作为导向,按照分类施策、重点突出、统筹兼顾的原则,研究制定包括大数据方向的战略规划、工商类、融资类、提升创新能力类、人才类、税收类、股权激励类、知识产权类等政策,进一步完善政策体系,发挥创新政策群的"叠加效应"。同时,在信息开放及获取方面,借鉴国外先进的立法经验,制定数据开放法律制度,努力营造一个开放、稳定、可持续的政策环境,培育大数据产业集群。结合本地发展实际需要,一系列制度政策及行业标准,例如数据信息公开、数据使用标准等,逐步制定与出台,从而实现共享数据,细化数据安全、可靠性和市场准入机制。

(二)市场环境

构建大数据产业生态圈,达到理顺体制、健全制度的目的,创造健康、有序的市场氛围,应当从市场需求出发,建立大数据产业服务体系和专业化市场。一方面,企业间扩大交流范围能够促进信息、知识的扩散,强化企业合作意识。推动企业间良性的互动发展,消除市场壁垒,打破部门数据垄断,规范市场秩序,营造一个数据自由流通、友好合作竞争的环境;另一方面,有利于发挥市场杠杆作用,整合大数据市场中有关产业集群的资源,发挥集群内的协同效应。塑造大数据产业良好的生态环境,以使其成为大数据企业首选的市场。

(三) 文化环境

产业集群内部需要形成一套有利于大数据企业创业的独特创新文化,形成知识共享、交流学习、协同创新、敢冒风险的主流价值观。创造宽容的文化环境,不仅能使集群内企业价值观趋同,更重要的是契合城市精神,为城市乃至国家的未来发展提供战略制高点,对城市内大数据金融产业发展具有重大价值。为了充分建设大数据金融的生态圈,未来商业模式的创新方向需要满足以下几点要求。

1. 充分重视信息数据的聚集和挖掘式创新

大数据金融的本质其实就是提供数据服务,因此,在构建大数据金融生态圈的过程中必须充分重视信息和数据。在大数据时代,信息和数据非常丰富,但这也意味着其他某些事物的缺少,即被信息消耗掉的任何事物都变得稀缺。在大数据环境中,信息数据的规模性也给用户带来了困惑。由于时间、精力、能力的限制,用户在产生信息数据的需求时,可能搜索不到或不能完全理解分析相关的数据和信息。这样的情况使用户的注意力被分散和碎片化,降低了数据信息的价值。因此,满足注意力稀缺需求的创新型数据的挖掘是大数据金融企业的机遇与前景。

2. 加强自身产品或服务创新与用户需求的匹配性

每一种创新都遵循着共同价值所阐述的核心业务和用户之间的双向驱动机制,这也是整个价值创造系统得以运作的动力所在。商业模式创新不仅是围绕自身技术优势的保证,更是基于用户的偏好或需求。研发、生产、销售环节是新价值创造的活动节点,这些环节配合程度通常取决于产品或服务与用户需求的匹配性。大数据企业在构建金融生态圈时一定要从企业价值主张转向客户价值主张,实现企业核心业务和用户之间的双向驱动,最终实现企业价值。

3. 依据自身核心业务需求进行适度的多元化

随着大数据对客户需求的挖掘,我们发现客户需求呈多样化、个性化和低成本高价值化的趋势。金融产品或服务的研发、生产、营销等环节也越来越复杂,能否快速响应市场需求成为每个大数据金融企业生存和发展的关键,企业必须适度满足客户多元化需求。然而,多元化必须围绕核心业务的完善,进行适当多元化而不能过度多元化。因为企业战略性资源、企业管理者管理能力、企业传递给用户的品牌范畴等往往是有限的,如果过度多元化,在一定程度上会导致企业战略和用户对企业产品或服务认识的混乱。只有适度多元化才能合理利用企业资源,实现规模经济,并在网络效应的作用下形成良性循环。

只有满足上述条件的创新才是大数据金融的生态圈所需要的商业模式,也是未来商业模式的核心。

三、社 会 运 用 转 型

21世纪以来,在知识资本和人力资本快速流动的全球化背景下,世界进入了协同发展的轨道。中国正面临新一轮的社会转型,而大数据能够在商业模式、产业格局、生态价值与教育层面上,为政府宏观部门、不同的产业界与学术界,甚至个人消费者带来新理念和新思维。未来,一个国家拥有的数据规模及运用的能力将成为综合国力的重要组成部分,对数据的占有权和控制权将成为陆权、海权、空权之外的国家核心权力。如何利用大数据的力量有效激发技术创新和文化进步,不仅需要内部革新,还需要向外开拓,打破社会僵滞状态,转变发展模式。

在社会多元复合转型的关键时期,经济转型至关重要,而经济转型的主要因素是商业模式的转型。以往简单依靠自上而下的改革创新模式已经无法适应信息高度个性化的时代要求了,在发展过程中出现了内部价值流失、信息不对称等许多问题和矛盾。在大数据时代,创新变革的力量正在向普通大众流动,逐渐形成以客户为中心的商业模式,探寻新的商业模式创新已经成为大数据时代发展的必然。

意识革新是商业模式创新的基础,也是未来商业模式持续创新的核心所在。大数据的意识革命将打破小数据时代结构性样本分析的局限,颠覆因果理念,转而寻求相关性。在意识革命持续深入的背景下,社会普遍对数据的观点与运用策略将更加科学。例如,以往政府部门认为掌握公众的信息就是大数据,忽略了数据的透明和公开,而限制了数据分析所能带来的效用,未来将加速大众数据公开共享的进程。

【思考练习】

1. 大数据金融的维度分析有哪几个层面?
2. 基于大数据的客户创新有哪些?
3. 大数据的精准营销表现在哪几个方面?
4. 大数据金融的风险控制环节的创新作用有哪些?
5. 大数据金融的行业商业模式有哪些?

【学习园地】

京东科技的创新发展模式

京东科技集团是京东集团旗下专注于以技术为产业服务的业务子集团,致力于为企业、金融机构、政府等各类客户提供全价值链的技术性产品与解决方案。依托人工智能、大数据、云计算、物联网等前沿科技能力,京东科技打造出了面向不同行业的产品和解决方案,以此帮助全社会各行业企业降低供应链成本,提升运营效率。

融合了原京东数科及云与AI两大技术业务板块,京东科技现已成为整个京东集团对外提供技术服务的核心输出平台,拥有丰富的产业理解力、深厚的风险管理能力、用户运营能力和企业服务能力,能面向不同行业为客户提供行业应用、产品开发与产业数字化服务。截至2020年6月末,在政府及其他客户服务领域,京东科技服务了超过40家城市公共服务机构,在全国建立了50多个城市云服务基地,同时建立了庞大的线下物联网营销平台,拥有自营和联盟媒体点位数超过1 500万,覆盖全国超过300座城市、6亿多人次;在金融机构服务领域,京东科技已为包括银行、保险、基金、信托、证券公司在内的超600家各类金融机构提供了多层次数字化解决方案;在商户与企业服务领域,已为超100万家小微商户、超20万家中小企业、超700家大型商业中心等提供了包括业务和技术在内的数字化解决方案。

依托京东集团整体深厚的生态平台与长期积累的技术实力,京东科技参与了多个国家级重大科研项目:入选人工智能"国家队"——科技部国家人工智能开放创新平台名单,承担起建设国家"新一代智能供应链人工智能开放创新平台"的重任;牵头承担科技部国家重点研发计划项目"国家中心城市数据管控与知识萃取技术和系统应用""国家新区数字孪生系统与融合网络计算体系建设"、工信部公共服务平台建设项目"面向人工智能创新应用先导区的应用场景公共服务平台建设"等多个国家级科研项目。

资料来源:京东科技官方网站,https://www.jdt.com.cn/about.

第四章

大数据在银行业中的应用

【学习目标】

【学习目标】--■

- 了解大数据在商业银行业中的应用价值。
- 熟悉大数据在商业银行客户关系管理中的具体应用。
- 掌握大数据在商业银行营销管理中的具体应用。
- 掌握大数据在商业银行信贷管理中的具体应用。
- 掌握大数据在商业银行风险控制中的具体应用。

【素质目标】--■

通过本章内容的学习,在掌握银行和大数据相关知识的前提下培养学生的创新能力,引导学生结合大数据技术和银行业务领域知识,发现银行运营管理中的问题和漏洞,将分析结果与银行业务目标、利益相结合,为银行提供可行的解决方案和决策建议。

近年来,银行业的交易数据、客户数据、管理数据等均呈爆炸式增长。大数据对银行业的影响尤为突出。总体上,商业银行在大数据技术的应用中具有以下独特的优势。首先,银行业内存储了海量的数据,数据规模庞大,既包含结构化数据,也包含非结构化数据。其次,大数据技术的发展日新月异,商业银行拥有雄厚的财力以支撑大数据技术的研发及应用。最后,国家对银行业的监管严格,商业银行存储的数据格式较为规范,因此数据的准确性也较高。正是因为银行业具有以上的先天优势条件,才使大数据在整个行业内有着广泛的应用。目前,大数据在银行业的应用主要集中在客户关系管理、营销管理、信贷管理及风险控制等领域。

第一节 大数据在商业银行业中的应用价值

随着物联网、移动互联网等的快速发展,大数据已成为一个重要的生产要素,对银行等诸多行业产生了深刻的影响。大数据分析已成为各行业竞争发展的关键变革点。在银行业内,数据存储量大且标准化程度高,大数据已在行业内被广泛地应用。从应用价值来看,大数据对银行业来说具有预测价值、管理价值及创新价值。

一、预测价值

利用大数据技术,商业银行可以挖掘数据间的关系并进行预测。IBM 一则经典的广告《美味的数据》中曾这样阐释过大数据的预测价值:"我是一个蛋糕师,运用分析预测我们发现,消费者更喜欢在下雨天吃蛋糕。而当气温升高时,三明治的销量会随之上升。通过这些隐藏的联系,我们帮助的欧洲面包店将利润提升了 20%。"在这则广告中,IBM 将历史积累的面包销售数据与天气数据这两个看似不相干的数据进行了综合分析,从而可以在不同的天气环境下预测当日不同产品的销售量。与之类似,大数据在银行业中也是依靠看似毫不相关的数据进行综合分析,为决策的制定提供更多"隐藏"的依据。例如,商业银行每年都会设计并推出各种各样的理财产品,如果能够利用大数据来分析客户购买行为的特点,并针对性地设计理财产品,那么将有可能推出更加吸引客户的产品,并显著地提高理财产品在行业内的竞争优势。

二、管理价值

利用大数据技术,商业银行可以及时发现问题并正确解决问题。团队合作中"1+1>2"的黄金法则,将在大数据时代得以进一步实质性的体现。在过去,商业银行各个部门间的信息不对称性较为严重,"信息孤岛"问题导致商业银行管理者难以全面地审视当前的经营状况及发展态势。并且,传统的数据仓库主要由标准化、结构化数据构成,能够反映的信息量极为有限。通过加强对大数据技术的应用,商业银行可以将结构化数据与非结构化数据相结合,从而产生更加丰富的数据类型。海量数据可以更加精准地描绘、反映商业银行的业务现状,也能够更加快速地洞察出当前经营中存在的问题,并及时响应、解决问题。

三、创新价值

利用大数据技术,商业银行可以挖掘并创造新的商业价值。大数据被广泛地认为是改变组织创新方式,获得竞争优势的关键所在。基于大数据分析,商业银行可以将客户的人口统计特征、账户信息、行为偏好及生活场景等结合起来进行分析,形成更加清晰准确的客户画像。例如,基于账户交易数据对现有的客户群体进行细分,完善以客户为中心的全行统一信息视图,包括用户群结构、用户访问流量、购买周期、用户群利润贡献率,以及具体用户的购买频率、感兴趣商品预测、忠诚度、流失率可能性分析等,对每个客户群进行价值营销、风险控制等个性化服务,满足不同客户群体的需求,提高客户满意度,由此可以提升银行自身的商业价值。

第二节　大数据与客户管理

客户管理是指依据数据的集成与挖掘,在销售及服务方面加强与客户的沟通与交互,并依据客户所发生的变化不断改进客户服务,从而保留老客户、吸引新客户并将其转化为忠实客户的业务活动。客户是商业银行唯一的利润中心,商业银行必须依靠客户才能够生存。

在激烈的市场竞争中,立于不败之地的银行是那些以客户为中心的银行。因此,商业银行必须重视客户管理。在大数据时代,"新型客户"已经形成。具体来说,客户比以往拥有更多的选择和更自主的要求,需要商业银行提供更加多元化的金融产品和服务。这类客户不仅要求商业银行能提供满足个人偏好或需求,也要求能够获得跨渠道的、一致的、良好互动的客户体验,还要求商业银行的服务能力和运营效率同步提升。可以说,在新的时代背景下,商业银行越来越难以发现并留住最有价值的客户。而依托大数据技术则可以提升商业银行在客户关系管理方面的效率。通过大数据分析客户群体之间的差异,可以使商业银行准确地把握客户需求特征和行为爱好,积累和共享客户资源,有目标地为客户提供各种服务,培养客户的长期忠诚度,从而使商业银行更好地围绕客户来有效管理自己的经营活动,以实现客户价值最大化和商业银行利润最大化之间的平衡。

一、客户分类

大数据可以帮助商业银行进行更为多样化的客户分类。目前,银行业常见的客户分类是以其资产金额作为分类标准。但这种分类方式较为单一,而且反映的信息量少,难以精准地把握客户的需求。依托大数据技术,商业银行对客户的细分有了更多的可能性。在数据库的应用上,商业银行可以通过以下三种方式进行客户分类,分别是客户风险与价值、客户交易行为及客户统计特征与行为偏好。

(一)根据客户风险与价值分类

商业银行可以根据客户风险与价值进行分类。客户风险主要指信用风险或流失风险;客户价值主要指某个客户的利润贡献。通过辨识客户在存款、贷款,以及理财产品、基金、保险等相关领域的金融活动,商业银行可以分析客户带来利润的主要业务及相应的利润贡献水平。在此基础上,结合对客户潜在风险的分析和判断,商业银行将风险水平和贡献程度相当的客户划分为同一客户群体,然后针对不同的客户群体进行需求挖掘,提供满足每类群体个性化需求的服务,由此维护长期的客户关系。例如,银行可以按照信用评价将客户分为信用客户与非信用客户。对于信用客户,银行再按照资产的规模进行更加细致的划分:将资产超过300亿元的企业定为特大型企业信用客户;将资产大于6亿元、小于300亿元的企业定为大型企业信用客户;将资产大于0.6亿元、小于6亿元的企业定为中型企业信用客户;将资产大于0.1亿元、小于0.6亿元的企业定为小型企业信用客户;将资产小于0.1亿元的企业定为微型企业信用客户。对于非信用客户,再按照企业的注册资本来划分:将注册资本大于50亿元的企业定为特大型企业非信用客户;将注册资本大于1亿元、小于50亿元的企业定为大型企业非信用客户;将注册资本大于0.1亿元、小于1亿元的企业定为中型企业非信用客户;将注册资本大于0.05亿元、小于0.1亿元的企业定为小型企业非信用客户;将注册资本小于0.05亿元的企业定为微型企业非信用客户。针对上述不同类别的客户群体,商业银行可以制定差异化的服务准则,满足其个性化的需求,以此保证银行的工作效率和服务质量。

(二)根据客户交易行为分类

商业银行可以根据客户的交易行为进行分类。客户交易行为主要是指客户在进行金融活动时的交易金额、交易频率、交易对手等交易信息。运用大数据技术,客户在进行金融活动时所产生的部分文字信息也可以作为客户的行为特征用于分析。例如,商业银行可以根据客户的交易行为进行客户细分,假设其中一类客户的交易行为为每月均匀发生多笔汇款业务且汇出款项均为大额,那么可以对这一客户群体有针对性地推出汇款费率优惠政策,以增强现有客户的黏性,并吸引更多同类型的客户。再假设,商业银行发现有一类客户群体频繁使用手机跨行转账,这类客户群体主要对结算手续费较为敏感,因此可针对该客户群体专门推出可节约手续费的一揽子优惠政策,以满足客户的个性化需求。

(三)根据客户统计特征与行为偏好分类

商业银行可以根据客户统计特征与行为偏好进行分类。数字化技术的飞速发展,使得商业银行客户随时处于"连接"和"在线"状态,其统计特征、行为偏好、资金用途等信息可以被及时地发现并进行追踪。利用其动态更新的统计特征与行为偏好,商业银行可以建设智能化、动态化的数据分析机制,及时捕捉客户的需求。具体来说,客户统计特征包括其年龄段、收入水平、工作地域等个人基本信息;而客户行为偏好主要是指客户在其日常活动中所表现出的兴趣爱好及生活方式,这一部分的信息主要是商业银行通过分析客户在使用其银行账户进行日常消费时的消费类目获取的。例如,某一客户群体的年龄段介于20~30岁,这一年龄层发生的个人住房抵押贷款较为常见,根据客户的年龄段及这一近期交易行为进行交叉分析发现,该类客户群体的后续需求为进行房屋装修,那么商业银行可以及时地向其提供与其购买力相匹配的房屋装修信息,推荐住房装修贷款分期业务,从而为客户提供恰当的个性化服务。

二、客户忠诚度

大数据可以帮助商业银行提升客户忠诚度。作为信息密集型服务行业,商业银行可借助大数据分析技术,收集客户信息并发现客户需求。通过优化配置产品与服务,有针对性地匹配客户需求,提升客户忠诚度与保有率,从而实现客户价值持续最大化。

(一)动态捕捉客户需求

传统的银行数据分析主要依据静态的数据,对客户需求了解片面且缺乏时效性。同时,商业银行的产品设计更多的是基于内部管理的需要而非客户本身的需求。例如,简单地将存款按照1年、2年、3年等年限划分,或将信贷业务简单地按照抵押、保证和信用划分。大数据时代为静态数据转变为动态数据提供了可能性,也深刻地改变了商业银行的客户管理观念,转为以满足客户需求为主导。利用客户的动态数据,商业银行能够挖掘客户的多样化需求、个性化需求及动态化需求。详细地说,小微企业的资金需求特征为短、小、急且缺乏抵押担保物;新型城镇化居民在购置住房、房屋装修、拆迁补偿金理财等方面具有金融需求;中产阶级人群在子女教育、投资理财、财富管理等方面存在金融需求。商业银行应该挖掘并捕捉不同客户群体的差异化需求,并为其提供相应的服务和产品。例如,荷兰的 ABN Amro 商业银行利用大数据对现有产品组合销售情况不佳的问题进行了分析,发现客户对产品不感兴趣的主要原因在于产品过于丰富,已超出了客户的信息处理能力,难以辨别哪种产品组合更适用于自己的金融需求。为此,ABN Amro 商业银行大幅简化了自身的产品种类。将房贷产品从9种简化为1种,将首付方式从7种简化为5种,将贷款期限从14种简化为6种。同时,该行还梳理了各种产品说明,力争使所有条款都浅显易懂,并将销售话术标准化、简单化。通过上述调整措施，客户能够更加快速地作出产品搭配与组合的决策。

（二）提供有效增值服务

在过去，客户对于一家商业银行的选择更关注一些基本的服务。例如，转账是否免费、网银办理是否简便、服务网点是否排队，等等。但是互联网时代的到来，使得客户能够快速地知晓各个商业银行最新推出的金融产品、最新发布的优惠政策、最新附赠的业务礼品，等等，造成了行业内的竞争越发激烈。因此，银行与银行之间的竞争已由基础服务领域延伸到了增值服务领域。营业网点的工作人员应该收集并整理客户反馈的意见和看法，并录入数据库。基于数据库中的信息，商业银行应用大数据技术能够发现客户尚未被满足的服务需求，从而有意识地完善和提高客户在商业银行各渠道中的服务体验。结合当前 O2O 服务模式，商业银行需要通过产品创新和服务优化将线上服务和线下服务进行有机整合，结合客户和历史交易行为和当前密切关注的事件，提供个性化的增值服务。

三、客户流失预警

大数据可以帮助商业银行建立客户流失预警机制。客户流失预警机制可以更加科学地预判某个客户是否有流失的倾向，并能够结合客户的特性对其进行有针对性的挽留。例如，捷克斯洛伐克的第一家私人银行塔特拉商业银行，通过使用预测模型能够识别出可能流失的信用卡客户，并及时对其开展高度个性化的留存活动，使其信用卡客户的流失率大幅度地降低。

商业银行发生客户的流失具有明显的因果关系特征。造成客户流失的因素是多方面的，有内部原因也有外部原因。在过去，商业银行的客户账户状态、历史交易信息、服务反馈等数据信息彼此割裂。传统的分析方法对数据的处理是独立并且效率低下的。同时，传统的分析方法很难有效地挖掘这些数据信息之间的关联性，更难以处理并从中提取并判断客户的流失倾向。而大数据技术在很大程度上弥补了传统分析工具的上述弊端，能够以高效的处理分析能力对收集的数据信息进行处理，帮助商业银行及时地得出有效的分析结果。以某商业银行的一名信用卡客户为例。通过数据统计可以发现，该用户平均每个月使用该行信用卡进行消费的次数为 5～6 次，月平均消费额达 5 000 元，平均每年拨打客服电话 4～5 次，且未有过投诉的情况。传统的数据分析只停留在数据表层，得到的结论将认为该客户对本行的满意度较高，流失性风险较低。但如果在大数据分析模式下，除了结构化数据外，还能够收集到一些非结构化数据，例如收集到该客户曾多次在微博、微信等公开平台上抱怨该银行客服电话打不通、信用卡还款程序麻烦等问题。由此再经过大数据的技术分析，得到的结论为该客户对本行的服务满意度实则不高，并且存在较大的流失性风险。由此可见，商业银行通过大数据可以更加全面地分析客户的真实信息，并在此基础上进行更完善的客户管理。

以大数据采集为切入点，建立数据库收集客户流失的原因等信息。基于数据库中存储的信息，将其与客户其他特征信息相结合。根据二者之间的内在联系构建预测客户流失的关键性指标组合，并以此构建预警模型。将预警机制嵌入客户管理系统中，对客户的个人倾向进行量化预判，并设置流失提示功能，以此可以提升客户流失预警系统评判的准确性和科学性，并能够及时发现客户尚未被满足的需要和对现有服务的不满。在系统提示某个客户有流失倾向后,商业银行网点的业务人员要及时地与客户沟通,掌握客户的实际情况,针对性地为其提供合适的商业银行产品或服务,解决客户当前的诉求,从而有效地挽回客户,避免客户流失等情形的出现。

第三节 大数据与精准营销

当前,金融机构的竞争日趋激烈,商业银行之间在彼此争夺客户资源。精准施策、分类推进,科学地把握客户需求是成功营销并获得客户资源的关键。大数据已颠覆了商业领域传统的营销模式,原先地毯式的营销早已过时,取而代之的是精准营销。精准营销是在精准定位的基础上,依托现代信息技术手段建立个性化的客户沟通服务体系。基于大数据的精准营销是利用大数据平台上的机器学习模型,深入洞察客户行为、客户需求、客户偏好,挖掘潜在客户,实现可持续的营销计划。

商业银行拥有大量潜在的客户资源,但成功的关键是如何将这些潜在的客户资源盘活,使目标客户能够对商业银行现有的或新推出的产品或活动都进行了解及参与,从而提高商业银行效益。传统的方法是大面积地发送营销短信或是电话客服人工拨打用户电话,对银行的产品或活动等进行介绍。但众所周知,这种营销方式的客户转化率并不高,不仅造成商业银行投入了大量财力、人力,而且得不到理想的回报,也导致了客户心理上的反感。究其原因,主要是因为传统营销方式的触达并不具有用户针对性。但是,精准营销可以解决上述问题。利用云计算等底层技术架构,商业银行可以实现数据仓库与其营销系统之间的有效衔接。通过深度挖掘信息、定位目标客户、创新营销方案,商业银行显著地提升了客户体验,并且实现了自身的节本增效。商业银行可以结合客户的历史交易行为和基本属性将其需求特征标签化。根据其需求特征,商业银行一方面可以针对性地为其推荐个性化理财产品,提高产品的购买率;另一方面可以在新产品发售时,在客户群中定位到最有可能购买该产品的客户,进行短信营销,从而提高产品响应率。

一、客户生命周期管理

客户生命周期管理是从一个客户开始对企业进行了解或企业欲对某一客户进行开发开始,直到客户与企业的业务关系完全终止且与之相关的事宜完全处理完毕的这段时间。在银行业,客户生命周期大体分为客户获取、客户提升、客户成熟、客户衰退、客户流失这五个阶段。不同时期的用户画像会有明显的差异。商业银行应基于客户所处的生命周期阶段有针对性地开展营销活动,为其提供个性化产品和服务,以期在满足用户需求的同时,尽可能地拉长生命周期每一个阶段的时间,挖掘客户的营销价值。

在上述五个阶段,商业银行应该采取差异化的营销手段。具体来说,在第一阶段,商业银行应发现并挖掘潜在客户,并与其建立有效的沟通渠道,增加潜在客户的转化率;在第二阶段,商业银行应提供刺激客户需求的产品和服务,提高客户的满意度;在第三阶段,应对客户进行交叉营销和个性化推荐,培养客户的忠诚度;在第四阶段,应及时预警并报告可能流失的客户,开展定向的活动推介以增强客户的黏性;在第五阶段,应积极对已流失的客户开展有针对性的挽留。

大数据技术可以帮助商业银行在客户生命周期管理中发挥更加积极、有效的作用。首先，在客户获取阶段，大数据营销技术可以对客户进行360度全方位画像，针对不同客户的偏好进行个性化的推送，完成与潜在客户的触达与沟通。同时，也能避免重复推送消息，防止对客户造成骚扰引起其心理上的反感。另外，大数据营销技术还可以打通内容、产品、服务，实现各个阶段从"营"到"销"的横向延展。在客户提升阶段，通过利用大数据技术分析现有客户的业务使用情况和主要行为特征，了解真实的客户反馈，进而发现基于客户需求的潜在市场空间及客户价值提升的障碍，适时地推出满足客户潜在需求的新产品及适应各类客户群的个性化服务。在客户成熟阶段，通过大数据分析客户的个性特征和风险偏好，可以使商业银行更深层次地理解客户的习惯，智能化分析和预测客户需求，从而进行产品创新和服务优化，培养客户的忠诚度。例如，兴业银行通过对还款数据的挖掘来比较区分优质客户，根据客户还款数额的差别，为客户提供差异化的金融产品和服务方式。在客户衰退阶段，通过利用大数据技术分析和监控客户账户状态的变化，发现客户流失的主要驱动因素并对可能发生的客户流失进行预测，在充分了解市场竞争态势的基础上，通过采取个性化推荐等营销举措最大限度地降低客户流失的可能性。在客户流失阶段，通过利用大数据技术对流失客户的相关数据进行分析，找出客户流失的主要原因，进而采取有针对性的营销策略来挽回已流失客户。例如，招商银行就通过构建客户流失预警模型，对流失率等级在前20%的客户发售高收益型理财产品对其予以挽留，这一举措使得金卡和金葵花卡客户流失率分别降低了15%和7%。

二、实时营销

实时营销是"即时"执行的营销，是指企业在经营过程中自动收集客户信息，分析客户的偏好和习惯，自动调整产品或服务功能，实时地适应客户不断变化的新需求。从共同点来看，实时营销与传统营销模式都是以客户的需求为出发点，为客户推荐其需要的产品与服务。但二者之间也存在明显的差别。传统营销是以静态视角看待客户需求；而实时营销则是以动态视角来看待客户需求。从捕捉客户购买需求特征方面来看，实时营销的成功率高于传统营销。由于互联网等的蓬勃发展，客户可以接触到的信息量日益增长，信息的有效获取在不断影响客户的行为和偏好。在瞬息万变的时代，客户的需求也时刻处于"漂移"状态。像传统营销那样，对个人角色和行为特征的僵化定义早已失去意义。而实时营销的模式更加贴近于客户当下时刻的状态和需求，既可以提升客户的感知，又可以降低客户对营销的反感，从而显著提高营销成功率。

应用大数据技术，商业银行的实时营销具有以下四个方面的特征。

（一）实时满足客户当前需求

在营销过程中，关键是向客户提供的产品或服务要适应客户多种多样的个性化需求。由于客户的需求是瞬息万变的，因此商业银行要利用大数据技术实时捕捉客户当前的需求，在向客户进行营销前对客户的现有需求进行采集和分析，从而实现有效的营销。

（二）实时满足客户未来需求

除了满足客户当前的需求，商业银行还要不断地预测客户可能的需求变动趋势。在客户使用产品或服务的过程中，商业银行应及时地获取客户每一时点的需求变化，从而通过完善所提供的产品或服务,更好地满足客户动态需求。商业银行通过利用大数据技术,及时获取和分析客户在使用产品或服务中的需求的变化,从而及时地对其产品或服务的性能进行完善和修补,从而实现在动态过程中的有效营销。

(三)"客户—产品"层信息反馈

在传统营销中,消费信息的反馈位于"客户—公司"层面,客户将反馈信息传递给公司,公司据此对相关产品进行改进,再向客户提供改进后的产品。例如,很多公司会在不同的社交媒体平台汇总客户的反馈信息,再对产品进行改进。在这个作用环中,关系是集中式的,是以公司为中心组织的。而在实时营销中,关系被分散到"客户—产品"层面,每一件产品与其客户之间构成了一个独立的关系系统。产品表现为个性化定制的特点,是根据某一特定客户的特征进行调整及定向推荐。

(四)建立自动信息反馈机制

在某些情况下,客户难以准确地表达自己的需求,公司要自行进行辨识其需求,这就需要建立一套产品适应信息反馈机制。产品适应是在公司和客户无意识的状态下完成的。信息反馈是自动的,不要求客户输入需求信息。也就是说,客户无须对产品提出任何要求,也不需要修正产品中的资料信息,一切信息反馈是在客户无意识的状态下完成的。产品功能的调整是自动的,不需要公司介入。消费信息直接在产品内部的"情报系统"中传递与分析和描述,由产品中的微处理器等核心部件发出指令指导产品各个部分适应环境和需要的变化。

三、交叉营销

交叉营销是一种发现客户多种需求,并满足其多种需求,从横向角度开发产品市场的营销方式。其核心是向一个客户销售多种产品和服务。商业银行交叉营销最典型的一个例子是,拥有支票或储蓄账户的客户选择与商业银行接洽以获取另一种可取的金融服务。例如,客户可以向银行寻求安排汽车贷款,而不是利用经销商融资购买新车。在最好的情况下,商业银行能够满足客户的需求,并提供优于经销商融资的利率。客户以较低的个人成本获得融资,而商业银行则从该客户的额外业务中获益。

(一)大数据对商业银行交叉营销的作用

交叉营销成功的关键在于:"找对人""说对话""做对事"。基于现有的客户数据资料,商业银行借助大数据技术可以对其所掌握的客户资料进行整合和关联性分析,进而高效地发掘出客户潜在的多样且相互关联的需求,进而有针对性地进行交叉销售。

1. 找对人

"找对人"是指要找准具体的客户群体。商业银行利用大数据技术,可以对客户使用金融产品和服务时的行为特征进行分析,并根据这些特征将客户分成组内特征相似、组间特征不同的客户群组,进而发现针对不同的客户群的市场机会。

2. 说对话

"说对话"是指通过对客户数据进行分析,选择有效的营销渠道。商业银行通过大数据技术可以了解不同客户群体的心理特征和行为偏好,进而使银行在"找对人"的基础上,能够根据不同客户群体的偏好对其不同的目标客户进行有针对性的宣传和营销活动。

3. 做对事

"做对事"是指向目标客户推荐与其需求相符的产品或服务。商业银行利用大数据技术能够发现产品与产品之间、服务与服务之间、产品与服务之间的关联规则，并找出最优的产品或服务组合，进而提高银行在找寻组合销售机会时的准确性。

（二）大数据在银行业交叉营销的应用

大数据在银行业的交叉营销应用中有两种基本模式，即是基于商业银行内部数据的交叉营销和基于商业银行外部数据的交叉营销。目前，基于商业银行内部数据的交叉营销模式已比较成熟。以建设银行和中信银行等开发的"POS 贷"为例，其基本思路就是通过分析银行 POS 商户的交易流水数据，并结合商户的其他基本信息，例如征信信息、工商信息等，在商户中筛选出 POS 交易量高且金额稳定的群体。对于这类群体，商业银行可以以预授信的方式向其推送"无抵押信用贷款"等活动，开展交叉营销。实际上，该模式与互联网金融领域的"阿里小贷"模式较为相似。阿里小贷也是基于网络商户交易数据，为其发放小额无抵押信用贷款。其他类似的产品还有小企业网银循环贷、个人快贷等。由于商业银行已广泛地在线上开展业务，利用线上业务沉淀的海量数据，商业银行还可以在其他业务范畴内开展交叉营销。例如，在商业银行内部数据交叉分析领域，可以根据企业结算数据遴选客户进行预授信；通过对客户存款的大数据分析，为客户提供理财类产品销售（或反之）；基于理财类数据营销信贷类产品（或反之）；信贷类产品之间开展相互交叉销售；根据客户资金活动的规律，推送针对性的企业理财产品等。

基于商业银行外部数据的交叉营销模式，主要是利用其外部合作主体的相关数据进行客户的筛选，并定向地为其推荐可能感兴趣的产品和服务。例如，建设银行设计的"税易贷"业务，其基本思路是与税务局合作，批量获取小微企业的纳税信息，或针对在建设银行开立纳税账户的小微企业进行批量筛选。根据企业纳税流水数据进行交叉分析，对企业的经营能力及信用水平进行判断，从中筛选出纳税额高、稳定的企业，为其发放信用贷款。除了与税务机关合作，商业银行也可与海关、市场监督管理局、专利局等外部机构合作，根据其提供的外部数据开展交叉营销服务。

四、个性化推荐

大数据技术可以使商业银行向特定的客户群体进行个性化推荐。信息的快速交互使得客户对于标准化服务和产品的忠诚度正在快速下降，商业银行要想继续维护客户忠诚度，必须提供更多个性化的价值支撑。在个性化推荐的机制方面，传统的方法包括银行业务人员对已有的存量客户逐一打电话，或者利用专家规则筛选出目标客户再打电话。但即便是经过筛选的潜在客户，对于有限的人力来说也是一个海量数字，很难在短时间内完成任务。并且使用"一条横杠"式的静态规则进行筛除，无法量化客户的优先级，所以对于没有响应意愿的客户会产生较大的负面作用，使其产生抵触情绪。大数据技术可以通过生产精准画像的方式解决上述问题。其构建客户画像通常包括以下 4 个步骤：①数据收集与处理；②通过文本挖掘、自然语言处理、机器学习、预测算法、聚类算法等进行模型构建；③生成客户标签，包括人口属性、金融属性、行为信息、客户关系、风险信息、兴趣偏好等，从不同维度、颗粒度对客户进行描述,搭建客户画像体系;④根据不同应用维度建立客户分群,指导决策。

对于银行的存量客户,大数据技术生成了丰富的客户标签,可以为客户精准画像,包括客户性别、年龄、存款情况、贷款情况、信用卡消费、缴费、代发工资、掌上商业银行使用、柜面/超级柜台/ATM交易情况等。通过大数据分析及智慧化手段,充分刻画客户的金融偏好和行为轨迹,将合适的产品或功能精准地推荐给适合的客户。例如,银行可以记录并分析客户在网银等入口的选择习惯和产品购买习惯数据,分析客户产品偏好和风险偏好,将适合客户的产品或服务放在最容易被客户接触的入口,从而为其推送精准的、有针对性的产品或服务。利用大数据技术,可以有效挖掘出银行的潜在目标客户。例如,广发银行通过对大数据的分析,找出客户数据库中的特征,预测这些客户对广发银行活动的响应率。那些被确定为有利的特征可以与新的客户群进行匹配,极大地提升了广发银行营销活动的效果。通过银行数据库中存储的客户信息,广发银行根据事先设定好的标准找到符合条件的客户群,然后通过聚类分析让其自然形成类别,通过对客户的服务收入、风险等相关因素的分析找到潜在的可盈利的目标客户。

拓展阅读

招商银行

招商银行是中国境内第一家完全由企业法人持股的股份制商业银行,也是国家从体制外推动银行业改革的第一家试点银行。成立以来,招商银行一直谨记创办初期"为中国贡献一家真正的商业银行"的使命,始终坚持市场导向、客户至上、科技驱动、专家治行,以自身转型发展推动社会经济持续进步;率先推出全国通存通兑的"一卡通",引领行业走出存折时代;率先实施AUM(管理客户总资产)考核替代存款考核,引导社会财富从存款转向多元理财配置;率先探索投商行一体化服务模式,满足客户综合化、差异化需求。

2023年,招商银行在巩固零售银行、轻型银行战略成效的基础上,提出了价值银行战略,为客户、员工、股东、合作伙伴和社会创造综合价值,实现"质量、效益、规模"动态均衡发展。招商银行坚持差异化发展策略,在保持零售金融底盘和战略主体地位的基础上,推进零售金融、公司金融、投行与金融市场、财富管理与资产管理四大板块均衡协同发展。零售金融板块体系化优势进一步凸显。招商银行加快打造科技、绿色、普惠、智造等特色金融,相关领域贷款快速增长。投行与金融市场板块领先优势持续巩固。并购贷款、债券承销、债券交易、票据业务等细分领域位居市场前列。财富管理与资产管理板块能力不断提升。同时,数字招行建设加快推进。围绕线上化、数据化、智能化、平台化、生态化,全面推动金融基础设施与能力体系、渠道与产品、管理与决策的数字化重塑,在国内大中型银行中率先实现全面上云,加强人工智能技术研发和全方位应用探索,加快从"线上招行"迈向"智慧招行"。

资料来源:招商银行官方网站,https://www.cmbchina.com/cmbinfo/aboutcmb/.

第四节 大数据与信贷管理

信贷管理是指商业银行在国家现行的法律规定和相关政策的约束和规范下,根据安全性、流动性和收益性的原则对其所发放的贷款进行贷前调查、贷时审查和贷后管理的过程。

商业银行信贷管理的目标是降低其信贷业务的风险,以实现信贷业务的效益最大化。信贷风险是商业银行致力于解决的一个重要问题。由于信息不对称而导致的逆向选择和道德风险等问题,使商业银行长期面临较高的信贷风险。利用大数据技术,商业银行的信贷环节管理可以得到优化。

一、信用评估

在诸多组织形式中,中小企业数量众多,是商业银行不可忽视的客户群体,具有巨大的市场潜力。但是,中小企业普遍存在财务制度不健全、抵押担保物欠缺、信用记录缺失等问题,导致商业银行难以有效评估其真实经营状况。统计数据显示,商业银行对中小企业贷款的管理成本平均来说是管理大型企业的五倍左右,所承担的风险成本也远高于大型企业。正是由于成本、收益与风险的不对称,导致很多商业银行不愿意向中小企业全面敞开大门,也由此失去了很大份额的客户群体。

而大数据分析技术则能够解决上述问题。通过使用大数据分析技术,商业银行可以通过将中小企业的生产、流通、销售、财务等相关信息与大数据挖掘方法相结合的方式进行贷款风险评估与分析,从而量化企业的信用额度,更有效地开展中小企业贷款。例如,"阿里小贷"是依据会员在阿里巴巴平台上的网络活跃度、交易量、网上信用评价等,并结合企业自身经营的财务健康状况,从而做出是否发放贷款的决定。"阿里小贷"首先通过阿里巴巴 B2B、淘宝、天猫、支付宝等电子商务平台,收集了客户积累的信用数据,包括客户评价数据、货运数据、口碑评价等,同时引入外部数据加以匹配,例如海关、税务、电力等数据,进而建立数据模型。其次通过交叉检验技术辅以第三方验证确认客户的真实性,将客户在电子商务平台上的行为数据映射为企业和个人的信用评价,并通过评分卡体系、微贷通用规则决策引擎、风险定量化分析等技术,对地区客户进行评级分层。

二、风险评估

(一)传统贷款风险评估面临的挑战

1. 信息搜索方式单一

在传统信贷风险管理模式下,贷前调查主要是以客户在申请时自行提供的信息为核心进行核对,并没有与其他的数据源进行相互校验,这导致商业银行收集的数据存在一定的质量风险。同时,商业银行主要收集的数据有借款人财务信息、借款人过往借贷与还贷情况、商业银行卡流水及央行征信等借款人自己提供的信息和贷款商业银行自己的内部数据等。由于部分数据无法验证,商业银行前期收集的信息变得薄弱,甚至导致信息无效,从而降低了对贷款者信用风险评估的准确性。

2. 信息收集成本偏高

为确保贷前信息收集的可靠性,商业银行在作出授信决策之前,需要投入大量的人力与物力反复调查借款人的基本情况。这一程序衍生出了高昂的信息收集成本。但在贷后管理过程中,考虑到成本因素,商业银行反而很少主动、定期地跟踪检查借方资金的使用情况及其近期的生产生活状况。只有当借款方某一期还款出现违约行为的时候,才会引起商业银行的关注。此时,借款人的财务状况可能已经恶化,甚至会发生借款人失联等情况,导致既定的还款计划无法正常履约,最终商业银行也只能将这笔贷款归为自身损失。

3. 信息获取时效滞后

在传统技术下,信息获取时效滞后也是限制商业银行管理信贷风险的难题之一。一方面,商业银行收集的贷前信息滞后,银行无法及时获得有效、准确的企业环境信息,从而影响了信贷审批环节的工作效率,严重制约了商业银行信贷业务的发展。另一方面,信息收集方式有限,贷后疏于管理,难以有效跟踪借款人基本面的动态变化,导致银行掌握的信息严重滞后,会滋生道德风险问题。当危机积累到一定程度,商业银行才会意识到风险的发生。贷后信息的滞后严重影响商业银行处理不良贷款的效率。尤其是通过法律诉讼回收的账款,因此信息的时效性显得至关重要。

(二)大数据应用下贷款风险评估

大数据技术的应用扩大了商业银行的数据来源,增强了信息的全面性,让商业银行有能力处理传统技术下无法处理的非结构化数据,进而完善信息系统的决策规则。大数据技术在数据清洗与处理速度方面的绝对优势,将提升商业信息系统的决策能力。在大数据风控系统的支持下,商业银行的信息系统得以重构,从而降低信息搜寻成本、提升信息时效性,进而可以缓解信息不对称的问题。

1. 更充足的数据支持

根据数据是否可以实时更新,商业银行可将大数据风控系统的数据库分为线上数据库与线下数据库。借助互联网传输,一旦线上数据库前端有所更新,大数据风控系统便能及时更新系统内的数据,确保信息的有效性。而线下数据库的设立可以帮助补充线上数据库无法收集到的数据,确保数据收集的全面性。只有为大数据风控系统提供尽可能多的数据,才能更好地发挥大数据风控的作用。除了既有的信息渠道,商业银行还会主动建立新的信息渠道。以光大银行推出的"云缴费"为例。该银行通过建立云端缴费平台,积极为各个政务系统搭建生活缴费平台,并允许用户使用其他银行卡账户或者第三方支付,将用户的生活缴费数据引入自家大数据风控系统,为风险防控提供更多的数据支持。

2. 更丰富的评估手段

在传统的技术手段与思维模式下,受制于数据来源的有限性,风险评估主要是针对借款企业本身。在风险管理过程中,很容易忽略对借款企业关联方的相关信息收集。在一条完整的产业链上,一旦某一个环节出现问题,上下游厂商自然也会受到牵连。因此,商业银行有必要对企业关联方情况进行收集与分析。在大数据风控系统的历史案件中,有一个案件曾经出现两次风险预警是与借款企业的关联企业相关。系统通过公检法系统可以收集到借款企业的关联方是否存在公司治理问题。通过要求借款企业在本行开设交易账户,可以了解企业和关联方的资金周转情况。通过对企业关联方数据的收集,商业银行可以有更多元的风险评估能力。除了建立监管关联方的思维,大数据还改变了传统数据挖掘中追求因果关系的思维模式,转而追求数据与借款违约之间的相关关系。即在大数据时代,商业银行只需收集尽可能多的数据,通过人工智能算法对数据进行分析与挖掘,发现与贷款违约相关的指标,再对这些指标进行日常监控。一旦监控指标有恶化趋势,系统就会发出预警信号。

3. 更智能的风险监控

有了海量数据与相应的数据变现能力,商业银行便可以从更多元的角度对借款人违约风险进行综合评估。通过更多元的风险评估,商业银行一改往日被动的贷后管理模式。在大数据的帮助下,贷后管理可以对借款人进行 24 小时风险监控,主动将借款人的各种风险指标纳入监控范围,杜绝传统技术背景下风险已经积累到一定程度以后,商业银行才发现贷款出现问题的情况发生。通过回顾大数据风控系统过往的案例发现,大数据风控系统预警提示能够反映出借款人生产经营正在发生的变化,并预判可能存在的潜在风险。在贷前,通过系统给出的预警提示,授信审批人员可以清楚了解借款人风险状况。在贷后,商业银行首先会派出客户经理进行实地取证,再由人工进一步上报具体存在的情况。随着预警频率的增加,客户经理也加大了企业实地走访力度,每周定期查看企业流水。同时,联系担保人和查看抵押物情况,确保第二还款来源。通过及时的介入,高频次地对接借款人和担保方,确保商业银行能够按时收回贷款。

三、贷后监控

贷后管理是国内银行信贷业务流程中管理相对较为薄弱的环节,也是大数据能发挥良好作用的领域。传统上,国内商业银行贷后管理的普遍做法是派出客户经理及所在支行的业务人员,分散式地负责收集不同客户的贷后信息,贷后管理效率低下。在贷后管理实践中,往往当企业经营形势已经出现了巨大变化甚至是无法挽回之时,总分行管理机构才获知消息,最终造成了商业银行在贷款处置中的被动局面。近一段时间以来,部分商业银行将大数据应用在贷后管理领域中,已经取得了良好的效果。

大数据在商业银行客户贷后风险预警体系的应用主要包括单客户风险预警、客户群风险预警,以及风险传染预警等领域。在单客户贷后风险预警系统建设中,一种做法是在企业贷款支用环节。在客户支用贷款资金以后,商业银行可以采用大数据手段,采集企业每一笔贷款资金的流向数据,并分析企业资金流向规律。一旦企业未按照约定支付或者支付规律出现异常情形,系统可以及时进行预警。另一种常见做法是建设客户大数据信息监测库,动态地抓取社交媒体、网站新闻、环保、市场监管、税务、海关、企业股票价格、企业债券价格、企业 CDS 价格等涉及客户的外部信息,通过文本分析及内容挖掘技术,对涉及企业的关键词和负面新闻进行识别,将识别后的信息转换成标准分类,建立企业信息索引库;结合企业在商业银行内部的征信信息、交易流水信息、贷款逾期信息、资金往来异动信息等,部署企业信息预警规则,建立完整的企业预警信息系统。在此基础上,将其和商业银行信贷系统打通,把预警系统中按规则触发的信息,发送至总分支行的有关责任主体,从而完善贷后预警体系。当然,以上预警体系的建设思路,在适当修改部分数据来源和应用规则以后,还可以应用于商业银行本身的舆情监测与分析中。

第五节　大数据与风险控制

随着商业银行业务的快速发展,银行经营者必须有效地甄别风险、防范风险和控制风险,风险管理成为商业银行稳健发展至关重要的一个环节。风险控制与管理是商业银行稳健经营的最基本保证。在传统的商业银行内部数据库模式下,商业银行主要依据客户的相关会计信息、信用记录及抵押担保情况进行风险决策。这种风险管理模式对于风险的预判及预测准确性不高,这主要源于所依据的数据信息并不完全,并且缺乏时效性。而随着大数据时代的到来,商业银行各项业务活动的风险控制与管理发生了根本性的巨大变革。利用大数据技术,商业银行可以通过多种渠道收集客户的属性数据及行为数据。通过对这些数据进行整理与分析,商业银行可以有效地降低信息不对称带来的风险,并能够迅速挖掘出数据背后隐藏的风险因素。结合客户行为分析、信用度分析及财务数据分析等,商业银行可以建立全面的风险防范体系,这大大地提高了风险控制与管理的效率。例如,对于防范客户在利用信用卡消费时进行恶意透支的风险,商业银行从客户使用信用卡的历史数据中分析出该客户的消费习惯,并进行实时监控。当其出现异常消费行为时,商业银行可以及时对其账户进行冻结、中止其交易,从而防范风险。

一、传统风险控制与大数据风险控制的差别

大数据技术在金融行业的应用使得银行信息获取、分析和运用的渠道与机制发生了彻底的改变,为信息化风险监控创造了技术条件。一方面,客户交易行为迅速增加,使运营过程中积累了海量数据,借助有效的数据清洗和数据挖掘技术,信用风险管理过程中的关键信息可以被有效地识别出来,提高了数据的价值和利用效率。另一方面,随着互联网的普及化,社交媒体、电子商务等越来越多地与银行业务紧密融合起来,大量的非结构化数据信息广泛地存在于互联网、电子商务等媒介,整合结构化和非结构化的信息,可以打破数据边界,减少信息不对称的风险,使银行能够对客户行为进行立体化的跟踪评估,以构建更为深化的信用风险管理全景视图。金融企业通过推进对大数据的应用,可以创新风险决策模式。一方面,通过多种传感器、多渠道采集数据,更加全面、准确、实时地掌握借款人信息,有效降低信息不对称带来的风险;另一方面,利用大数据技术可以找到不同变量间的内在关系,形成更准确的决策模型。在这方面,国内外金融机构已取得不少成功经验。例如,利用客户积累在阿里巴巴 B2B、支付宝、淘宝等电商平台上的信用及行为数据,构建网络数据模型和在线视频资信调查模式,通过交叉检验技术,并借助第三方验证提高客户信息的真实性,就能够衡量那些通常无法在传统金融渠道获得贷款的客户群体的信用水平,以此为依据向他们发放"金额小、期限短、随借随还"的小额信贷。依靠大数据而不是担保抵押来进行风险的决策与抵御,这使阿里金融获得了向传统银行发起挑战的核心竞争力。至于金融机构面临的其他风险,包括市场风险、操作风险、流动性风险等,也可以依靠大量基础数据,进行有效的监控和管理。

(一)传统风险控制

从流程上来看,传统风险控制主要包括"客户申请—预审—授信决策—放宽—贷后管理"等环节。在用户提交申请表后,商业银行首先要查询客户的征信情况。由录单员负责,将申请表中的客户基本信息录入银行系统,并在另行登记审批进度表之后,将客户的申请资料随同征信资料一起派给审核员。审核员通过阅读征信资料、查询信用网、工商信息、与第三方核实申请资料和确认申请人真实性等审核步骤后,记录存在的疑点,并通过电话联系客户,对审核中发现的疑点进行逐一核实。之后银行派信贷业务人员对申请人进行实地考察,咨询其经营模式、营业收入等问题,对其经营场所、经营状况等信息进行核实。在贷款分析环节,银行结合之前进行的调查情况撰写调查报告,给出审批意见,进而结合审批意见,作出

信贷决策。随后,通知审核通过的客户来行进行签约,在签约的过程中要进行复核相关资料的原件、核实客户流水情况等流程。在放款给客户后,对相关文件进行归档。在客户借款期间,要做好贷后管理,包括电话回访、通知还款、催收、续贷等业务活动。从中可以看到,传统的风险控制流程十分烦琐,复杂的流程无疑会导致业务办理的低效率。

(二)大数据风险控制

相较于银行传统的风险控制流程,大数据技术下的风险控制流程更为简化。具体来说,在大数据风险控制中,客户通常从网页端口或手机客户端口进入贷款申请系统。商业银行在获得客户授权指令后,利用其系统内和第三方的相关客户信息数据对客户进行征信查询。首先是对客户的身份进行验证,并对其进行黑名单检查,之后利用客户的交易行为数据、社交数据、教育数据、运营商数据、电商数据、公积金数据、社保数据等相关数据对客户的信用风险进行分析和评估。在评估结果的基础之上,生成该客户的资信报告。基于资信报告银行作出授信决策,并向客户发放贷款。在客户借款期间,银行在与客户保持联系的基础上,依据事先设定好的催收模型和催收策略对客户的信用风险进行实时监控。从中可以看到,大数据风险控制的基本流程与传统风险控制大致相同,但在接受客户申请、对客户进行资信评估、作出授信决策、进行贷后管理环节比传统风险控制更加快捷高效。

(三)两种风险控制的差别

1. 数据的来源不同

传统征信的数据主要以银行信用数据为主,来源单一,并且采集的频率相对较低。而大数据征信的数据则来源广泛,包括用户提交的数据,例如其职业背景、受教育程度等;还有第三方数据来源,例如理财数据、电商平台数据、社交平台数据、社保数据、公积金数据等其他相关数据。此外,大数据征信的信息采集频率高,能够实现对数据的实时采集。

2. 数据的格式不同

传统征信所采用的数据主要是格式化数据。而大数据征信所采用的数据既包括格式化数据,也包括大量的非格式化数据。

3. 评价的思路不同

传统征信是基于客户的历史信用记录来评价客户信用水平的。而大数据征信则不仅要对客户的历史信用数据进行考量,还会从海量数据中推断客户的身份特质、性格偏好、经济能力等相对稳定的指标,从而对客户的信用水平作出判断。

4. 分析的方法不同

传统征信所采用的分析方法主要是线性回归、聚类分析和分类树等方法。而大数据征信所采用的是机器学习、神经网络、Page Rank算法、RF等大数据处理方法。

5. 服务人群不同

传统征信的服务范围仅限于有信贷记录的客户,服务范围小。而大数据征信的服务范围不仅包括有信贷记录的人群,还包括那些没有信贷记录但在生活中留下足够多痕迹的客户,服务范围得以大幅度的拓展。

6. 应用场景不同

传统征信通常只能应用于金融领域。而大数据征信不仅能应用于金融领域,还能在多种生活领域发挥其使用价值。

二、大数据在风险控制环节的主要应用

(一)信贷审批

信贷审批是商业银行进行风险管理的重要环节。随着社会的不断发展和商业银行同业间的竞争加剧,商业银行在进行信贷审批时越来越注重客户的体验。例如,提供更加简便的贷款申请流程、更快速的审批结果反馈、更公开透明的贷款受理过程等,都是提升客户审批体验的主要表现。在保证风险控制水平和能力的基础上,提升客户的审批体验离不开大数据技术的应用。

1. 实时审批

实时审批是自动化审批的一种类型,是指从获取申请信息开始,通过接入外部数据并进行比对、规则判断、信用调查和模型评估,到最终作出授信决策,在保证决策质量的前提下整个过程是在极短的时间内完成的。

为了实现实时审批,商业银行需要对其审批流程进行优化,减少人工干预的必要性,还需要提高非人工环节的运行效率。具体来讲,就是要让数据、模型和策略更多地代替人工作出判断,并对信息技术进行革新,以智能决策模型和策略进行操作。例如,在有效信息足够完备的情况下,利用第三方的数据信息就可以对客户的申请信息进行校验和补充,无须工作人员再电话联系客户核实信息的真实性和完整性。

大数据是实现实时审批的基础。在大数据技术的作用下,客户所提交的申请资料得以简化,使客户的审批体验得到了有效的提升。此外,商业银行基于大数据技术也不再单纯依靠客户所提交的信息对客户的信用风险进行评估,而通过分析其他渠道获取的真实数据所得出的评估结果无疑更为有效。

2. 前置审批

利用大数据技术,商业银行可以结合多个渠道的客户数据,在客户提交信贷申请前就对客户的风险水平作出评估,预先作出授信的决策,将审批过程前置。如此一来,商业银行的工作人员根据审批合格的客户名单有针对性地接触这些优质客户,只要该客户提出授信申请便能直接与商业银行建立起信贷业务关系。从中可以看出,前置审批既是风险控制过程的一部分,也是营销环节的一部分。

大数据技术在前置审批过程中的作用表现为两个方面:①能够使商业银行在对客户风险进行评估时使用到更加全面的数据,从而作出合理的授信决策;②能够使商业银行对客户的信贷需求作出准确的预测,从而在恰当的时机为客户提供信贷服务。

3. 隐性审批

隐性审批有很广泛的应用场景。隐性审批通常与存在客户借款场景的应用场景相联系,发生于该客户在该场景中的付款过程中。基于该应用场景,商业银行能够获取借款客户的资金用途信息,从而保证了信贷资金使用的真实性,是对客户资信状况的有效补充。在这一过程中,授信申请、授信审批、放款和交易紧密地衔接在一起,即客户在发生交易行为时并未感受到其授信申请行为,授信审批和款项的拨付都被集成在客户的支付行为当中。维护商圈的过程就是寻找客户的过程。在隐性审批的过程中,商业银行只需要找到客户集中的商圈便可以轻松引入优质的借款客户。

大数据技术的优势作用主要体现在隐性审批过程中,商业银行对其借款客户的风险和

收益水平进行实时评估。利用更能反映客户消费能力和经营状况的第三方数据对客户进行评估,得出的评估结果更加符合客户的真实情况。依托于大数据的收集和存储技术,营销和审批环节更为紧密地结合在一起,使商业银行在提高营销效率的同时,也提高了其风险管理水平。

4. 移动审批

随着移动互联网技术的发展,越来越多的客户选择在网页端口和移动设备客户端口提交授信申请,借助大数据技术的后端审批环节也随之发生了很大变化。首先,移动审批实现了客户信息的实时传递,即客户在接入端口填写的申请信息被实时传递给后端的审批系统。其次,移动审批实现了更多的信息采集。基于对大数据技术的应用,客户在申请过程中的相关数据也会被系统所采集,例如填写时间、修改内容、修改次数、提交时间等信息数据。最后,移动审批的审批过程延伸至申请端,即客户在填写授信申请时,每填写一条信息,该信息就被实时地传递到后台进行核实,客户无须完成全部的申请过程就能得到审批的反馈。

(二)风险预警

风险预警是指通过信息的收集和分析,对业务和资产的风险状况进行识别、测量和分析,并对可能发生的风险采取适当措施进行化解,以达到减少损失的目的。商业银行对风险进行预警,可以及时地采取有针对性的措施对未来将会发生的损失进行控制。大数据在风险预警方面极具优势。商业银行借助大数据技术可以从多渠道选取监控指标,对其经营过程中每一个业务、每一个环节的异动进行跟踪,从而实现对风险的有效预警。风险预警是一个动态过程,其主要目的是主动监测并化解风险,预警是实现该目的的手段。风险预警是一个闭环过程,通过发现问题和解决问题的循环往复实现对风险的动态管理。在这一过程中,监测是对风险进行识别的环节,有效的监测能够确保风险预警的准确性和及时性,预警是触发风险处置措施的环节,归因分析则是采取恰当处置措施的必要前提。在对当前所发现的风险进行处置后,当即进入下一轮的风险监测环节,以发现新的或变得更加严重的风险问题。

1. 风险预警特征

一般来说,风险预警具有两大特征,分别是及时性和全面性。风险预警的及时性主要体现在两个方面。首先,风险预警信号具有前瞻性和预见性。即风险预警信号能够帮助商业银行及时识别早期的风险迹象,避免因预警信号存在滞后性导致其承担较大的损失。其次,要及时对风险预警信号做出反应,即商业银行在收到风险预警信号后,必须有能力对所发现的风险迹象采取快速的应对行动以化解风险、减少损失。

风险预警的全面性也体现在两个方面。首先,既要关注单一客户,也要关注客户整体。即商业银行在识别风险预警信号时要覆盖到每一个客户个体,也要对整体的客户结构和资产质量给予充分的关注。其次,既要细化到单一业务,也要覆盖全部的业务范畴,即商业银行不仅要对微观层面的单一业务进行预警,还要在宏观层面对全部业务的各种风险进行有效的预警和防范。

根据预警类型的不同,可以将风险预警分为个案预警和资产组合预警。个案预警是指对某一客户个体的信用状况的监测和预警;而资产组合预警可以是对某一业务的资产质量的评估和预警,也可以是对由多种业务所组成的整体资产状况的评估和预警。在通常情况下,个案预警是资产组合预警的前兆,因此可以在二者之间建立恰当的预警联动机制。

2. 分级预警

分级预警机制是指基于预警信号的严重程度和所需响应速度的不同,在预警体系内设置不同的预警级别,以对每个预警信号作出恰当的反应。不论是哪一级别的预警信号,都需要进行相应的归因分析,在找到预警原因的基础上采取适当的措施对风险进行必要的控制。而分级的意义在于,商业银行可以根据预警信号的级别来确定处置措施的实施范围和实施进度。

总的来说,为提高预警信息的及时性和全面性,商业银行的预警信号获取范围已经扩展到了外部,而且从传统的公共记录扩展到了无限的网络世界当中。互联网大数据具有非常广的数据范围和非常高的数据更新频率,因而基于互联网中快速更新的海量信息的输入,商业银行的预警能力得到了极大的提高。在这一高效运行的风险预警体系下,客户任一异常的行为都会被及时地识别出来,并将作为风险预警信号实时传递给客户经理,客户经理将会根据该预警信号的严重程度采取相应的处置措施,及时对客户的异常情况进行排查。

3. 逾期管理

商业银行是经营风险的企业,因而客户逾期的发生难以避免。因客户逾期所造成的坏账损失是商业银行主要运营成本的一部分;而因客户逾期所收取的逾期利息和相关费用又形成了商业银行的收入。正因如此,对逾期客户进行管理是商业银行风险管理的重要组成部分。

1) 客户逾期的发生

客户逾期的主要原因可分为:还款意愿差和还款能力不足两个方面。其中还款能力不足是客户发生逾期最为主要的原因,通常可以分为以下三种情况。①客户出现临时性的资金周转困难。如果该类客户的还款意愿良好,则其逾期的时间不会太长,银行所面临的坏账风险相对较小。②经济状况恶化导致的还款能力不足。该类客户的坏账风险相对较高。③贷款金额超过其自身的承受能力。该类客户也同样具有较高的坏账风险。商业银行利用大数据技术能够从多种渠道获取客户的相关信息,从而能够在事前对存在逾期风险的客户进行有效识别。

2) 客户逾期的处置

对逾期客户的管理主要包括四个方面,分别是不良资产处置、逾期催收管理、失联客户管理和逾期信息管理。其中不良资产处置和逾期催收管理是最主要的两项任务。不良资产处置是指通过不良资产核销、不良资产打包出售等方式,对逾期客户所形成的呆账、坏账进行处理,以优化银行资产结构的过程。其中不良资产核销是商业银行处置其不良资产最常见的方式。逾期催收管理是指商业银行通过采取不同的方式催促客户以实现欠款追回,同时对风险状况不断恶化的客户采取相应的措施,以防范风险敞口的进一步扩大,降低商业银行可能遭受的损失。常见的催收方式包括短信催收、电话催收、实地催收、司法催收等。其中,司法催收的强度最高,所需运营成本也最高;短信催收的强度最低,所需运营成本也最低。

此外,逾期客户的管理还有失联客户管理和逾期信息管理。客户失联是逾期客户管理中最常见的问题。在当前的新兴金融模式下,商业银行利用大数据技术,可以对客户的海量数据进行收集和传递,精准地刻画出客户的个人特征、行为方式和社交网络,进而使其进行真实性核查和风险评估的能力得到大幅提高。在逾期失联客户的管理方面，大数据的作用主要体现为以下两点：①可以帮助商业银行提前对失联客户进行识别，并在客户失联之前对客户的联系信息进行及时更新；②可以帮助商业银行利用互联网中所积累的大量关联信息对失联客户的信息进行有效修复。最后是逾期信息管理。逾期信息是客户风险预测的数据来源，对逾期数据进行管理有助于商业银行对客户的风险和收益情况作出准确的评价，确定其在客户引入和客户管理方面的具体方向。在逾期管理阶段通过跟踪监测，可以及时地发现客户、流程、授信决策等方面的问题，并且通过对逾期客户管理过程进行检测，可以提高商业银行的运营效率。

4. 反洗钱

反洗钱是政府动用立法、司法力量，调动有关的组织和商业机构对可能的洗钱活动予以识别，对有关款项予以处置，对相关机构和人士予以惩罚，从而达到阻止犯罪活动目的的一项系统工程。洗钱行为会给社会造成诸多不良影响和危害。①洗钱行为会掩盖非法所得、促成资本外逃，进而使贪腐资金转移境外，导致社会财富外流；②不法分子会利用洗钱行为为违法犯罪集团提供资金，因而洗钱行为会助长违法犯罪、破坏社会的和谐稳定；③洗钱行为会动摇社会信用，危害国家金融安全。因此，反洗钱工作在稳定市场经济秩序、阻止非法资金外流、维护社会稳定中发挥着重要作用。

当前大多数商业银行都是采用 Oracle、MySQL 等传统的关系型数据库作为数据处理的主要工具，然而随着信息数据的增长和数据分析的需求的转变，传统数据库遭遇诸多瓶颈。例如，数据量增长过快，导致运算效率下降；数据抽取处理的代价过高，无法在统一的系统下处理；无法处理多种类型的数据；不具备进行搜索或关联分析以发现隐藏关系的能力；不具备数据挖掘等高级分析的能力，等等。大数据相关技术的发展为商业银行快速精准分析数据提供了解决方向。

商业银行是反洗钱职责的主要承担者。在全球经济一体化和信息化不断加快的背景下，洗钱犯罪的特征也呈现出隐蔽、快速的新特点。在大数据时代，随着大数据技术的日趋成熟和完善，商业银行也开始将大数据技术应用到防范和控制洗钱活动、提升反洗钱工作的效率中来，通过构建统一的反洗钱工作系统，对商业银行所拥有的内部海量数据进行充分整合和深入挖掘，进而使反洗钱工作的时效性和准确性得到提高。

5. 反欺诈

反欺诈是商业银行信贷风险管理领域的古老议题，也是大数据技术最能发挥作用的领域之一。无论是在传统的公司信贷、贸易融资、个人信贷、信用卡等传统信贷业务领域，还是在电子商业银行、商业银行电商平台、自助设备、POS 等新兴信贷业务领域，大数据均能发挥作用。

信贷业务领域的反欺诈主要集中在申请反欺诈和行为反欺诈。申请反欺诈主要包括客户真实身份识别（欺诈者以他人名义申请获得和使用信用卡）和申请资料填写不实（故意提供不实的申请信息，以获得信用卡或得到较高信用额度）。申请反欺诈领域可以采用大数据技术，通过对提取的多个信息来源的客户数据进行交叉比对分析，判定客户信息的真实性。例如，采用中文模糊匹配技术，比对申请人填写的家庭地址、单位地址、公司名称、手机号码等中文信息与其历史信息的一致性，以及与外部征信数据的一致性，形成信息相似度概率或得分，结合判定规则判定其是否存在申请欺诈；也可以将客户手机号码、地址与历史申请数据库比对,分析是否存在重复申请、团体欺诈和中介申请等;还可以查询申请贷款的企业主或个人是否在商业银行欺诈黑名单中;以及通过与外部信息渠道合作,判断企业主个人是否和商业银行现存欺诈黑名单存在密切关系(如亲属关系、频繁通信等),通过计算得出其与现存欺诈黑名单的关联度指数,并加以应用。

行为反欺诈是在客户经过商业银行审批准入以后,商业银行需要在客户交易过程前、中、后识别欺诈行为的过程。例如,根据客户常用登录地址、用户登录使用的设备、地理位置及交易金额(交易金额是否较高)、交易商户(是否经常同一个交易商户),交易频率(是否集中时段频繁交易)、交易商品(是否贵重商品)等信息,再和客户行为历史数据比较,识别是否存在账户盗用,识别行为风险的高低。针对部分通过互联网渠道完成的交易,可以分析是否为同一 IP 地址、设备 IMEI 序列号、设备 MAC 地址、Cookie 等信息分析,以判定是否存在虚假交易。

在传统公司信贷业务反欺诈中,大数据技术手段也能发挥作用。例如,对假财务报表的分析,可以在信贷业务流程中内置财务信息反欺诈模块,通过将客户经理提交的财务信息与财务报表内部模块勾稽关系比对,以及同行业、供应链上下游企业的财务信息交叉比对等,设定财务报表反欺诈触发规则。在个人信贷和公司信贷业务流程系统中,可以内嵌对企业负责人和历史企业/个人黑名单数据库比对模块,及时发现企业负责人是否存在信贷违约和反欺诈行为。将企业法人信息和上下游企业法人代表信息比对,发现是否存在关联交易欺诈等。此外,大数据技术也可应用于识别欺诈交易。商业银行可以利用持卡人基本信息、卡基本信息、交易历史、客户历史行为模式、正在发生行为模式等,结合智能规则引擎进行实时的交易反欺诈分析。例如,IBM 金融犯罪管理解决方案帮助商业银行利用大数据有效地预防与管理金融犯罪;摩根大通商业银行利用大数据技术追踪盗取客户账号或侵入自动柜员机(ATM)系统的罪犯。

三、大数据在风险控制环节的其他应用

(一)信用分配

通过大数据分析,提供个人信用评级服务。通过电商支付平台,例如支付宝等,累积的大量交易支付数据作为最基础的材料。而其他数据,例如银行流水账、水电缴纳历史等,作为辅助材料,数据汇总后,利用模型进行信用评级。

大数据在信用分配中最重要的贡献在于征信系统。数据的存储、管理和维护是数据处理首先要考虑的,这些问题可以由数据库技术来解决,但数据库技术不是征信公司特有的核心技术。征信公司的核心技术有两个:①个人信用数据的配对技术,即识别某人的信用数据,集中到一起形成整体;②个人特征变量生成技术,即把有关某人的大量原始数据进行加工后形成几个中间变量,最终形成"特征变量",以供商业运作及商业数据模型开发,使得该人的风险特征和价值特征等变量可以被准确、完整地描绘出来。

(二)风险评估

我们以中小企业贷款的风险评估为例进行说明。银行可以利用企业的生产、流通、销售、财务等相关信息,结合大数据挖掘技术,进行贷款风险分析,量化企业的信用额度,更有效地开展中小企业贷款业务。

（三）实施授权

金融企业可以将信用评级等授权给专业的大数据公司，利用第三方的数据对客户进行评级，从而实现有效的风险控制。例如，在线金融搜索服务融360推出了"天机"大数据风控系统，这是一组根据身份认证、还款意愿和还款能力三大维度，为申请贷款的用户进行信用评分，依据分值来决定是否放款的模型。目前，已有20多家小贷公司和P2P平台在使用这个系统，一些银行也在与融360洽谈，希望可以授权给"天机"，由其进行信用评级和放贷。

（四）风险干预

在传统的非大数据时代，一些金融企业一旦感受到风险增加的压力，往往为弥补损失而不得不提高金融产品的价格，采取提高贷款利率等行为。然而，在金融业竞争日益加剧的现在，被动地接受风险已经显得不合时宜。这样做，不仅增加了客户的经济负担，而且由于金融产品的价格高于行业内的平均水平而导致市场竞争力的下降，影响企业经营效益。此外，因拒绝加收费用，金融公司和客户之间的冲突时有发生，很多客户在不明真相的情况下，利用社交网络散布不利消息。因此，借助大数据技术，我们可以采取有效的风险干预措施。例如，依据交易和客户信息，为客户设计并推荐合理的消费方式。

【思考练习】

1. 商业银行可以通过哪几种方式进行客户细分？
2. 大数据如何帮助商业银行进行客户流失预判？
3. 请简述大数据在商业银行营销模式中的应用。
4. 传统的贷款风险评估面临哪些挑战？
5. 请简述传统风险控制与大数据风险控制的差别。
6. 请简述大数据如何帮助商业银行优化其运营模式。

【学习园地】

数字经济是继农业经济、工业经济之后的主要经济形态。近年来，互联网、大数据、云计算、人工智能、区块链等技术加速创新，日益融入经济社会发展各领域全过程。银行业通过加大金融科技投入推进数字化转型，对于更好地服务实体经济、推动数字经济有效发展具有重要意义。近年来，人民银行等部门先后制定出台《金融科技发展规划（2022—2025年）》《关于银行业保险业数字化转型的指导意见》等政策措施，对银行业数字化转型予以引导支持。随着数字技术越来越成熟、消费者认可度不断提升，加快金融科技发展、深化数字化转型，已成为当前银行业发展的一道"必答题"。

数字化转型以科技发展为支撑，银行业要持续加强科技赋能。随着金融业转型发展步伐加快，银行业自身对信息技术、数字技术依赖程度越来越高，掌握数字经济时代发展的主动权，银行要把科技创新摆在自身发展的重要位置，持续为数字化转型提供技术和人才支撑。2022年，多家银行金融科技资金投入增速远超营业收入或利润增速。从拼数量到拼质量，银行业的高质量发展中，科技创新已成为关键因素，需要各家银行充分认识金融科技发展重要意义，持续强化科技赋能，推动银行业加快数字化转型进程。

数字化正在深刻改变世界。数字化转型既是发展大趋势,也是制胜新赛道。银行业拥抱数字经济时代,既要"抢抓先机",更要"行稳致远",在持续探索优化金融服务模式的同时,不断提升风险和数据安全管理水平,在时代潮流中踏浪涛头、赢得未来。

资料来源:东方财富网.根据《"十四五"数字经济发展规划》,数字经济是继农业经济、工业经济之后的主要经济[EB/OL].[2022-03-28].https://caifuhao.eastmoney.com/news/20220328151942927323890.

第五章

大数据在证券业中的应用

【学习目标】································■

- 掌握大数据技术在股价预测中的具体应用。
- 熟悉如何用大数据技术进行证券客户关系管理。
- 了解大数据技术在投资情绪分析中的应用。
- 掌握大数据技术在证券量化投资方面的应用。

【素质目标】································■

　通过本章内容的学习,学生能够运用大数据技术在证券业进行分析和解决问题的能力,提高社会实践能力。证券公司涉及的行业属于高风险行业,因而这类公司必须严格地在法律规定的范围内开展业务。从目前来看,大数据的应用在证券业相关经营业务中深度应用大数据技术、挖掘大数据价值早已得到行业认同。

第一节　证券业务概述

一、证券业务

证券公司是指依照《中华人民共和国公司法》和《中华人民共和国证券法》(以下简称《证券法》)的规定设立,并经国务院证券监督管理机构审查批准,专门从事证券业务,具有独立法人地位的有限责任公司或者股份有限公司。证券公司分为证券登记公司和证券经营公司。

证券登记公司是证券集中登记过户的服务机构。它是证券交易不可缺少的部分,并兼有行政管理性质。

证券经营公司具有证券交易所的会员资格,可以承销发行、自营买卖或自营兼代理买卖证券。普通投资人的证券投资都要通过证券经营公司来进行。

证券经营公司按业务功能主要分以下三种类型,许多证券公司兼营这三种业务。

(1)证券经纪商。证券经纪商是代理买卖证券的证券机构,接受投资人委托代为买卖证券,并收取一定手续费或佣金。

(2)证券自营商。证券自营商除了拥有证券经纪公司的权限,还可以自行买卖证券,包括直接进入交易所为自己买卖股票。

（3）证券承销商。证券承销商是以包销或代销形式帮助发行人发售证券的机构。

此外，一些经过认证的创新型证券公司还具有创设权证的业务权限。

总之，证券公司的一般业务范围包括：①证券经纪；②证券投资咨询；③与证券交易、证券投资活动有关的财务顾问；④证券承销与保荐；⑤证券自营；⑥证券资产管理；⑦其他证券业务。

二、证券行业的大数据应用

中国资本市场经过 30 年的发展，已具备了相当的规模体量，基本形成了较完备的多层次资本市场体系。近年来，金融科技的快速发展为资本市场注入了新的活力，大数据、人工智能等技术与金融行业的深度融合，推动了产品形态、盈利模式不断创新。跨行业、跨市场、跨地域的金融服务日益丰富，借助新兴技术的力量，市场中出现了智能投顾、智能交易等应用，这些应用为市场提供了更高效、全面、智能化的业务服务，提升了证券行业机构的经营管理能力，推动了资本市场的快速发展。

证券公司、期货公司及投资基金公司只是证券期货行业的分支实体，在探讨大数据应用时，不应该要求所有的实体公司都建立自己完整独立的大数据应用平台，而是要自顶层开始，从证监会、交易所到实体公司整体考虑，建立统一的监管平台、整体的服务架构、公共服务云，各公司或职能实体在共享通用平台或架构的基础上，建立自己特有的专属业务平台与服务应用。

第二节　证券业大数据监管

监管要有统一的平台，但也要区分监管交易对象或市场的相关性及其特点，可以分别建立相应的监管平台，也可以统一建设但监管业务独立运行。

一、证券监管系统

证券行业同普通民众与社会实体密切相关，极易产生风险传导。目前国内各大交易所上市交易的主要品种或称市场的有股票/基金、商品期货、金融期货三大类。

证券市场本身的价格波动风险本来应属于参与者自身可承受或必须承受的风险，但证券市场最容易由于过度上涨产生泡沫。人为操纵与蛊惑、群体行为、抑制性投资工具缺位、指数化无差别投资工具泛滥、政府货币政策过度刺激等因素都可能导致非理性上涨。证券市场没有非理性上涨，就不会有崩盘式的下跌风险。

纵观国内外金融市场的历次危机事件，究其根源，都能发现在该领域进行深度市场监管的重要性。要保证证券市场健康有效运行，在避免无益创新、建立完善有效的金融工具的基础上，完成证券市场监管最重要的两点就是防范发生系统性风险和防范市场操纵。金融市场连通着所有行业领域，防范风险是为了降低系统性风险对金融及其他行业与实体经济的冲击，避免市场崩盘和相关行业与实体经济遭受不可挽回的重创。防范操纵是为了维护市场公平,也是为了防止操纵对相关行业的破坏。

二、行业监管要求

信息科技飞速发展对资本市场的监管工作提出了新的课题和挑战。监管部门既要促进金融行业创新发展,又要守住不发生系统性金融风险的底线,因此需要利用科技手段及时发现潜在风险,提高监管效能,维护市场稳定。应用监管科技需要更多数据进行支撑,包括传统的交易、披露、监管等内部数据,也包括工商、司法、税务、舆情等外部数据,并需要具备在海量规模数据下进行快速的历史数据分析、实时数据流处理,以及利用人工智能算法深入挖掘数据价值的能力。因此,监管大数据平台的建设变得尤为重要。

证券行业监管工作涉及中国证券监督管理委员会(简称证监会)机关、派出机构和会管单位等,机构数量较多,机构之间的业务关联性强,数据尚未完全在同一个数据模型上进行整合,并且存在数据敏感性强、时效性高的特点及数据共享技术标准仍不完善等问题。海量、多源异构的数据及监管数据的特殊性对数据的管理、存储和应用提出了新的要求。

因此,证券行业监管科技的应用需要进一步建立符合数据科学和行业特点的大数据治理体系,以提供全面的数据治理保障,从而充分发挥数据的资产价值。

三、证监会大数据平台

证监会大数据工程建设旨在构建覆盖宏观监管与业务监管的智能化监管平台,整合证券期货行业的监管信息与数据资源,充分发挥科技在证券期货行业监管工作中的作用,有效提升资本市场的监管效能,防范系统性金融风险,促进市场主体健康有序发展,切实保护投资者的合法权益,为监管工作提供更全面、科学、客观的决策支持。

大数据工程建设内容主要包括:构建逻辑上融合的监管大数据平台,设立多个灵活、智能的数据分析中心,提供多项标准、多样化的专业分析服务,形成与中央监管信息平台的有效联动。证监会大数据工程总体架构如图 5-1 所示。中央监管信息平台是证监会监管工作的信息化支撑平台,整合了证监会各个方面的监管应用系统,通过数据共享和流程互通,提高了监管的有效性和针对性。

四、监管大数据平台

证监会大数据工程的核心任务是建设一个运转高效的监管大数据平台。平台承载交易数据、披露数据、监管数据和外部的各类数据资源,在逻辑上集成统一,为上层的各类数据分析和应用提供基础性的数据支撑。

(一)监管大数据平台构成

监管大数据平台可分为基础设施层、基础平台层、数据服务层和应用支撑层。基础设施层利用虚拟化或容器技术,实现对计算资源、内存资源、存储资源、网络资源等的统一管理,在逻辑上构建证监会专有云平台,为上层提供硬件资源保障。

基础平台层利用分布式架构实现对海量数据的采集、存储、计算和管理,为数据服务层

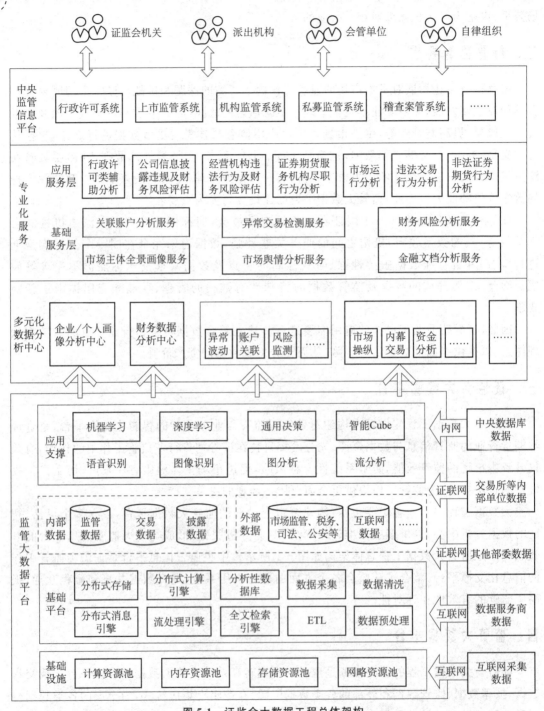

图 5-1　证监会大数据工程总体架构

提供分布式存储管理服务。

　　数据服务层通过采集各类内部、外部数据资源,提供全面的数据服务。

　　应用支撑层提供深度学习、图分析等通用的算法和模型及语音识别、图像识别等工具,对数据进行加工处理,供上层分析中心使用。

　　平台内部各层之间相互关联,互为基础和条件,共同构成逻辑上融合的监管大数据平台。

（二）多元化数据分析中心

基于监管大数据平台提供的全量数据,根据监管场景不同,证监会大数据工程设立了多个智能分析和处理中心,为监管工作提供专业化服务,例如企业/个人画像分析中心、财务数据分析中心、市场运行分析中心等。数据分析中心按监管领域划分,每个数据分析中心均可以依据职责申请使用大数据平台中的海量数据,提供一种或多种分析服务,多个数据分析中心也可对某一监管场景提供有针对性的多元化服务。

（三）专业化监管服务

由于监管科技贯穿于监管工作的事前、事中、事后整个链条,在专业服务建设过程中,要统筹考虑底层通用功能与应用层定制化功能,构建双层数据分析服务架构,高效有序地实现监管的科技化和智能化。双层数据分析服务架构包括基础服务层和应用服务层。

基础服务层由独立的基本数据分析服务构成,每个基础数据分析服务提供单一的基本公共数据分析服务。基础服务层具体包括关联账户分析服务、异常交易检测服务、财务风险分析服务、市场主体全景画像服务、市场舆情分析服务、金融文档分析服务六大基础分析服务。

应用服务层面向业务部门,被划分为多个应用分析场景,提供业务条线的定制化大数据分析服务,每个应用服务可能依赖一个或多个基础服务。应用服务层主要包括行政许可类辅助分析服务、公司信息披露违规及财务风险分析服务、市场涨跌动力分析服务、非法证券期货行为分析服务等重要业务分析方向,同时在这些业务方向之下分别细化出多个应用分析场景,解决监管科技化、智能化问题。

各分析中心将基于大数据平台分析得出的结果以功能模块或数据服务的形式提供给上级监管信息平台中的应用系统,在应用系统中进行展示及后续处理,为监管工作所用,从而有效提升资本市场的监管效能,辅助监管决策。

第三节　证券业大数据服务

在证券投资领域,每个参与者每天甚至每时每刻都要作出一定的决策。随着投资标的物品种数量快速增加、信息技术飞速发展,单靠个人的智能已经很难圆满地完成决策了。

人工智能技术最主要的应用领域是辅助决策。随着大数据、云计算、移动互联这些技术的发展,建立在其基础上的人工智能辅助决策系统越来越完备。在证券期货行业的客户服务中,将目前的投资顾问业务打造成人工智能投顾系统,不仅能给客户提供更高级全面的资产管理服务,也能适当减轻相关行业的从业人员负担,使其在新的业务模式下提升技术水平,这是未来一个时期证券领域服务的主要发展方向。

一、客户关系管理

客户关系管理(customer relationship management,CRM)是一个获取、保持和增加可获

利客户的方法与过程,CRM通过提高客户的忠诚度而最终提高企业利润率。同其他行业一样,客户关系管理主要通过构建客户满意度模型来改善客户关系,并通过流失客户预测建模来避免或减少客户流失。

客户关系管理的首要任务是对客户进行细分,在客户细分的基础上对不同的客户提供不同的服务,以提高CRM的效果。由于证券期货行业不断开发新的集合理财产品与服务,因此需要使用高级的数据挖掘技术对客户进行更详细的分类,以发现和挖掘客户的潜在需求。目前进行客户细分常使用DFM模型,包括数据(data)、功能(function)和方法(method)三部分。

实际上,在证券期货行业的客户关系管理中,有些服务内容是确定的。例如,很多客户只是使用证券期货公司的基本服务,主要考虑的是成本,决策都是自己完成的。其他客户则希望得到建议或可以接受建议,期望证券公司工作人员或辅助系统能够帮助他们作出更明智的决策,并提高投资水平。当然,部分客户的期望值可能过高,因此,客户关系管理也需要有效地降低客户的期望值。此外,广义的投资者教育或者有效的投资者引导也是客户关系管理的重要内容。

在客户看来,客户关系管理不能形成一种算计客户的形象,而应该以有效地做好服务为根本。证券公司通过实施客户关系管理,提供快速、周到的优质服务,可以吸引和保持更多客户,从而提高核心竞争力。要做好客户关系管理,证券公司应当利用大数据技术对客户的信息进行深入分析,做好客户细分,为不同的客户提供个性化服务。同时也要对流失客户进行科学的分析和预测,使证券公司能够尽早提出相应措施,避免客户流失或者使客户流失最小化。

二、智能化资产配置管理

随着大数据与人工智能技术的发展,充分考虑客户风格、资产与投资偏好的千人千面智能投顾将有望成为现实。大数据在资产配置管理中的一个重要应用就是智能投顾系统。

智能投顾指的是机器人投顾,它基于客户的风险偏好和理财需求,通过算法为客户完成理财顾问服务。智能投顾改变了传统理财顾问的销售模式。它利用互联网大数据,对客户行为、市场、产品等进行详细分析,可以为客户推荐多元化的投资组合,既避免客户与理财顾问之间可能的利益冲突,也能减少客户的投资理财成本支出,具有低成本、高效精确匹配、资产类别丰富、动态再平衡等优点。

作为智能投顾系统,除大数据、云计算、人工智能等基础技术的建设与支持外,需要解决以下四方面的业务支持问题。

(一)可投资资产选择

在法律法规允许的范围内,丰富多样的可配置资产是必备前提,越是跨地区、跨领域的丰富多样资产,越能消除系统性风险,并且享受差别化增长带来的超额收益。有了丰富的可选资产,就可以按照客户的风险及偏好,推荐适合客户需求的资产组合,可以由客户自由进行资产组合,也可以由系统依据客户的特征与要求智能地生成资产组合。基于这一点,就可以实现千人千面的智能投顾方案。

（二）智能分析预测

对于任何一个可选资产,如果它不是恒定收益和风险的话,就可以运用多因子分析方法,基于机器学习进行历史数据的学习与建模,并根据模型的智能分析完成收益预期。如果能形成比较可靠的模型,便可利用模型预测收益率,调整马克维茨模型的参数。

（三）资产配置

运用马克维茨投资组合理论进行资产配置时,为了克服马克维茨投资组合理论的缺点,通常需要增加某些资产配置的约束条件,即约束某一品种资产的占比上下限。例如,当同时投资股票和债券时,如果不进行限制,一般情况下大多数的资产会被配置为债券。从某种角度讲,这种强制配置,其实已经是让某些品种不按照马克维茨投资组合理论进行自动组合了。

（四）资产配置再平衡

市场时常会发生改变。一般来说,变化有两种可能场景:一种场景是预期或事实上的收益率发生变化,但大类资产保持不变(权益类和保本类),只要按照组合配置的计算结果调整各个权益类资产比重即可;另一种场景是权益类资产占比上升(市场上涨)或下降(市场下跌)。无论市场发生了事实上的客观变化还是预期/预测的变化,都需要对资产配置进行调整。

智能投顾系统在应用中,需要某种合适的商业模式使智能投顾服务提供方和客户方实现双赢。客户方不能因为所付投顾的高额成本而亏损或几无收益,智能投顾服务提供方也不能因收益太低而无法生存。智能投顾服务必须能够为客户创造较好的收益,但实际上智能投顾系统不像人工专家那样详细分析公司的各种资料,因此很难做到超额收益(除非市场发生大趋势的特殊变化)。

三、投资者行为引导

20 世纪 80 年代对金融市场的大量实证研究,发现了许多现代金融学无法解释的异象。为了解释它们,一些金融学家将认知心理学的研究成果应用于对投资者的行为分析,到了20 世纪 90 年代,这个领域涌现了大量高质量的理论和实证文献,形成了最具活力的行为金融学派。1999 年,克拉克奖得主马修和 2002 年诺贝尔经济学奖得主丹尼尔·卡尼曼和弗农·史密斯为这个领域的基础理论做出了重要贡献。

行为金融学从微观个体行为及产生这种行为的心理等动因来解释、研究和预测金融市场的发展。这一研究视角通过分析金融市场主体在市场行为中的偏差和反常,来寻求不同市场主体在不同环境下的经营理念及决策行为特征,力求建立一种能正确反映市场主体实际决策行为和市场运行状况的描述性模型。

行为金融学虽然试图深挖金融市场运作背后的奥秘,但成形的行为金融学模型还不多,研究的重点还停留在对市场异常和认知偏差的定性描述和历史观察上,以及鉴别可能对金融市场行为有系统影响的行为决策属性上。它的不足是发现了问题,但没有真正解决问题。它发现了人的心理特征是股市变化的决定性原因,也发现了一系列人类共有的具体心理特征,并且把这种具体心理特征对投资成败的影响进行了描写,但是它没有指出投资者应如何克服这些不利于投资的固有的心理特征。

大数据的应用能够部分解决上述问题。基于大数据的统计分析生成的诸多非理性场景产生的事实结果,基于数据挖掘或人工智能技术对投资者行为特征进行识别,以某种投资者乐于接受的模式,开发基于大数据的相关应用,进而引导投资者警醒、丰富知识、认识问题、改良投资行为,使投资者逐渐杜绝所具有的行为金融学发现的缺陷行为,最终回归理性。

具体来讲,基于大数据的投资应用首先需要考虑客户的知识、技能、工具、理念的不足,然后通过典型场景或范例来增强客户的风险意识,只有当客户重复犯错误时,才按照疑似非理性行为给出建议,或进行深入的引导、适当的培训,甚至是适当性的准入限制,使得智能应用更加人性化,不让客户产生不适感觉或排斥心理。同时,应避免过于简单地因为投资者的有限交易行为而给投资者贴上标签。总之,通过大数据、人工智能技术打造出投资者贴心客服智能机器人,会受到投资者的喜爱,而且会应用越来越广泛。

四、个性化智能策略服务

基于策略的自动化交易在特殊场景下会造成市场闪崩,是因为策略不丰富、条件相似、逻辑不严密、风控不到位等因素造成的。实际上,没有过度追涨杀跌的策略也就不会有市场闪崩现象。本质上产生这种过度追涨杀跌行为有两个原因:一是策略逻辑不完备;二是参与者为获利而刻意为之。测试和监管过度追涨杀跌行为可以避免市场闪崩。

假设策略是理性的,也非操控市场的,那么机器交易会克服人的非理性。人在建立策略时总是要比面对交易决策困难、利益得失、心理恐慌时更加理性,哪怕是有些过拟合,也不会选择一个明显不靠谱的策略来使用。因此,当存在真正可信的策略和有效的自动交易支持时,投资者是愿意让机器替代自己做出决策并执行交易的。

通过大数据平台挖掘和验证市场模式,通过标准规范严格定义合理无风险的策略模式(可以通过协议禁止过度追涨杀跌,止损除外),通过云计算监控模式,通过云服务执行策略(遵守协议的风控),并且大数据挖掘和验证模式的客户界面足以简单,客户的知识和认知符合要求、足以应对,那么建立千人千面的智能策略,让大部分投资者回归理性,让市场回归理性的目标就有望实现。

第四节 证券业大数据市场分析与量化投资

无论是针对哪个资本市场,分析方法主要分为两大类,即基本面分析与技术分析。作为资本市场的投资者,他们也并不总是理性的,需要进行情绪分析。为了方便描述,后续关于分析对象的描述文字将使用狭义的证券或股票一词代表分析的对象。

一、基本面分析

(一)基本面分析概述

基本面分析就是通过可获得的诸多因素资料,依据经济学理论和假说,以及分析者的经验,从宏观经济到行业前景,再到具体公司的内外部状况,对整体市场、行业、公司的未来进行分析并进行预测。其中对于具体公司而言,可以认为,预测的结果就是公司股票的内在价值。

一般地讲,基本面分析的结论是不精确的,即使是历史上曾经最权威的专家或机构的分析,也会有过度偏离的场景,其道理不难理解。首先,经济学理论、相关的数学模型,不论繁简都不是精确科学;其次,是否掌握所有真实资料、是否利益相关、专家个体的特殊经验是否经得起未来的事实验证、不断变化的人类认知,都影响着基本面分析的正确程度。

(二)应用于宏观基本面分析的数据与挖掘方法

宏观基本面分析可利用的数据包括 GDP 数据(环比、分产业贡献率)、价格指数 CPI 与 PPI(同比、环比、CPI 主要因素同比环比、PPI 分项、剪刀差、翘尾)、景气指数、企业家信心指数、利率、货币(政策、供应量、存贷款)、汇率与外汇存量、外贸形势、采购经理人指数、消费者信心指数、固定资产投资、证券市场状况(股票、债券、期货、基金)等方面的数据。

对于整体市场未来的预测,除了整体直接使用以上数据,对于其中不属于未来预期类型的数据(信心指数本身就是对未来的预期),还可以使用专业预测机构或专门预测方法先进行预测。宏观分析可使用逻辑回归或人工神经网络等方法,对市场未来的变化(连续值)进行建模类型的分析。

(三)应用于个股基本面分析的数据与挖掘方法

个股基本面分析主要利用的数据包括企业财务报表(选择主要指标成分)、行业分析资料、供应链状况、企业产品市场竞争力、公司文化和管理层素质等方面的数据。要真正做好具体的个股股票估值分析,需要分析的数据资料往往远远多于上述指标。当然,对公司股票进行估值分析,也离不开宏观分析的论证。个股基本面分析可以使用聚类、决策树、人工神经网络、遗传算法、逻辑回归等方法进行建模,建模目标包括估值、选择及投资组合构建等。

对一家公司进行基本面分析,最重要的还是财务分析,因为公司的各项数据都集中体现在三大报表中。然而,部分上市公司在财务报表上会存在一些问题,有的公司采用合理调整的财务手法,也有的公司直接作假。因此,在进行财务报表分析时,需要发现并处理这些异常情况。例如,有些公司为了追求主营业务收入,可能会在财务报表中把产品或服务价格压低,导致毛利率变得非常低,或应收账款急剧增加。有些公司的主营业务是亏损的,但加上营业外收入却有很可观的净利润。还有的公司在年报中不太引人注意的地方加入相关审计公司的附注或审计方面的保留意见等。

二、技 术 分 析

(一)技术分析概述

技术分析是指以市场行为为研究对象,以判断市场趋势并跟随趋势的周期性变化来进行股票及一切金融衍生物交易决策的方法的总和。如果说基本面分析主要是计算某只股票当前的价值,以及对较长远未来的价值进行预测,技术分析则是对其短时间内股票价格及其走势进行预测。

(二)技术分析路径

从理论上讲,几乎所有数据挖掘类方法都可以应用于技术分析,只是分析目标与处理方式有所差异而已。

1. 目标变量

技术分析首先要考虑的问题是确定目标变量,因为它基本上代表了分析的目标,是几乎所有方法应用或分析任务首先必须完成的事情。虽然像聚类方法没有目标变量可以例外,但聚类方法一般不独立使用。

目标变量的第一种选择可以是下一点的某个值(收益率、开盘、最高、最低、收盘等),或者近邻多点(但直觉上,预测下一点可能比预测下下一点更准确)。一般来说,远期预测很难准确。目标变量值的选择有相对值和绝对值之分,原始价格是绝对值,原始价格的收益率是相对值。原始价格的归一化在有的场景被看作绝对值,在另外一些场景被看作相对值。除了少数拟合性计算,大多数分析方法更适合采用相对值。

目标变量的第二种选择是短期未来趋势方向,最简单的形式是二值变量。如果能支持多值(实际表达上 3 态,最多 5 态足够),效果可能会更好。

目标变量的第三种选择是趋势末点的价格(时间不限),这是在确认有趋势之后的预测问题。目标变量的第一种选择最容易实现,第二种若能实现是最理想的。因为要用于交易决策,假设交易不是建立在日内交易和次日预测非常精准的前提下,第一种的下期价格预测实现以后要想办法转换成第二种的方向判断。多数情况下,这需要进行数据比较,但应该和哪个价格比较,需要大量验证才能得出结论。具体来说,下期的预测值不能和下期的实际值进行比较,因为在下期实际发生之前就要做出决策;预测值和当期的实际值进行比较基本是不可行的,因为实际值包含了随机或不可表达的波动,而这正是预测建模要消除的;如果选择和建模拟合的当期值进行比较,是否可行取决于模型函数本身,但如果函数是连续平滑的,拟合后的当期值极少会是极值点,即方向判断看起来都是相对拐点滞后的。最后一个简单的比较选择,是和上期对于当期的预测值进行比较,其效果也需要验证。对于预测值是绝对值还是相对值,要进行不同的处理。

2. 自变量

技术分析其次要考虑的问题是选择自变量。技术分析中的自变量选择具有几乎无限的多样性,主要依赖于对预测问题潜在规律的理解。在设计自变量时,不宜直接使用原始的价格数据或每天的收益率数据作为取值,否则无法表示较长历史区域的信息。自变量取值通常应该选择相对值。此外,参考市场价格运行的一般认知,自变量表达的时间序列历史区域也不宜使用一个固定长度(就整个自变量集合而言),而是长短兼有。自变量既要考虑历史的趋势特性,也要考虑历史的波动特性。

趋势特性可以围绕简单常用的均线建立,例如移动平均价格(均线)的收益率、均线之间的相对关系等都可以考虑。波动特性可考虑与价格相关的振幅、标准差、ATN 及各种类似指标,以及与成交量有关的换手率、量比等,甚至行业指数与市场指数的相关指标、个股或行业或整体市场的少量财务指标,例如市盈率、市净率等,也可以作为波动特性指标。

3. 评价策略

技术分析最后要考虑的问题是建模预测的效果评价策略,一般有三类评价策略。

第一类评价策略是目标变量为预测值时计算准确率,这种计算方法基本是相对于实际值进行比较的。如果预测的是远期值,准确率的结论是确定可信的;如果预测的是下期值,其准确率的结论用于日内交易级别上是基本可信的,但在非日内交易中是基本不可信的。

第二类评价策略是将预测值和预测方向统一转化为方向,计算方法是统计其方向命中率。这种评价结论有较高的可信度。应用其中高命中率的方案,其本质属于量化投资中的单一选时(只考虑单类型进场点)类建模方案。

第三类评价策略是对于生成方向的预测方案,以它们进出场时点进行时间序列全程的收益/风险计算评价。排除过优化和数据验证不充分场景,其结论是确定可信的。

对于第三类评价策略,预测建模方案设计本身要求不仅包括进场和出场两个时点,还考虑对时间序列全程进行建模。表面上看统一进行因变量的两个方向定义及自变量的设计已经解决了这个问题,但实际上出场点和进场点可能不是一回事,即进场做空点并不一定是合适的做多平仓点。或者说,进场点和出场点同质化处理的建模可能是低效的。

三、投资者情绪分析

在实践中,投资者的非理性行为可能会在一定程度上影响金融市场。在理论上,投资者是否理性是传统金融学和行为金融学的分水岭。传统金融理论认为投资者是理性的,其相关分析和理论都基于这一前提和基础,并没有考虑到投资者的情绪因素;而行为金融理论认为投资者是非理性的,投资者易受到情绪、情感等因素的影响,并将投资者情绪作为其两大基本假设之一。

投资者情绪是一个模糊和非数量化的概念。从广义上看,投资者情绪包含诸多能够影响投资者的证券估值和市场预期的因素;从狭义上看,投资者情绪仅研究对投资者的证券估值和市场预期能够产生影响的经济变量和其他因素。对于证券经营机构与相关研究机构来说,对投资者情绪的测量是一个难题。如何对投资者情绪进行量化分析,这对股票市场研究来说至关重要。

(一)投资者情绪的测量

关于投资者情绪指标,根据指标数据的主客观性和数据来源主要可以分为两类:主观测量指标和客观测量指标。近年来,对于投资者情绪的测量出现了新的趋势,学者们针对主观测量指标和客观测量指标的不足,在其基础上加以改良,构造了综合情绪指标作为投资者情绪的代理变量。下面分别加以介绍。

1. 主观投资者情绪指标

主观投资者情绪指标也称为直接指标,是通过调查得到的直接反映投资者对市场行情的看法和判断的指标,一般以投资者看涨、看跌及看平的比率数据来表示,或是用经济信心指数进行替代,直观地表现出投资者对未来市场的悲观或乐观情绪。例如,美国证券市场的友好指数、个人投资者协会指数(AAII 指数)、投资者智慧指数(II 指数)等。由于国内尚无与投资者情绪调查有关的标准化组织,国内一些机构编制的投资者情绪调查指标尚缺乏权威性。在研究中少有学者运用主观指标来度量中国投资者情绪。就目前而言,具有一定影响力和认同度的主观指标主要有央视看盘指数、消费者信心指数、巨潮投资者信心指数及耶鲁—CCER 投资者信心指数。

国外常见的投资者情绪指标如下。

(1) AAII 指数。AAII 指数即美国个人投资者协会指数,它是由美国个人投资者协会自 1987 年调查发布的指数。AAII 指数每周通过随机抽样向其会员发出调查问卷,并于周四记录当周收回的问卷。调查的内容是要求参与者对未来 6 个月的股市进行预测：看涨、看跌或者看平。由于调查主要针对个人，所以该指标一般用以衡量个人投资者情绪，也是国外学术界常用的投资者情绪指标之一。

（2）II指数。II指数即投资者智慧指数，它是由 Chartcraft 公司编制的一个对超过 150 家报纸股评人士情绪的调查数据。它的具体公式为：看多比例与看空比例之差。由于股评的作者大多都是现任的或者是已经退休的金融专业人士，他们具有一定的专业性，因此 II 指数被视作中型投资者的情绪的代表。

（3）友好指数。友好指数是美国哈达迪（HADADY）公司的产品，于每周一在美国证券交易所闭市后公布。该公司统计全国主要报刊、基金公司、投资机构等每周的买进卖出建议，然后通过打分评估它们的乐观程度。

国内常见的投资者情绪指标如下。

（1）央视看盘指数。央视看盘指数由中央电视台财经频道编制，通过向知名的机构投资者和普通个人投资者发放调查问卷，收集其对后市的看法编制而成。问卷中将投资者对市场的预测分成看涨、看平和看跌 3 类，调查分为日调查和周调查两种。

（2）消费者信心指数。主观指标中有一类是使用其他经济信心指数来替代，我国的消费者信心指数也常用于作为投资者情绪的代理变量。消费者信心指数由国家统计局编制，用以衡量社会公众对目前及未来经济的信心程度，在一定程度上能反映投资者情绪。

（3）巨潮投资者信心指数。2003 年，深圳证券信息公司借鉴国外已有的投资者信心指数及国家统计局的消费者信心指数的编制方法，推出了巨潮投资者信心指数，它由一组动态的量化指标构成，刻画了投资者对目前及未来市场的信心状态，各指标数据均由每周一次的问卷调查获得。

2. 客观情绪测量指标

客观情绪测量指标也称间接指标，这类指标主要是采集金融市场上与投资者情绪相关的公开交易数据或通过相关的统计方法来构造相应的情绪指标来衡量投资者情绪的变化。相对于主观指标而言，客观指标在学术研究中应用更为广泛。早在 20 世纪 80 年代，西方学者已开始收集证券市场上与投资者情绪有关的数据，对这些数据进行处理并构造相应的情绪指标，作为投资者情绪的度量。这些指标根据其来源与性质的不同，可以大致分为以下四大类。

（1）市场表现类。市场表现类包括腾落指数、新高新低指数、IPO 相关指标、市场交易量、市场换手率、市场流动性水平。腾落指数是以股票每天上涨或下跌的家数作为观察与计算的对象，以了解股市人气的盛衰，研判大盘的走势。新高新低指标是计算市场上的股票创一年来新高或新低的家数，以此反映市场的强弱程度。IPO 相关指标包括 IPO 发行数量和 IPO 首日溢价。一般认为一段时间内 IPO 发行数量越大，IPO 首日溢价越高，投资者情绪越乐观。市场交易量和市场换手率指标也都是常见的客观投资者情绪测量指标，市场交易量越大，市场换手率越高，市场中的投资者情绪越乐观。市场流动性水平也常出现在国外关于投资者情绪的研究中，作为投资者情绪的代理变量。

（2）交易行为类。交易行为类包括保证金借款比例、短期利率变化比例、卖空比例、零股卖空比例。在交易行为类指标中，美联储每月发布的保证金借款比例常被认为是牛市指示器，保证金借款比例越高，市场中投资者情绪越乐观。短期利率的变化常被看作是熊市指示器。卖空比例是卖空交易额占总的卖出交易额的比重,卖空比例越高,投资者情绪越悲观。零股卖空比例表示不足 100 股的买卖交易占总交易额的比例,零股卖空比例更多地反映的是个人投资者情绪,零股买卖比例越高,投资者情绪越悲观。

(3)衍生变量。衍生变量包括认沽认购比、波动率指数 VIX。认沽认购比表示卖出/买入期权的交易量之比,该比例越高,代表着投资者情绪越悲观,常作为熊市指示器。波动率指数 VIX 又称为"恐慌指数",用以反映 S&P500 指数期货的波动程度。

(4)其他情绪代理。除以上 3 类指标外,还有一些能反映投资者情绪的客观指标,包括封闭基金折价率、共同基金净买入、红利溢价、新增投资者开户数、股票发行/债券发行比例、季节性情绪变化 SAD 等。

证券经营机构和研究机构可以根据上述投资者情绪指标,以 SPSS 统计软件为工具,建立一个关于投资者情绪指标与股票市场价格之间关系的模型,从而为投融资服务客户提供一定的参考。

3. 综合情绪指标

目前国内关于投资者情绪的研究,主要是参考国外投资者情绪指数构建方法,选取类似国外的主客观指标,并结合国内实际情况做适当调整。其中典型的指标包括央视看盘指数、巨潮投资者信心指数、好淡指数、上海投资者信心指数等。

以上各机构编制的指数以主观指标为主,主观指标虽然能够反映受访者填写问卷时的情绪,但不能全面反映投资者在投资过程中的情绪。同时,由于指数维持成本较高,只有在效果良好的情况下才能够长期运作,因此现实中多数指数难以长期存续。

基于客观数据构建指标相对而言维持成本低,也较主观指标更严谨和有说服力。例如,使用主成分分析法,基于多种客观数据编制指数,不仅有较长的历史数据可以利用,也可以使用比较高级的建模工具进行优化建模。

具体使用的客观指标还常常引入股指期货、期权等其他指标,只要相关都可以纳入指标体系。实践证明,通过主成分分析法构建投资者情绪指数,可以对股市进行一定的预测。具体到投资策略上,当投资者情绪上升时,可以超配具有高的正情绪的行业;当投资者情绪下降时,可以超配具有高的负情绪的行业。

4. 行为大数据综合情绪指数

采用数据挖掘和搜索引擎方法可获得客户行为大数据,进而构建综合情绪指数。典型的如百发指数,它是首次采用百度金融搜索和客户行为大数据,通过相应的数据挖掘和分析手段,将涉及特定金融实体的数据进行自动分析、归并、统计和计算,并引入量化投资模型,编制股票市场指数。现行可查的百发 100 指数,全称中证百度百发策略 100 指数,是中证指数公司与百度公司、广发基金管理有限公司合作编制并对外发布的互联网指数,同时发行的指数基金产品,是目前国内真正利用大数据挖掘平台开发的首只互联网金融产品。

5. 文本大数据综合情绪指数

随着深度学习技术发展,对于偏好研究情绪指数的研究者而言,基于文本大数据的投资者情绪指数构建的条件与技术已经比较成熟。

北京大学国家发展研究院 2018 年发布的中国投资者情绪指数(China investors sentiment index,CISI)是这类技术的代表。CISI 是关于中国股票市场的综合情绪指数,是在收集自 2008 年以来网络上能反映投资者情绪的上亿条金融文本大数据的基础上,使用深度学习方法度量文本信息反映的中国投资者情绪。该指数不仅刻画了多年以来投资者的情绪变迁,也能实时追踪当下投资者的情绪变化,反映投资者投资意愿和对市场走势的预期。

中国投资者情绪指数体系分为关注度指数、情绪指数和分歧度指数。除度量总体市场的一级指数之外,还包括按板块、行业和风格分类的二级子指数。

总体而言,相对于基本面/技术面分析,情绪分析本就是瞬息万变不确定的,在投资领域中,不宜夸大其直接投资作用。

(二)基于网络舆情的投资者情绪分析

1. 网络舆情与投资者情绪

投资者情绪除了表现在上述已经被量化的指标上,还会在网络舆情中体现。随着互联网的普及,以微博、论坛、博客等为代表的网络社交媒体广泛流行,网络舆情逐渐成为影响人们情绪、态度行为的重要因素。

网络舆情(network public opinion)是指在互联网上流行的对社会问题不同看法的网络舆论,是社会舆论的一种表现形式,是通过互联网传播的公众对现实生活中某些热点、焦点问题所持的有较强影响力、倾向性的言论和观点。它具有以下几种特征。

(1)直接性。直接性是指网民可以通过微博、论坛和博客随时发表意见,民意表达十分畅通;网络舆论具有无限次即时快速传播的可能性,网民可以转发将信息重新传播,一个爆炸性的新闻信息能在很短的时间被大多数网民获取。

(2)虚拟性。互联网由于是一个虚拟的空间,发言者的身份是隐蔽的,再加上我国对网络舆情的管理和监督不够完善,因此网络舆情的真实性是值得推敲的。有的信息可能是网民片面、错误的认识,有的信息可能是网民宣泄情绪所捏造的,有的信息也可能是出于商业目的甚至是不法目的的杜撰的。因此,网络舆情具有一定的虚拟性。

(3)突发性。网络舆情的形成往往非常迅速,一个新闻热点再加上一个情绪化的观点就可以掀起一大片舆论的波浪。

(4)随意性和多元性。网络舆情不同于传统媒体的一点是网络舆情对个人来说是没有门槛的,所有人都可以通过网络媒体发表意见和评论。网民在网上或隐匿身份或现身说法,谈论国事、交流思想。网络为民众提供交流的空间,也为收集真实的舆情提供了素材。

在金融领域,越来越多的投资者在网络中表达自己的投资情绪,同时投资者的投资决策会受到网络舆情的影响。网络舆情中的投资者情绪对证券经营机构来说具有极高的研究价值。原因如下。

首先,投资者情绪会对股票价格产生系统性影响。当投资者情绪好的时候,投资者倾向于采用简单启发式来辅助决策,并在信息处理中较少采取批评的模式;而在情绪不好的时候,投资者更倾向于采用更加周密的分析活动,但是投资者通常会将自身的情绪归咎于错误的来源而产生错误的判断。投资者的个体情绪变化可以通过网络媒体在群体中蔓延传染,最终会形成具有倾向性的群体情绪,进而对股票市场价格产生影响。

其次,投资者情绪也受到股票市场的影响。投资者决策时其心理因素会随着股票市场的变化而改变。例如,当股票市场上充满着许多不确定性的时候,投资者会规避风险,试图进行理性的投资,然而投资者会发现自己对股票市场的认知能力有限,为了进行更好的投资决策,投资者会借助于媒体信息、专家建议及自身的感觉、经验等。股票市场的不确定性越大,投资者的这种求助感越强烈,人类的认知偏差就越可能出现,从而导致投资者的非理性行为。由此可见,投资者情绪与股票市场价格是相互改变、相互影响的。

2.获取投资者情绪分析的方法

应用网络舆情分析投资者情绪,需要从大量文本信息或非结构化数据中挖掘有价值的资料。通过网络舆情分析投资者情绪的过程如图5-2所示。

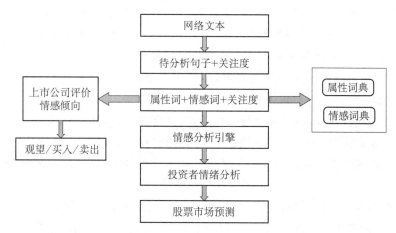

图 5-2　通过网络舆情分析投资者情绪的过程

首先,应用文本挖掘技术,从杂乱无序的网络媒体信息中获取有价值的信息,把非结构化的文本信息转化为结构化文本信息,从文本信息中提取投资者情绪测评指标,结合属性词典和情感词典,应用情感分析引擎,获得投资者情绪分析结果。然后,该分析结果可支撑两方面的应用:一是基于投资者情绪分析结果,以及情绪与股票市场之间走势的关联,对市场行情进行预测;二是基于文本信息中的上市公司属性和投资者情感倾向,预测各类上市公司的股票价格走势,为买入、观望、卖出等决策提供支撑。

对于网络舆情中投资者情绪的分析,主要应用网页抓取技术、特征挖掘技术及情感极性分类技术等。

(1)网页抓取技术。网络爬虫是目前使用最多的文本采集技术。网络爬虫又称为网络蜘蛛,是一个自动抓取网页的计算机程序,作为搜索引擎的重要组成部分来使用,为搜索引擎从互联网下载网页。通用网络爬虫的原理如下:从一个或若干初始网页的 URL 开始,获得初始网页上的 URL 列表,在抓取过程中,不断地从当前页面上抽取新的 URL 放入队列,直到 URL 的队列为空或满足某个爬行终止条件。主题爬虫的工作流程较通用网络爬虫复杂,需要根据一定的网页分析算法过滤与主题无关的链接,保留有用的链接并将其放入等待抓取的 URL 队列中。然后,根据一定的搜索策略从队列中选择下一步抓取的网页 URL,并重复上述过程,直到满足系统设置的某一停止条件。有别于传统网络爬虫的是,主题爬虫主要解决 3 个问题:①对抓取目标的描述或定义;②对网页或数据结构的分析与过滤;③确定对 URL 的搜索策略。这一过程得到的分析结果还将对以后的抓取过程提供反馈和指导。优秀的网络爬虫工具应当具备抓取速度快、抓取准确率高、更新及时、可拓展性强、具有分布式抓取等特点。目前比较流行的抓取工具包括 Heritrk、WebSphinx、MetaSeeke 等。

(2)特征挖掘技术。特征挖掘技术是一种能够从结构化的文本信息中提取出关键属性词的技术。属性词一般由名词和名词短语组成。例如,"贵州茅台(600519)关于部分监事辞职的公告"中"部分监事辞职"就是一个投资者关注的属性词。产品具有多种属性,也称为产品特征。一般情况下,一篇产品评论信息可能涉及产品的多个特征。相应地,上市公司也具有不同属性,在股吧评论信息中涉及上市公司的不同的属性。例如,产品、业绩、利润等。

产品特征可以分为显性特征和隐性特征两类。显性特征是指出现在语句中可以直接作为产品特征的词汇或短语;而隐性特征是指句子中没有明显的特征描述,需要对句子进行语义理解后才能得到的特征。提取隐性特征需要自然语言的完全理解技术,而目前该技术还不够成熟。因此,目前的产品特征挖掘只考虑显性特征。在网络舆情中也只能识别上市公司的显性属性,进而判断投资者对不同显性属性的情感倾向。

特征挖掘技术是技术框架中的重要内容,目前主要有两种技术方法。第一种方法是人工定义,这也是最常用,主要有以下几种模式。

① 先应用文本特征表示,再建立挖掘模型,类似于文本关键词的提取方法。

② 先建立概念模型,再根据评论信息中的语音进行模式匹配。

③ 建立领域知识模型,如在研究中挖掘出抽象属性就是应用了事先建立的领域知识模型。

④ 建立本体模型,这一类研究和概念模型比较接近,就是事先建立了一个关于产品的相关概念及关系的本体。目前在这一领域应用得比较多的英文词网就相当于一个通用的语言本体。

第二种方法是自动提取。该类方法主要通过词性标注、句法分析、文本模式等自然语言处理技术对评论信息进行文本分析,自动发现文本特征,这种方法具有很强的可移植性。从挖掘效果上看,自动提取的结果通常查全率比较理想,但查准率与人工定义仍有一定差距。

(3) 情感极性分类技术。情感极性分类主要是分析主观性文本、句子或者短语的褒义或贬义,即判定它们的极性类别。情感极性分类是有指导的机器自动分类,一般分为训练和分类两个阶段,可以分为以下几个步骤。

① 确定情感分析单元。情感分析单元即情感极性的分类对象,它是由研究目的所决定的。情感分析单元选择是否合适,直接对文本信息的情感分析效果产生较大的影响。情绪单元可以分为词汇短语层、句子层和文档层三个层面。

a. 词汇短语层。它主要研究集中在单个词语或短语的语义倾向性,采用的方法主要包括基于语料挖掘的方法和基于极性词典拓展的方法。

b. 句子层。情感可以由主题、意见持有者、情感描述项和褒贬倾向性四个部分来描述,即意见持有者针对主题表达了具有某种褒贬倾向的情感描述。语句的情感分析重点是在语句文本中自动确定这些元素及它们之间的关系的过程。

c. 文档层。文档层情感分析一般首先计算或判断词汇或词组的褒贬倾向性,再通过篇章中极性词语或词组技术,对其褒贬程度值求和或求均值,并结合句法分析等获得句子或篇章的总体情感极性。

② 文本表示训练文本。文本表示将决定选用什么样的文本特征来表达文本信息。就目前的文本分类系统来看,绝大多数都是以词语或者词语组合作为特征项表达文本信息的。

③ 挑选分类方法并训练分类模型。已有的文本分类方法可以分为统计方法、机器学习方法等。在对待分类样本进行分类前,需要确定分类方法,利用训练文本进行学习训练并获得分类模型。

④ 运用分类模型对测试集进行极性分类,评价所建立的分类模型的分类效果。情感极性分类算法可以分为两类,即基于语义的情感分类方法和基于机器学习的情感分类方法。

a. 基于语义的情感分类是指通过文本信息语义分析的方式建立情感分类器,主要有两种方式。第一种是先从情感单元中抽取带有情感倾向的形容词或者动词,将其称为情感词,以及和这些词具有修辞关系的程度副词或否定副词,然后对这些情感词进行情感倾向计算,并得到它们的情感倾向值,最后对情感词的情感倾向值求和,得到情感分析单元的情感倾向值。第二种是建立一个包含情感字典的情感倾向模式库,然后把情感倾向分析单元按照这个模式进行模式匹配,计算出情感倾向值,最后对这些短语模式的情感倾向值求和,得到该情感分析单元的情感倾向值。

b. 基于机器学习的情感分类,主要算法包括朴素贝叶斯算法、决策树、人工神经网络、K近邻算法等。通过对常用文本分类算法分析比较发现,支持向量机、K近邻算法、朴素贝叶斯是三种较好的文本分类算法,其中支持向量机具有最高的分类精度,但分类速度最慢;朴素贝叶斯算法具有最高的分类速度但是精度最低。

基于语义的情感分类算法和基于机器学习的情感分类算法各有利弊。基于语义的极性分类算法能够更加接近现实的语义特征,但分析效果依赖于对语义模式的正确归纳;基于机器学习的情感分类算法,直接明确提取文本信息情感特征项,但分析效果依赖于语料库或训练文本信息的代表程度。

⑤ 使用获得的分类模型对待分类文本进行分类,并对分类效果进行评价。

文本分类中普遍使用的性能评估指标包括查准率和查全率。查准率反映了一个分类器对于类别的区分能力,查准率越高,表明分类器识别的正确分类数与总分类数差距不大,即识别的错误率较低。查全率反映了一个分类器的泛化能力,查全率越高,说明这个分类器能够把正确的类别识别出来,但并不关心识别出的总个数。

为了判断属性词所在文本信息的情感极性是否符合人工标注的真实极性,可以归结为一个二值分类,评估选择使用二维列联表。判断情感极性的过程中可以通过列联表进行展示,如表 5-1 所示。真正属于该类的极性数即在人工标注中得到的情感极数。衡量查准率与查全率的计算方法如下:

$$查准率 = \frac{A}{A+B}$$

$$查全率 = \frac{A}{A+C}$$

表 5-1 评估情感极性的列联表

分 类 性 能	情感级性句子数	非情感级性句子数
挖掘出来的情感级性句子数	A	B
未挖掘出来的情感级性句子数	C	D

如果算法的查准率高而查全率低,虽然分类效果的可靠性高,但对新的语句进行分类时很多正确的类别不能识别。而如果算法的查全率高查准率低,虽然对新语句的正确识别效果很好,但分类结果中错误的数量可能会比较多。因此,单独使用查准率和查全率中的一个指标来评价分类算法是不全面的,需要综合考虑。

四、量化投资

(一)量化投资的发展历程

随着现代金融经济学理论的发展,证券投资正在从一门艺术转变为一套科学的理论体系。投资经理人更多地依靠严密的经济学理论和结构化的资产配置来投资,而非单凭个人感性认识和市场直觉进行判断。证券投资的方法技术也在不断演变,逐渐由定性投资转向基于大数据的量化投资。在欧美金融市场,随着高频交易、大数据及云计算的发展,量化投资已经跻身主流投资方式的行列。在中国这一新兴市场,量化投资也正引领着金融投资领域的新变革,成为近年来备受瞩目的焦点。

量化投资的理论渊源之一是芝加哥大学教授尤金·法玛(Eugene Fama)提出的"市场有效性理论"。该理论将市场划分为强有效、半强有效、弱有效及无效 4 种类型。在强有效市场中,价格充分反映了所有公司运营的信息,包括公开及未公开的信息。受此影响,任何投资者都不能获取超额利润,投资经理人对投资组合的管理也就失去了价值。这为被动投资方法提供了理论支持。与之相反,在弱有效市场中,价格仅仅反映过去的成交量、成交价、买空卖空金额等信息,任何公司基本面的信息及非公开的信息都能带来超额收益。由于现实中的金融市场并非总能保持有效性,获取超额收益的机会不但存在,而且可以被科学地发现并加以利用。因此,市场的弱有效性或无效性为主动投资方法奠定了理论基础。

在此基础上,主动投资方法又可以分为两种:定性投资方法与定量投资方法。后者即我们常说的量化投资。定性投资方法产生较早,体系也较为完善。以分析公司基本面为核心,该方法通过实地调研公司、采访公司管理层、分析财务报表等途径,结合决策者的主观经验判断,得出对股票价值的评估,并据此获得超额收益。相较而言,量化投资方法起步较晚,并且其发展历程与数理金融的发展密不可分。很多量化投资的理论、方法和技术均来源于数理金融的研究。1952 年,马克维茨建立了均值—方差模型,第一次将数理工具引入了金融研究。1973 年,布莱克和斯科尔斯建立的期权定价模型实现了金融理论的又一大突破。随后,罗斯提出了套利定价理论,为投资实务中的资产定价提供了新的工具。20 世纪 80—90 年代,对倒向随机微分方程及数值计算理论的研究促进了期权定价理论的新发展。与此同时,金融风险管理逐渐被重视。VaR、Risk Metrics 等风险评估模型不断涌现,推动了风险管理方法的革新与进步。20 世纪末至今,遗传算法、决策树、神经网络等非线性科学方法相继问世,并在金融理论及实践中获得了广泛的应用。这些理论与方法的发展夯实了最优投资的基础,并极大地丰富了最优投资的辅助工具和策略组合。

目前,量化投资还没有严格、权威的定义。一般认为,量化投资基于大量与投资相关的历史数据,运用数理统计分析的方法,借助计算机的程序化交易,以选取未来回报可能会超越基准的证券进行投资,获得超额收益。与常用的基本面分析相比,量化投资具有如下显著的优势。

(1)量化投资借助计算机建模及程序化执行指令,可以在复杂的市场环境中挖掘难以人为识别的价格形态和特征,并将其转化为投资策略。这一过程消除了投资者心理因素给投资过程带来的偏差。

(2)对金融机构来说,量化投资使决策过程变得更科学,使管理更有纪律性与系统性。正因如此,国外很多对冲基金公司均将量化投资作为证券投资的重要手段之一,并且取得了出色的投资收益。例如，1989—2007 年，西蒙斯的大奖章基金运用量化模型进行证券投资，取得了高达 35% 的平均年收益率。若加上 44% 的收益提成，其实际年收益率超过 60%。而同期巴菲特的年平均复合收益率仅为 20%。在全球股市剧烈震荡的 2008 年，大奖章基金的年回报率更是超过了 80%。与之类似，Bridgewater、Highbridge、Och-ziff 等对冲基金都利用量化投资的方法获得了高额的投资回报。在国内，由于证券市场的有效性较弱，市场上被错误定价的证券相对较多。因此，量化投资更能大显身手，发挥其客观、公正、理性的优势，发掘短期内的超额收益。

（3）量化投资能够为投资者带来更加丰富的投资渠道与产品，以满足不同投资者的多层次、差异化的投资需求。同时，这也给机构投资者的传统投资理念提供了有力的加强与补充。日新月异的投资理念可以通过量化的方法不断添加到投资决策中，从而提高机构投资者的决策能力。因此，量化投资必将是今后证券投资的重要发展方向。图 5-3 所示为股票量化投资流程。

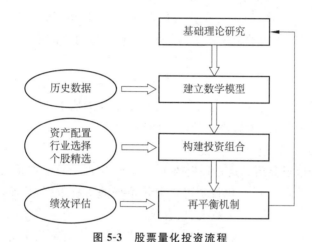

图 5-3　股票量化投资流程

（二）量化投资概述

量化投资（quantitative investment）是指通过对金融市场和产品信息进行量化分析，根据历史交易和相关数据建立模型，由模型作出投资决定，再根据算法自动下单完成交易。与其相对应的一个概念是定性投资（traditional investment），它是指通过研究市场和金融产品信息，参考历史和当前该产品的交易价格，根据主观经验作出投资决定，进行下单交易。

量化投资和定性投资一样，也需要做交易前分析、下单交易和交易后分析三个方面的工作。其中的人工工作包括建立数学模型、挖掘数据模式、开发计算机软件系统、设置各种参数，在量化投资软件系统运行后，还要对系统进行分析评估，然后根据评估结果调整模型或者重新挖掘数据模式，使得系统更加有效。

目前在金融领域出现多种灵活多变的量化投资策略，如量化选股、量化择时、量化套利、算法交易、资产配置等。

1. 量化选股

量化选股是指通过数量分析判断是否应该购入某种股票，具体方法包括公司估值法、趋势法和资金法。①公司估值法是通过分析公司的基本面得出公司股票的理论价格，并通过与市场价格进行比较从而确定投资策略。②趋势法是把市场分为强市、弱势、盘整三种形态,投资者根据不同的形态作出相应的投资决策。③资金法是根据市场主力资金的流动方向进行投资决策。

2. 量化择时

量化择时是指根据数量化的方法,在对经济基本面进行量化分析的基础上,参考历史及当前的市场价格,确定某只股票合适的买入时机。具体方法有趋势择时、市场情绪择时、牛熊线、Hurst 指数等。

3. 量化套利

量化套利是指运用量化分析的方法确定某种标的的最优投资组合,并将一种投资组合看成一种金融产品进行量化研究。主要包括股指期货套利、商品期货套利、统计套利、期权套利等。

4. 算法交易

算法交易又称自动交易、程序交易或者机器交易,它是指通过计算机程序发出交易指令。在交易中,程序可以决定的范围包括交易的时间、交易的价格等。

5. 资产配置

资产配置是指资产类别选择、投资组合中各类资产的适当配置及对这些混合资产进行实时管理。量化投资管理将传统投资组合理论与量化分析技术相结合,极大地丰富了资产配置的内涵,形成了现代资产配置理论的基本框架。

量化投资的优势有以下几点。

(1)大数据量的市场分析。这是投资决策的基础,定性交易靠的是人工调研,所以没有办法分析市场的所有产品。但量化投资可以分析市场的所有数据,从而可以获得更准确的市场信息,使得交易决策更科学、更系统、更有效。

(2)快速交易。量化技术中引人注目的是快速交易,包括算法交易、高频交易。例如,在秒级时间内完成多个金融产品组合的下单交易、一分钟完成几个交易周期等,这些是手工方式根本无法想象的。更多的交易机会意味着更好的概率显著性,从而获得更好的投资收益。

(3)理性交易。由于交易决策是由计算机程序做出的,不受人的主观情绪所左右,所以下单交易表现出良好的理性。这种理性下单的好处是可以克服人性的弱点,例如贪婪、恐惧、侥幸心理,使投资更加理性。

(三)证券量化投资中的主要分析工具

在金融领域中,量化投资的主要分析工具有数据挖掘、人工智能、小波分析、随机过程等。

1. 数据挖掘

数据挖掘是从数据库中获取信息的一个基本方法,其常用的方法有决策树、人工神经网络、关联分析等。模型也可分为聚类模型、关联模型、顺序模型等。数据挖掘常常应用于板块轮动策略中。板块轮动是指板块与板块之间出现轮动,推动大盘逐步上扬。例如,前一段时间金融板块率领大盘上涨,现在是地产板块推动大盘上涨,这就叫作金融板块与地产板块出现了板块轮动效应。由于股票市场经常出现板块轮动、涨跌不一的情况,因此可以利用基于关联规则的板块轮动策略进行投资。

2. 人工智能

人工智能是计算机科学的一个分支,它企图了解智能的实质,并生产出一种新的能以人类智慧相似的方式做出反应的智能机器。人工智能是对人的意识、思维的信息过程的模拟。它包括机器学习、自动推理、人工神经算法、遗传算法等。在金融投资领域中,人工智能主要运用于短线投资。例如,同花顺软件的"智能选股"功能,就是基于人工智能的技术,为投资者推送理论上有投资价值的股票。

3. 小波分析

小波分析其实是应用数学和工程学科中的一个概念,"小波"就是小的波形。所谓"小",是指它具有衰减性;而称为"波",则是指它的波动性,其振幅正负相间的震荡形式。它能根据频率的变化调整分析窗口的大小。由于金融时间序列具有非平稳性、非线性的特点,因此传统的去噪方法效果不好,但小波分析可以克服这些缺陷。

4. 随机过程

随机过程是指选取一定的随机变量,通过观察表面的偶然性来描述必然的内在规律并以概率的形式来描述这些规律。研究随机过程的方法多种多样,主要可以分为两大类:一类是概率方法,其中涉及轨道性质、停时和随机微分方程等;另一类是分析的方法,其中涉及测度论、微分方程、半群理论、函数堆和希尔伯特空间等。研究的主要内容包括多指标随机过程、无穷质点与马尔可夫过程、概率与位势及各种特殊过程的专题讨论等。对股市的大盘进行预测时,经常会用到马尔可夫链。

(四) 大数据在证券量化投资中的应用

大数据技术在证券量化投资中的应用可根据数据结构的不同分为结构化数据的应用与非结构化数据的应用两种应用方式。其中结构化数据的应用最为普遍。

1. 结构化数据的应用

在量化投资中,结构化数据应用主要集中于高频交易应用。高频交易(high frequency trading)是一种交易策略和技术,它是指从那些人们无法利用的极为短暂的市场变化中寻求获利的计算机化交易。例如,某种证券买入价和卖出价差价的微小变化,或者某只股票在不同交易所之间的微小价差。高频交易具有交易量大、交易次数多、持仓日短等特点,因此计算机每秒需要处理大量的结构化数据。此外,由于高频交易具有每笔收益率很低,但是总体收益稳定的特点,因此深受国际大型投资机构的青睐。

一般来说,高频交易可以分为两大类。

(1) 传统的低频交易高速化。包括高频统计套利、高频阿尔法套利、高级趋势追踪等。其中高频阿尔法套利中的配对交易最为典型。配对交易是指从市场中寻找历史股价走势相近的股票作为配对股票,当股票的价格差偏离历史均值时,则卖出其中股价较高的股票,买入股价较低的股票;当二者的价差回归历史均值水平时,分别平仓完成套利交易。另外,设置适当的止损点结束头寸以控制风险。配对交易具有广泛的应用性,除了股票这一标的资产,还可以应用到期货、期权、外汇等。

在配对交易过程中,获取大数据和大数据分析方法至关重要。首先,我们应该从市场中获取海量的交易数据,通过相关性分析方法找到价格相关走势高的证券。其次,根据海量的高频交易数据计算证券间的价格差,形成价格差的概率分布。再次,依据概率分布设定触发条件和终止条件的阈值。例如,当证券价格差超过 X 临界值时开始买入卖出证券,当价格差到 Y 临界值时平仓。最后,根据设定,如果某证券价格差持续扩大到 Z 止损点,可以选择平仓并止损。

（2）高频交易策略是凭借海量数据、高速交易而开发的新策略。这类策略的持仓时间非常短。例如,自动做市商策略利用量化算法优化头寸的报价和执行,其持仓时间只有 1 分钟。市场微观结构交易策略对观测到的报价进行逆向工程解析以获得买卖双方下单流的信息,该策略的持仓时间仅为 10 分钟。事件交易策略通过宏观事件进行短期交易,该策略持仓时间一般不会超过 1 小时。由此可见,高频交易一般不涉及隔夜持仓,因此它避免了隔夜风险。这在流动性紧张、隔夜拆借利率高的情况下更具有吸引力。而且基于计算机的决策算法与执行算法的结合能够有效避免人工决策时的情绪影响,这对提高整体的投资收益极为关键。更重要的是,高频交易策略拓展了投资的深度与广度,不仅充分挖掘了市场的潜在信息,而且拓展了市场范围。只要交易模型设计合理,就能在传统分析师不熟悉的市场上获得稳定的收益。

另外,开发高频交易策略也为投资者带来了巨大的挑战。首先,高频交易不仅数据量异常庞大,而且数据之间的时间间隔也不一致。传统的量化分析的方法完全不适用。其次,高频交易要求极高的准确性,交易信号如果延迟或者提前,投资者很可能在一瞬间由盈利转为亏损。最后,执行的速度是高频交易的核心。提高交易速度是各投资机构一致追求的目标,而更快的速度需要更大的资金投入。

可以看出,高频交易是未来证券投资领域的重要发展方向之一,其稳定的投资收益与科学的决策过程吸引了越来越多的投资者加入。目前,国外顶级投资机构 60% 以上的交易都是通过高频交易完成的,并且这一比例还在不断扩大。在中国,随着金融市场管制进一步宽松,适合进行高频交易的投资品种正逐步增加,高频交易将会得到更多国内机构投资者的青睐。

2. 非结构化数据的应用

目前,非结构化数据在量化投资领域的应用并不普遍,但业界正在进行大量的尝试。非结构化数据能够提供有价值的信息并进而获得超额利润,这推动了更多的公司在这方面加大投入,并取得了一定的成果。

（五）大数据应用的挑战性与局限性

综上所述,大数据确实会给量化投资带来革命性的变化,能够使量化投资变得更科学、更准确。但是,我们也应该看到大数据应用面临的挑战与存在的局限性。概括来说,主要有以下几方面的问题。

1. 非结构化数据不易于使用,开发成本较高

与成熟的结构化数据相比,非结构化数据的使用现在还处在初级阶段,很多技术不成熟,开发该类量化策略的初期投入非常大。而且,与高频交易不同,该方法在后期的系统维护方面还有一笔高额的开支,需要根据非结构化数据范围的改变不断调整策略与系统。目前,巨额的开发成本将很多机构投资者拒之门外。国外能够开发此类策略的也仅仅是几家顶级的大投行,在国内也仅有光大证券等少数几家公司开发出了该类交易系统。

2. 对虚假信息反应过度，导致市场的鲁莽行为

过去，一些利用社交媒体提取情绪信息的原始交易算法无法利用小数据集进行预测，延缓了交易指令下达的速度。因此最近的很多交易算法都致力于利用小数据集进行预测。例如，一旦有自然灾害或恐怖袭击等意外信息发布，就立即抛出订单。这样带来的一个非常严重的问题是，一个数据点出错就会引发"无厘头暴跌"，而能够引发它的灾难性事件未来未必会上演，由此导致市场的鲁莽行为。

3. 大数据的应用急需整体系统的优化与提高

量化投资要想发挥其优势，首先，必须具有一个合理的交易策略。其次，量化交易系统可以分为订单生成系统与订单执行系统。这两部分系统只有同步协调，并辅以同步风险控制，才能保证交易的顺利进行。不久前发生的光大乌龙盘事件，在上述几个方面均存在问题。一方面，光大策投部采用的策略是 ETF 瞬时套利，针对的是 ETF 一、二级市场的价格差异。由于采用类似策略的市场参与者较多，因而交易速度至关重要。但在巨额委托单下，最终的成交价格可能落在套利空间之外。正确的做法是按照估算的成交价格来判断是否存在套利机会，然后决定是否发出交易委托。另一方面，光大策略交易系统的订单生成系统和订单执行系统之间的"消息通信机制"存在逻辑问题。在发往交易所的订单指令没有得到明确的返回消息情况下，订单生成系统持续发出了新订单。由于光大的量化系统速度太快，短期内产生了巨量的订单，从而造成了市场的剧烈波动。

所以，伴随大数据量化投资高收益的是新的风险，任何一个微小的失误都可能带来巨大的损失。因此，在利用大数据进行量化投资时，必须充分考虑其风险性，设计合理的风险控制程序加以规避。

【思考练习】

1. 检索一下历史上大的金融市场系统性风险事件，分析其形成原因。

2. 探索一下证券期货行业关联账户分析的典型方法。

3. 证券期货异常交易有哪些类型？怎么进行检测？

4. 财务风险分析主要有哪些方法？财务风险分析主要关注哪些财务指标？

5. 什么是网络舆情？网络舆情与投资者情绪之间有着什么样的关系？

6. 试介绍国内外常见的投资者情绪指标并说明分析网络舆情中投资者情绪的流程。

7. 什么是量化投资？量化投资都包括哪些策略？

8. 在证券行业中，量化投资是如何实现的？试述量化投资的优势。

【学习园地】

证券投资是一门艺术，具有强烈的个人色彩，没有统一的学术主张。尽管如此，在长期的投资实践过程中，格雷厄姆、巴菲特、芒格等人的价值投资理论被广泛传播，并经受住了市场的检验。因而，学习和研究巴菲特等人的投资思想并和中国的投资实际相结合，应当是大数据视角下证券投资学习的主流和主题。然而，由于当前证券投资学教学内容多、学时短，价值投资理论系统梳理和挖掘并不充分，因此，从常识出发，加强大学生财商教育，树立证券投资"简单却不容易"的观念，以及通过证券投资可以实现财富梦想的目标，任重道远。

第六章

大数据在保险业中的应用

第一节 大数据保险业务概述

一、保险的定义

按照《中华人民共和国保险法》(以下简称《保险法》)第二条的规定,保险是指投保人根据合同约定,向保险人支付保险费,保险人对于合同约定的可能发生的事故因其发生所造成的财产损失承担赔偿保险金责任,或者当被保险人死亡、伤残、疾病或者达到合同约定的年龄、期限等条件时承担给付保险金责任的商业保险行为。

保险既是一种经济制度,也是一种法律关系。从经济制度的角度来说,保险是为了确保经济生活安定,对特定风险事故或特定事件的发生所导致的损失,运用多数单位的集体力量,根据合理的计算,共同建立基金,进行补偿或给付的经济制度。从法律的角度来看,保险是根据法律规定或当事人的双方约定,一方承担支付保险费的义务,换取另一方对其因意外事故或特定事件出现所导致的损失负责经济保障或给付权利的法律关系。

二、大数据保险的概念和特征

(一)大数据保险的概念

大数据保险是指保险公司通过利用大数据技术对风险数据进行分析、处理和挖掘,使风险数据实现有效的价值变现。在此基础上,保险公司通过其治理端和商业端的协同创新,使传统的保险服务方式和资源配置方式得以优化,从而实现保险产品、保险服务和保险业务模式的创新,进而更好地满足其客户需求并提供更为优质的保险服务。

保险的业务特点使其天然就具有大数据的特征,具体表现在以下三个方面。

1. 行业具有经营风险

由于保险业是经营风险的行业,因而其所经营的保险产品在设计时需要对标的的风险进行精准测定。而风险测定要以充分的数据为基础,保险公司自身已掌握海量的数据,需要利用大数据技术对这些海量数据进行分析从而有效地量化风险。

2. 利润来源于风险预测

保险公司的利润来源于其向投保人所收取的保费与相应标的物未来发生的赔付支出之间的差额,因而保险公司需要对相应标的物未来风险发生的概率进行预测。而预测正是大数据的核心功能,与保险经营的关键需求不谋而合。

3. 数据用于经营过程

保险经营的过程包括产品设计、产品营销、承保定价、风险防控、核保理赔等一系列环节。在这些环节的具体运行过程中,大量的相关数据被不断地利用,更多新的可利用数据也在这一过程中不断产生。

(二)大数据保险的特征

大数据保险所具有的特征表现为以下六个方面。

1. 数据驱动

与互联网保险的渠道驱动所不同的是,大数据保险是由数据驱动的。保险数据处理技术的变革和应用是大数据保险发展的关键驱动力。大数据技术不仅可以在保险公司建立风险模型和对产品进行定价的过程中被充分利用,还可以在承保理赔过程中的各环节发挥作用。

2. 问题思维

在运用大数据技术实现数据挖掘和数据价值变现的过程中,大数据技术消除信息不对称、不匹配的能力得以体现。保险公司在业务开展过程中所遇到的难点和痛点,正是应用大数据技术的重点;通过利用大数据技术对数据进行分析和处理,之前的难点和痛点将变为大数据保险的创新点。

3. 融合创新

大数据技术在保险领域中的应用使保险业在与新技术相融合的过程中,推出更多具有创新性的产品和服务,也使保险公司的业务模式得到了创新和优化。

4. 运营提升

通过利用大数据技术,大数据保险的资金摩擦被最小化,资源配置的过程得到充分的优化,进而使其运营效能得到了有效的提升。

5. 活力生态

随着大数据技术与保险行业的深度融合,数字生态系统的建立势在必行。在这一生态系统中不仅有保险公司的参与,还会有其他行业的参与者参与其中。数据在这一生态系统中不断地更新,从而使该生态系统更加具有活力。

6. 服务导向

在传统保险中,虽然众多保险公司早已将针对客户需求的服务导向作为其经营的核心价值观,但碍于时间与空间上的信息不对称,该服务导向在重重制约中被扭曲。大数据保险通过利用大数据技术在交互的价值网络中及时有效地获取信息,实现了信息数据的透明化,进而帮助保险公司提供真正从客户需求出发的保险服务。

第二节　大数据对传统保险业务的影响

一、大数据对传统保险理论的影响

(一)大数据对保险定价机制的影响

保险业是一个经营风险的行业,现实生活环境中不确定性的存在是保险业赖以存在的基础。风险的聚集与分散伴随着财富的聚集与分散成为人类历史的重要部分。在保险业中,它主要处理的是风险的定价问题,尤其是其中的危险。在大数据的概念和方法出现之前,保险业传统的风险定价理论都是依据的"大数法则",即概率论中讨论随机变量序列的算术平均值向常数收敛的定律。

在"大数法则"下,保险产品的定价主要有赖于对于"样本数据"的分析。统计学的诞生极大地降低了人们进行数据分析所需要的样本数量,并在实质上大大减少了进行数据分析,从而优化决策的成本。但是,虽然有着种种优点,这种传统的"样本分析"的方法仍然不能达到预期的效果。由于这种方法依靠部分样本来推断总体,因此出现误差是难以避免的,尤其是其中还存在数据的随机性、独立性问题。随着大数据时代的来临,信息的大爆炸让低成本地获得海量数据成为可能。通过对大数据进行全样本的分析,可以放弃以往使用样本推断全体的方法,而直接对全体数据进行分析。

具体到保险业而言,大数据在保险定价机制方面的影响主要体现在对"大数法则"一定程度上的挑战。就像马云在"众安在线"保险公司成立时所指出的,未来我们的保险产品定价将不是像现在这样依据保险公司的样本数据库,而可能是源自对于整个互联网上数据的分析,比如来自社交网络上的文字、图片或者视频信息。在这种情况下,来自互联网的各种信息就能够在一定程度上实现对于保险公司客户的区分,进而使保险公司在对保险产品定价时实现最终的区别定价的目标。实现完全的歧视定价策略将从根本上改变保险经济学的架构。在完全的歧视定价下,所有投保人将获得公平的保险价格,从而所有理性的投保人将选择进行全额保险,并且由于"柠檬市场"的不存在,逆向选择和保险欺诈也将消失。

当然,上面所说的关于大数据的设想完全是一种理想状态下的情形。在我们现实的环境中,全人类的数据并非完全共享的,而且鉴于人们隐私权的保护需要,当前的大数据将会是一个个大型孤岛数据,基于大数据的对投保人的完全歧视定价是不可能实现的。但是,在某些具体险种方面,例如机动车辆保险,就可以实现一定程度的差别定价。目前,我们的保险公司针对汽车保险的定价主要是依据性别、驾龄、车型和用途等因子,这是一种典型的"样本分析"下通过对因果关系的探求来实现车险定价的路径。在"中国保信"成立后,车险数据平台将实现全国联网。一个具有想象力的方案是在投保人的汽车上安装监控装置以获得投保人的驾驶信息,如果这一方案能够实现,通过对大数据的分析,以及依赖对相关关系的分析,相信很快就会出现更有效率的歧视定价机制。

(二)大数据对保险去中心化的影响

按照法律关系,保险合同的当事人是保险人与投保人(被保险人),传统上我们一般把保险代理人、经纪人和公估人称为保险中介。但是从实质来看,保险人(一般情况下即保险公司)在整个保险活动中是作为投保人和理赔对象之间的中介出现的。风险和报酬的转移的两端是投保人和理赔对象,而保险人是一个居间协调的角色。在一个典型的保险活动中,保险人首先从广大投保人处收取保费,投保人和被保险人借此将风险转移到保险人处,由此风险和资金都集聚到保险人处,保险人则承诺将在投保人发生损失的时候提供理赔。

保险机构存在的意义在于其功能的实现。在传统保险框架内,保险机构主要起着两个作用:一是利用大数法则通过组合实现风险管理;二是通过专业能力降低信息收集成本,尽量消除信息不对称。从保险的发展历史来看,互保等保险形式的存在说明保险公司的优势主要在于第二点,即在信息收集和处理方面。纵观当前仍然存在的一些相互保险的案例,我们基本上得出一个结论,即互保一般只适用于相互熟悉或者同质的投保人。相互保险组织作为一个互助型团体,其成员往往对该团体的风险比较了解,能很好地克服信息不对称问题。但是在其他情形中,为了降低克服信息不对称问题的成本,保险公司,尤其是股份制保险公司,往往会是一个比较好的选择。

随着大数据时代的到来,信息的收集和获取成本极大地降低了。在这样的环境下,相互之间完全不熟悉的互助保险投保人只要获得足够的信息披露,也有可能参与到互助保险中来。这就是保险业中的P2P形式,相互保险公司在这个阶段将成为保险业的主要形式。而且,相互保险公司的主要功能也和以往的相互保险公司不一样,新的相互保险公司的主要任务是进行数据信息的收集和分析,进而为投保人(同时也是保险人)的决策提供支持。相互保险公司在这样的框架下主要起到了平台和服务提供商的作用。

正如前面所述,实现保险的去中心化和P2P模式虽然在实质上更符合保险的本质,但是这种形式要实现还存在非常大的困难。一方面,这对广大投保人的保险素质提出了较高的要求;另一方面,平台的安全性及平台人员的专业技能将受到严重考验。保险的专业性使得P2P的保险受到很多限制。虽然保险的原理很简单,但是具体的各项业务操作却很专业,保险公司的存在自有其必要性,这也是社会分工的意义所在。

(三)大数据对可保风险的影响

根据风险管理的原理,任何一种新技术的出现都会让旧有风险弱化甚至消失,同时也会带来新的风险。新技术的经济界限在于新出现的风险经量化后应不大于旧有风险,这样新技术才会有市场。随着风险管理技术的发展,我们在完成对旧有风险的有效管理之后,新的风险也层出不穷。这些新风险的出现同时也对保险业提出了新的要求。但是,由于受到传统保险理论中对于可保风险的约束,当前仍有许多新的保险需求未能够得到保险公司的承保。

根据传统的保险理论,只有同时具备如下条件的风险才属于可保风险:①损失程度高;②损失发生概率小;③损失具有能确定的概率分布;④存在大量具有同质风险的保险标的;⑤损失必须是由意外引发的;⑥损失是可以确定和测量的;⑦损失不能同时发生。在这样严格的条件限制下,可保风险往往集中在一些传统的风险上。虽然在保险实务中,随着保险公司的资本日渐雄厚,保险新技术不断出现,以及再保险市场的扩大,一些原本不可保的风险已被一些保险公司列在保险责任范围之内,但是总体而言,保险公司提供的保险产品仍然很难满足市场对于风险管理的要求。

之所以确定这么多条件作为可保风险的条件,主要是因为传统保险公司的风险管理能力有限。大数据技术的使用在理论上可以极大地提高保险公司的风险管理能力,尤其是在解决信息不对称方面。在大数据条件下,保险公司可以放宽一些条件,例如损失概率要求有确定分布、存在大量同质且独立的风险等。

二、大数据对保险公司经营的影响

"大数据的时代,最大的改变就是对行为科学的革命。"作为一个以人为本的服务行业的子行业,保险业唯一符合现实的策略就是主动拥抱"大数据"。这种拥抱不是仅仅体现在营销、渠道或者开发定价等具体的运营环节中,更是体现在思维模式、商业模式和业务链条再造的层面上。在一个以信息和数据为核心的行业中,掌握更强的数据收集能力和数据分析能力往往就意味着在竞争中处在了优势地位。

(一)大数据对保险业思维模式的影响

随着科技的发展,我们的社会也逐步步入了智能化时代。从最普遍的移动互联网发展到智能家居、智能可穿戴设备乃至物联网的兴起,我们的时代已经处在一个快速数字化的阶段。在实现了文本、图片和视频的数据化、数量化之后,由于类似智能手机等设备的存在,人类的行为也将变得更加能够量化,不管是身体健康指数还是在某个程序上的停留时长都成为人们数据统计的重点。随着各种智能设备的发展,它们已经在很大程度上成为我们身体的一部分,只要能够将这些数据好好利用,对人类行为的量化和预测就将成为现实。

在低成本地获得了海量数据后,我们更重要的一步是对这些数据进行加工处理,而这就需要我们具备大数据的思维。简而言之,大数据的思维主要指:分析全面的数据而非随机抽样;重视数据的复杂性,弱化精确性;关注数据的相关性,而非因果关系;重视数据的时效性。具体到保险业而言,这就要求保险公司在获得了大量低成本的数据信息之后,及时对信息进行分析,并且在分析过程中更加重视数据之间的相关关系,进而在全样本范围内完成所需要的预测。

(二)大数据对保险业商业模式的影响

在大数据情形下,保险业的商业模式也将发生很大改变。从根本上来说,就是保险公司的角色由一个产品提供商转化成一个服务提供商。在这一过程中,不同的保险公司之间也将发生分化,进行行业内的进一步分工和协作。以下主要从营销与渠道角度说明这一变化。

在我国当前的保险营销体系中,以保险代理人为代表的中介体系贡献了大部分保险业务。此外,目前主要的营销渠道还包括电话销售、银邮和电商等。作为一个新兴的营销渠道,电商渠道虽然发展时间较短,但发展速度却异常迅猛,这也引起了业内人士对于开发电商渠道的浓厚兴趣。

在众多的保险营销渠道中,各营销渠道都有其优缺点。一般来说,保险代理人可以为客户提供更好的保险服务,同时也能在业务过程中获得更多的客户信息,但存在成本高昂及员工离职带来巨大损失的可能。电话销售虽然成本低廉,但存在业务转化率低及业务开展日渐困难的问题。银邮渠道往往在件均保单保额上面有着巨大优势,但是银行的强势却使得这一渠道的利润很大一部分被银行蚕食,同时银行系保险公司的大量成立更加使得其他保险公司难以在这个渠道获得业务突破。电商渠道主要分成两类,一类是保险公司自建电商出售保险产品;另一类是保险公司与第三方电商企业合作,在第三方电商出售保险产品。电商渠道成本低廉而且方便快捷,有着很大的发展空间,但一般认为电商渠道只适合简单透明的保险产品。

在当前的环境下,我们一般认为电商渠道的发展空间是最大的。一方面,电商购物符合年轻一代消费者的消费习惯,只需轻点一下鼠标就可以便捷地实现自身的保险需求;另一方面,与其他电商企业一样,投保人在网站购买保险时可以通过即时通信工具和留言等形式与保险公司进行交流,从而较好地实现保险合同签订过程中保险人对于投保人即被保险人的说明义务。通过电商售卖保险产品的优势是非常明显的,除了成本低廉、可以发挥保险代理人的职能,通过对客户在网页上的聊天记录、点击行为和各个选项停留时间等信息的数据化处理,保险公司还能够对投保客户的行为模式、购买偏好及思维习惯等有进一步的认识。而且相比保险代理人从投保人处得到的反馈,这些最直接的信息往往有着更高的价值,这对于后续产品的开发及针对不同投保人的风险定价都有着重要的意义。

(三)大数据对保险公司经营能力的影响

保险业的经营很大程度上是以信息为核心的,信息资源是保险公司的生命线。在大数据时代,随着技术的发展和信息数据的大爆炸,保险公司的经营能力、风险管理能力都得到了很大的提高。

在汽车保险方面,互联网的出现将使得车险的定价发生巨大变革。以"中国保信"为例,当前其主要的工作就是统筹全国车险信息平台系统,一旦这一信息平台得到建立,我国的车险信息将实现完全的联网,"中国保信"的数据系统将向所有保险公司公开。在车联网建成之后,大数据的理念和方法将被引进到保险公司的车险定价里。面对着海量的数据,保险公司的车险定价将在当前"大数法则"主导下的因果关系主导无差别定价转变成关联关系主导下的差别定价。

基于基因技术的发展,未来寿险的经营和定价也将发生巨大的变化。依赖于海量的基因数据,生物科学和医学的发展使得人类的平均预期寿命大幅提高。在可预见的未来,人类利用基因技术来延年益寿将成为现实。在这种情形下,如果保险公司在寿险的定价中继续使用以往的生命表,将可能发生较大的偏差,从而高估死亡风险并低估生存风险。从理论上来说,随着人类对生命探索的不断深入,总有一天,保险公司可能会依靠医院或者互联网上的大数据,实现基于基因的歧视性定价。当然,这是在伦理上无法为人所接受的了。

在当前我国各个保险险种的发展中,农业保险的发展相对来说还是非常滞后的。出现这样的情况是由于各个方面的原因,农业保险的风险主要在于其损失发生往往是不独立的,容易形成大范围的损失。另外,农业保险往往和天气气候状况紧密相关,传统保险人的技术手段难以对保险标的有足够了解,在即将出险时保险人往往也没办法提前做出预判进而进行风险管理。随着遥感技术的发展,农业保险的发展将迎来一个巨大的机遇。遥感技术是从远距离感知目标反射或自身辐射的电磁波、可见光、红外线对目标进行探测和识别的技术,当前被广泛用于农业、林业及地图测绘等领域。在大数据时代,保险公司通过合作获得遥感技术的相关数据后,经过一系列处理,可以很好地获得关于农作物的信息,关于农作物的实时数据的分析可以很好地防止信息不对称的情形出现,而且有利于保险公司防灾防损措施的推行。

综合上述例子,我们可以看到大数据对于保险公司承保能力、风险管理能力的提高有着巨大的积极作用。在使用大数据分析信息之后,保险公司的经营将更加稳健、高效。

(四)大数据对保险公司产品服务的影响

大数据时代是和互联网时代或者移动互联网时代、社交网络时代一起出现的,在人与人能够通过数据网络进行交互交流的背景下,我们才能获得如此海量的数据。因此,大数据对于保险公司或者保险业的影响很大程度上也是受到互联网时代的影响。

关于互联网思维和互联网商业模式的探讨一直是一个热点话题,在各个传统行业纷纷向"互联网企业"学习时,保险业自然也不甘落后。虽然到现在还没有一个对互联网思维的统一定义,但是注重用户体验、用户至上的观念至少是其中一个重要的部分。保险公司在大数据时代的工作重心放在大数据资料的收集上面,而这正需要保险公司进行自我革命。保险公司应该将自身的定位从原来的产品提供者向服务提供商转变。传统的消费者或者说投保人往往更注重的是产品质量本身,或者更多时候是价格的高低。但是在大数据互联网的时代,客户更重视的是自身个性的张扬和消费的体验。这也就很自然地要求保险公司转变经营思路,在竞争中更加重视服务质量的提升。

(五)大数据对保险业业务链条的具体影响

大数据对保险公司的影响,归根结底,还是要体现到保险公司的业务链条上,否则只是空谈。按照传统的保险业务流程来看,一般的流程是业务人员进行保险需求挖掘、进行产品开发定价,业务人员进行保险营销及对投保人(被保险人)进行核保、承保、服务和最终理赔。而从我国具体的情况看,当前我国保险公司之间的产品竞争非常同质化,所谓的需求挖掘和产品定价等整个业务流程也往往趋于同质化。业务员与精算部门、核保理赔部门的协调性还存在严重不足。运用大数据思维、互联网思维对保险公司业务流程进行改造成为保险公司在新形势下取得竞争优势的必然选择。

对于保险公司而言,依靠大数据改造业务流程除了在思维模式上进行主动改变,人才的配备也是一个基本前提。人才这个因素在很大程度上决定了保险公司经营的成败。大数据的使用要落到实处真正降低成本,一般认为还是源自业务,有业务驱动会更合适。但是,由于大数据下的保险服务和传统的保险业务存在区别,因此在人才的选择上,仅有业务人员和IT技术数据挖掘人才是不够的,还应该有懂得心理学的市场人员和营销人员。只有在各个部门的通力合作之下,大数据的运用才能够真正落到实处,发挥其应有的作用。

就保险业务链条的各个环节来看,由于在大数据下服务贯穿了整个流程的始终,保险业务链条各个环节之间的联系也变得更为紧密,并且业务闭环的趋势逐渐形成。

首先,从需求的挖掘来看。在传统的保险业务实践中,由于业务的同质性,许多保险公司采取了跟随策略,并没有自发去进行保险需求的挖掘。少数自主挖掘客户需求的保险公司,其信息来源也主要依靠业务员或公司的抽样调查结果。这样的信息数据来源存在一定的问题,抽样样本无法代替全部,从而根据这些数据分析出来的需求也可能是失真的。另外,这种需求挖掘也存在成本过高的缺点,降了业务员的佣金支出,抽样调查也是一种高成本、低产出的方式。相比之下，大数据时代的保险需求挖掘有着成本低廉、样本齐全、样本量大等优点。从数据来源上看，以电商销售保险为例，客户在消费了保险产品之后往往会在网站留言点评，而且客户的整个购物过程行为数据也是很有意义的数据，对于探知消费者的需求特点有非常重要的作用。针对全样本的数据分析，虽然可能存在信息密度相对较低的问题，但数据的真实性及预测未来的能力也大幅提高了。

其次，从保险产品的开发定价来说。正如前文已经提到的，在当前的保险公司经营中，精算部门的产品定价很多时候是和业务部门、营销部门的利益相悖的，而且整个定价依据的数据信息基本是一定的"样本数据"。在大数据下，保险定价依据的是互联网上海量的信息，全量数据形成的判断往往相对样本数据分析的结果存在一定的优势。而且大数据下由于公司几乎所有人员都变身成为服务人员，业务人员和精算人员的利益也更加协同，这样精算人员在定价时将减少很多来自工作之外的压力。

最后，再说保险产品的营销和渠道。在传统的渠道发展逐渐到达一个瓶颈期后，保险业的整体形象也已经恶化到一定程度了，如果不进行重大变革，保险业的发展将受到很大限制。大数据时代和移动互联网时代的到来为保险业提供了很好的机遇，只要充分利用这次机会提升保险公司的服务质量，积极拓展新的营销渠道，保险业的发展仍然非常值得期待。随着互联网金融的兴起，成功上线的保险产品越来越多，在线销售的保险产品在保险公司总保费中的占比也越来越大。在大数据下，作为保险公司价值实现的核心环节，保险产品销售仍然在保险公司经营中有着重要的意义。利用大数据对客户的偏好进行分析，结合传播学的相关实践尽可能提高广告的业务转化率，并且在这一过程中加强与客户的互动，以期能够更好地为客户服务，这是保险公司在大数据时代提升自身营销效率的一条一般性路径。

在保险业务中，承保核保阶段是非常重要的环节，这是保险公司控制风险、消除信息不对称的关键。由于保险的特殊性，保险人和投保人（被保险人）之间存在着非常严重的信息不对称的情况。投保人一方往往对保险标的有着更多有关风险的信息，而这些信息对于保险人作出是否承保及收取保费的多少的决策有着重要影响。根据传统的保险经济学的理论，保险人和投保人（被保险人）一方的信息不对称容易使得保险市场变成"柠檬市场"，这就造成了"劣币驱逐良币"的效果，结果道德风险和逆向选择盛行。在现实的保险市场上，保险公司往往需要花费大量人力、物力来解决信息不对称的问题，但是实际效果不一定好。在大数据时代，保险公司可以通过对海量数据的分析来尽可能消除信息不对称，这些数据既包括各个保险公司自身的数据库资源，也包括社交网络、电商企业等互联网上的其他数据资源。虽然这些数据往往存在着有效信息密度低、半衰期短的缺陷，但通过对这些数据的分析，保险公司往往可以将相关信息进行对比验证，从而提高所得到信息的真实程度，进而更好地为自身的承保决策提供佐证。

在传统的保险实务中，理赔往往意味着一项保险业务的终结。然而，在新的保险业务框架下，理赔意味着旧的保险业务的终结及新的保险业务的开始，这也是大数据下保险公司数据信息收集能力提高的结果。在理赔时，保险公司理赔人员的责任将从单纯的核损理赔转变为核损和挖掘客户需求信息两位一体。在当前的某些保险公司的实践中，还出现了网上核赔的情况，即通过互联网取得相关证明文件和照片视频等信息之后，保险公司即可对被保险人进行理赔。这样就可以极大地提高保险公司的理赔效率，进而大幅提升保险公司产品的用户体验，同时还为保险公司节省了一大笔理赔的费用，确实是一种一举多得的核损理赔方式。当然,这种理赔方式目前还只适用于一些较为简单透明的保险产品,毕竟理赔是一项非常需要专业技能的工作,理赔人员在做出具体的理赔决策之前需要获得大量信息,并依靠专业技能和专业经验进行分析。

第三节　大数据在现代保险业中的应用

随着大数据技术与保险行业的逐渐融合,保险公司将实现对大规模、多样化数据的及时获得和快速分析。在可预见的未来,保险产品和服务的性质将会发生根本性的变化,即保险价值将会更多地体现在后端专业化的风险解决方案上,而不再是风险条件触发后的赔付。目前,大数据技术在保险行业中主要应用于保险定价、精准营销和欺诈识别等领域。

一、保险业大数据应用的阶段

结合大数据技术的发展趋势,可以将保险业大数据的应用分为内部循环、外延拓展和全面应用三个阶段。

(一) 内部循环阶段

保险公司利用其在业务经营活动中所产生的大量内部数据,通过利用大数据技术进行深度的挖掘分析,实现以数据指导决策,帮助业务流程有效优化。在此基础上,更多的客户被吸引并带来更多新的可利用数据,从而形成具有正向激励特征的闭环。

(二) 外延拓展阶段

保险公司开始尝试利用内部数据解决其主要产品及服务以外的问题,进而拓展其内部数据的应用领域;或是引入与其主要产品和服务直接或间接相关的外部数据,通过利用大数据技术进行充分的挖掘和分析,更好地解决其在发展中所遇到的问题,并为其提供更多的创新机会。

(三) 全面应用阶段

经过行业相关数据的规模化和规范化发展,在行业数据产业链上分化出数据提供者、数据加工者、数据消费者等专业化组织。在这一阶段中,数据来源愈加丰富化,数据结构愈加多样化,大数据技术的应用也更加具有普及性和专业性,行业技术水平和分析能力也在不断地提高。

二、大数据在保险行业中的作用

随着大数据技术与保险行业的逐渐深度融合,保险公司将实现对大规模、多样化数据的及时获得和快速分析。在可预见的未来,保险产品和服务的性质将会发生根本性的变化,即保险价值将会更多地体现在后端专业化的风险解决方案上,而不再是风险条件触发后的赔付。

(一) 产品和服务的个性化

在传统的保险经营中,保险产品和服务的设计、营销、推广等环节仅关注于具有相似特征的某一客户群体，而不是具体的单一客户。保险公司通过利用自然语言识别、文本挖掘、模糊判断等大数据技术，可以对单一客户在社交平台上留下的海量数据进行挖掘和分析，从而了解该客户的行为习惯、风险偏好和保险态度，进而为其提供个性化的保险服务和精准的风险控制。

（二）风险衡量的精准化

保险公司借助大数据技术，可以实时深入挖掘和分析与单一客户相关的海量数据，从而实现对该客户实时且精细化的风险评估。例如，对于车险客户，保险公司通过对其所获取的客户驾驶行为信息、车辆行驶信息和交管局的违章信息等信息数据进行处理，精准地评估出该客户当日的风险状况，并据此计算出其当天应缴纳的保费。

（三）保险价值链的再创新

大数据技术的应用使保险公司的外部交易成本得到大幅降低，进而帮助保险公司实现资源的有效整合，促使保险价值链实现再创新。

（四）供应商的优化整合

保险公司在其长期的经营过程中积累了大量的客户数据。在借助大数据技术对这些海量客户数据进行整合和分析的基础上，保险公司可以与汽车修配企业、医院、药品生产企业等相关机构开展更加深度的合作，在降低其经营成本的同时为客户提供更加便捷的服务。

（五）保险需求的发现和引导

在当前快速发展的信息时代，人们在依托互联网所建立的社交平台上发布信息、交流观点和表达想法。保险公司借助大数据技术，对这些社交平台上的信息数据进行挖掘和分析，能够及时有效地捕捉人们的关注点和行为偏好，进而找出潜在的新保险需求，设计出有针对性的保险产品和服务，实现对客户保险需求的及时发现和有效引导。

（六）商业机会的有效发掘

保险公司在数据方面具有得天独厚的优势。在当前的大数据时代，保险公司通过利用大数据技术对其所掌握的大量业务数据进行分析、挖掘，可以对其所获得的数据处理结果加以利用，从而发掘出更多的商业机会。例如，保险公司可以建立销售平台，向消费者出售适当的车辆维修保养服务。

（七）企业生态系统的再构建

保险公司在利用大数据技术的过程中，其与外部市场之间的边界日趋模糊，即保险公司开始尝试与其他行业领域进行融合和合作，从而构建起基于大数据的企业生态系统。

（八）行业格局的快速变化

随着互联网与人们生活的日趋紧密，越来越多的互联网公司借助其在大数据利用方面的优势进军保险行业。例如，阿里集团、腾讯、京东等互联网公司均已开通其保险平台。此外，一些从事保险中介服务的机构也建立了线上的"保险超市"专门销售各类保险产品，它们依托大数据技术为其客户提供专业的保险业务咨询和个性化的保险方案定制服务。

三、保险定价

保险定价是保险公司经营过程中的关键环节,对保险产品的销售和公司的最终利润有着重大影响。在大数据应用的背景下,随着保险公司所掌握的数据在数量规模上日趋庞大、在维度上日趋宽广,其保险定价的精确度也日趋提高。这是因为保险公司通过应用大数据技术,能够降低其所面临的逆向选择风险,并实现产品定价的优化和保险费率的个性化制定。

(一)大数据对传统保险定价的影响

1. 丰富风险特征的描述

在传统的保险定价中,精算师可利用的数据仅限于保险行业中的数据,甚至只有保险公司的内部数据。在大数据时代,大数据技术将帮助保险公司获取丰富的风险特征描述,进而助其在保险定价方面实现革命性的创新。

(1)从样本数据到总体数据。保险精算的实现基于大量数据。在传统的保险精算中,假设通过抽样所选取的样本能够充分反映被调查群体的特征,但鉴于技术和操作层面所存在的种种问题,基于样本的判断往往不尽如人意。而在大数据时代,保险公司可以充分地利用依靠大数据技术获取总体数据,从而使保险定价更加准确。

(2)从内部数据到外部数据。一直以来,保险定价所利用的数据大多都是保险行业的内部数据,包括基于承保的风险数据和基于理赔的损失数据。就单独的风险个体来看,这些内部数据根本不足以刻画其个体风险。在大数据环境下,外部数据能够丰富风险刻画的维度,并将在保险定价中发挥重要的作用。

(3)从历史数据到实时数据。在传统的保险定价中所利用的数据大多是历史数据,由于这些历史数据缺乏时效性,在其基础上所进行的保险精算并不能很好地满足预测和定价的需求。而在大数据环境下,保险公司可以实时获取与保险经营相关的数据,从而实现更加精准的风险预测和定价。

(4)从低维数据到高维数据。在传统的保险精算中,数据的维度较低。而在大数据时代,内部数据和外部数据共同使用,大大丰富了数据的维度。数据的数量和质量不再是数据工作关注的焦点,保险精算也把工作重点转移到利用多维度数据精确定价中来。

2. 改变风险定价的模式

传统的保险精算实行的是统一定价原则,很难对客户形成吸引力。在大数据技术的应用下,保险公司过去的样本精算将升级为总体精算,风险定价模式将发生很大的改变。通过应用大数据技术,传统的保险精算中将引入更多的定价因素,保险公司能够根据客户的特定风险来调整承保定价,不仅能够使客户的差异化需求得到满足,还能使保险公司的承保风险得到降低,从而达到客户和保险公司双赢的目的。

(1)增加更多的辅助定价因素。将大数据技术应用于保险定价,能够增加更多的辅助定价因素,进而帮助保险公司实现对特定客户的个性化风险定价。大数据技术在承保定价中的作用目前在车险和健康险中均有所体现。在车险领域,基于使用数据的定价模式已逐渐被保险公司运用在产品创新中。除获得相关的车型数据、二手车数据以外,保险公司还通过与4S店合作获取车辆的保修、保养数据,通过使用车载传感设备收集驾驶员的行驶路线和驾驶习惯数据,进而开发出基于使用的车险计划(usage based insurance,UBI)。

(2)根据客户行为的变化进行调整。保险产品的定价是根据客户行为的变化进行调整的。退货运费险的定价模式调整就是典型的例子。例如,华泰保险于2010年和淘宝合作,针对消费者网上购物所面临的退货风险推出了退货运费险。但该退货运费险在推出后所产生的直接赔付率曾一度高达93%,其基于客户历史退货情况的产品定价系统也被怀疑是错误的。因此,华泰保险对其退货运费险的定价系统进行了调整,将包括商品种类和商户的阶段性销售数据等更多的定价因素纳入其定价系统中,进而综合若干数据模型来预测消费者发生退货行为的概率。从中可以看出,基于大数据技术和全局数据的保险产品定价模式可以帮助保险公司在了解客户特点的基础上,设计出满足客户具体保险需求且具有较低风险概率和较高收益的保险产品,进而使保险公司在产品收益、客户体验、风险管理等方面获得优势。

3. 大数据助力保险费率的市场化改革

目前,保险费率形成机制的市场化改革进程在不断加快,意外险、普通型寿险、万能险和非车险等相关领域的费率市场化定价已相继放开,在未来将有更多保险产品的定价权交给高效的市场。在基于大数法则确定保险产品基准费率的基础上,要运用大数据技术为保险产品的附加费率进行定价;要鼓励保险企业在遵循基准费率的同时,发挥大数据技术在保险产品区域化创新、差异化创新和个性化创新方面的支撑作用,最大限度地处理好保险产品创新与其风险和收益之间的关系。

(二)大数据在车险定价中的应用

车险保费的高低一直是车主最关心的话题。在大数据技术应用以前,不管客户以往驾驶记录如何,车险保费的价格基本一致。而随着大数据技术在保险行业广泛应用,过去由优质车主为高风险车主买单的现象将不再出现,基于车主驾驶行为的保费定价模式也将使传统车险的定价模式被颠覆。

1. 车险费率厘定的基本模式

保险公司在为车险费率进行定价时主要考虑两类风险因素:一类是与机动车辆相关的风险因素,包括品牌、购买价格、使用情况等方面;另一类是与车主相关的风险因素,包括车主的年龄、婚姻状况、职业、驾驶行为等方面。因此,可以把车险费率的厘定模式分为从车定价模式和从人定价模式。

(1)从车定价模式。在从车定价模式中,保险公司在为投保车辆进行保费厘定时,只考虑与该投保车辆相关的风险因素,这些风险因素主要包括投保车辆的种类、产地、使用性质、行驶区域等。目前,我国车险费率厘定主要采用的就是从车定价模式。该模式具有操作简单的特点,但未考虑与车主相关的风险因素。

(2)从人定价模式。在从人定价模式中,保险公司在为投保车辆进行保费厘定时,主要考虑与该投保车辆的车主相关的风险因素。这些风险因素主要包括车主的性别、年龄层次、驾龄、驾驶行为等。从人定价模式更加强调车主自身的风险特征,在定价时更加强调个性化。

2. 基于OBD系统的UBI车险定价模式

UBI(usage based insurance)车险定价模式是指通过车载设备收集车主驾驶行为和习惯

数据,通过车联网传输至云端,保险公司可以通过这些数据对车主的驾驶风险做出比较精确的度量,通过大数据技术处理,评估车主驾车行为的风险等级,从而实现保费的个性化定价。

UBI 车险的实现主要依赖 OBD 系统。OBD 是英文 on-board diagnostics 的缩写,中文翻译为"车载诊断系统",是能够测度和读取机动车辆的运行参数,具有车辆检测、维护、管理等功能的程序系统。例如,北京车网互联科技有限公司 2014 年推出的"乐乘盒子",能够整合车主基本信息、车辆基础数据、车载硬件采集的车辆数据,分析驾驶人的实际驾驶时间、地点、里程、具体驾驶行为,通过乐乘盒子有效的数据分析来确定该缴纳多少车险,以便让车主的驾驶方式更安全,缴纳的车险更少,这就是驾驶人行为保险新型车险。

UBI 车险定价模式具有三个特点。

(1)从车定价转向从人定价。通过 OBD 车载诊断系统和驾驶员监测系统,收集车况信息和驾驶员的开车习惯,并利用大数据和云计算将收集的信息反馈至保险公司,保险公司依据收集的数据确定保费,并对驾驶行为好的客户给予一定的保费优惠,从而实现个性化定价。从人定价有利于调动驾驶员的积极性,增强其安全意识,也使保费厘定更加科学合理。

(2)引入费率调整系数,实行差别定价。费率调整系数主要依驾驶员的驾驶行为而定,驾驶行为不好的投保人,驾车风险更大,相应的费率调整系数就高,需缴纳的保费也更多;反之,驾驶习惯良好的投保人会有较低的费率调整系数,需缴纳的保费也更少。从而依据驾驶行为实行差别定价,细分风险,并引导驾驶员安全驾驶。

(3)利用大数据提高定价精准度。UBI 车险依托车联网技术反馈的信息,运用大数据和云计算,科学精准地制定保费,减少了人为因素的干扰。同时通过对车况和驾驶行为数据的收集,提高驾驶信息共享程度,减少了信息不对称,及时发现虚假索赔,从而降低了保险公司的经营成本。

拓展阅读

路比车险:UBI 车险领头羊做对了什么?

2020 年 7 月 9 日,中国银保监会发布了《关于实施车险综合改革的指导意见(征求意见稿)》(简称《指导意见》),正式拉开车险综合改革的序幕。此次《指导意见》将 UBI 车险纳入车险改革,因为 UBI 使用的层级定价已经具备了一定条件,精准定价将成为大数据时代的必然趋势。在政策驱动下,保险公司、主机厂及包括路比在内的科技平台,都加快了布局车联网数据应用、挖掘车联网创新需求的步伐,加强平台拓展、大数据应用的投入建设。

中国 UBI 车险尚不成熟,行业集中度较低,2019 年全行业 CR4(前四名份额集中度)为15%,CR8(前八名份额集中度)为 22%。路比作为行业内为数不多同时掌握 UBI 精算定价模型、风险管控能力、运营服务能力和数据分析处理能力的公司,具有较强的竞争优势。

根据对 UBI 行业发展趋势的判断,未来与驾驶行为相关的数据会掌握在主机厂和互联网地图厂商手中。在 UBI 车险激烈的竞争格局中,路比与这些厂商的进一步合作至关重要,需要加大与数据厂商合作维度和合作模式的创新。在获取数据后,路比 UBI 的核心任务是数据筛选,需要利用自身数据科技的落地应用能力,促进各合作主体趋向于精细化、科技化、数字化,快速适应行业创新发展趋势。除了核心的数据获取和处理,在创新产品定制化、承保理赔线上化、风险控制及汽车后市场资源整合等方面,路比要做的事情更多。如何在车联网数据基础上开拓更多的价值,也是路比要思考的关键问题。

资料来源:零壹财经.路比车险:UBI车险领头羊做对了什么?[EB/OL].[2021-06-04]. https://baijiahao. baidu. com/s? id=17016179129066616890&wfr=spider&for=pc.

(三)大数据在健康险定价中的应用

我国的健康险起步较晚,对于疾病发生率、医疗费用支出率等医疗数据的历史积累较为薄弱。就医疗信息数据来看,国家层面的人口健康数据应用平台尚未建立;省级层面的人口健康信息平台虽然已经陆续开始建设,但是仅限于卫生系统内部使用;保险业内尚未建立医疗信息数据的共享系统,与保单相关的大量医疗信息只记录在病历和赔付档案里面。我国医疗信息数据的利用程度较低,导致健康险产品存在设计不科学、定价不精准、获客困难、医疗费用难管理、道德风险和骗保现象时有发生等问题,而大数据技术的应用能促进上述问题的解决。

1. 医疗大数据与健康险

作为商业健康险的供给侧,保险公司在发展商业健康险的过程中,为了满足客户需求、提高自身运营及盈利能力,迫切需要整合客户病历档案、简化客户理赔流程、建立高效的医疗保险审核系统。整合客户的各项电子病历档案,需打破时空限制,为客户随时随地获得个性化精准医疗提供信息基础;简化客户理赔流程,让客户享受便捷即时的"快赔、直赔",必须实现医院系统与保险核心系统直连,让客户就诊信息及理赔材料可直接同步至理赔系统;建立高效的医疗保险审核系统,对医疗数据提出需求,促进实现由事后审核向事前、事中审核延伸,强化风险控制,提高审核效率,确保医保管理更加科学合理。保险企业亟须实现数据共享,而信息孤岛无可回避。保险公司所需的医疗数据包括医嘱信息、手术信息、检查检验信息、影像资料、病历信息等。由于产生医疗数据的医院内部信息系统非常多,不同厂商、不同时间开发的软件产品,在技术架构、数据结构、存储方式等方面存在着巨大差异,因此形成了一个个的数据孤岛。信息孤岛的存在导致医疗数据信息无法共享,如果用传统的接口方式打通所需的这些数据,需要各软件厂商提供数据接口支持,协调时间和接口费用都将是不可承受之重,与保险公司获取医疗数据的初衷背道而驰。

大数据时代独有的异构数据融合技术,不改变原系统代码,无须软件厂家参与,独立抓取医院各软件系统(HIS、EMR、PACS、LIS等)中的临床数据,自动建立数据关联,输出结构化数据库。这种方法简化了协调,缩短了工期,提高了安全指数,数据集成共享实施效率提高近百倍,成功突破了保险公司获取医疗数据的障碍。

保险公司应用异构数据融合技术,直接采集融合客户的医院临床数据,为保险理赔与医保监控提供数据支持;医疗数据无延迟采集,改善传统理赔周期长现状,客户可享受"直赔、快赔",改善了客户理赔体系,实现同一客户不同医院医疗数据融合,帮助保险公司整合客户的各项电子病历档案,弥补"互联网时代新型医疗体系"服务模式的欠缺;完善医疗保险审核系统,有效解决审核人员数量不足、专业能力不足和监管能力薄弱及审核标准不一的问题,进一步强化风险控制。

对于保险行业而言,医疗大数据不仅提升其控费能力,也有助于保险公司明确客户需求,优化服务流程,设计更贴合市场的产品与服务。

2. 大数据与健康险的产品设计

健康险产品设计必须兼顾社会伦理和保险成本,通常包括确定所提供的服务和进行产品定价两个方面的工作。

（1）健康险提供的服务。在考虑健康险产品所提供的服务时，会对以下内容进行确定。单个被保险人在本期间内发生的医疗费用支出，本产品能够负担多大的比例。在不同的健康状态下，被保险人未来罹患某种疾病的概率，以及各类疾病的平均诊治费用。单病种的报销额度，即被保险人罹患某种疾病时本产品能为其报销多少手术费用、医药费用以及住院费用。在对第(2)项内容进行确定时，保险公司可以利用大数据技术从海量电子病历数据中，计算出各类疾病的平均诊治费用，并且通过跟踪多位患者的病情发展状况，计算出疾病转化的概率。

（2）健康险产品定价。保险产品定价的主要依据是理赔标的发生概率。在大数据应用以前，测算理赔标的发生概率所利用的大部分数据都是来源于行业内的历史数据和统计数据。随着科学技术的不断进步，现今无论是疾病的诊断方法还是治疗模式都发生了巨大变化，历史数据已不再具有代表性，而且传统的数据统计方式已经过时。例如，在重大疾病险中，心肌梗死的冠状动脉造影早已是诊断该疾病的最佳标准，但在相应健康险产品定价中仍沿用老的诊断标准，造成其定价失准。而在大数据技术的应用下，健康险产品的定价将更为精准。大数据思维认为，小样本数据会使误差加大，依靠误差较大的数据无法设计出接近真实概率的产品。因而要通过利用大数据技术对海量数据进行分析挖掘，保证其产品定价与客户投保的需求偏好相一致，避免由于定价过高而无法得到潜在投保人的认可和接受，或由于定价过低使保费难以覆盖风险，从而避免保险公司自身产生亏损。

拓展阅读

大数据下的健康险

众安在线人寿保险公司推出了其大数据智能健康险产品——步步保，这是众安在线人寿保险公司和小米运动、乐动力 App 合作推出的保险产品。客户（即被保险人）在投保时，系统会根据其历史运动情况及预期运动目标，向其推荐不同保额的重大疾病保险保障（目前分 20 万元、15 万元、10 万元三档），用户历史平均步数越多，推荐保额就越高，最高可换取 20 万元重疾保障；其中，如果被保险人在参加健康计划前 30 天的平均步数达到 5 000 步，则被推荐 10 万元保额重大疾病保险保障。客户在申请加入健康计划后，申请日的次日会作为每月的固定结算日，只要每天运动步数达到 10 000 步，下月结算时其保费就可以多免费 1 天。即保单生效后，用户每天运动的步数越多，下个月需要缴纳的保费就越少。

对于这款以运动数据作为其实际承保定价依据的保险产品，众安在线人寿保险公司称其为"国内首款与可穿戴设备及运动大数据结合的健康管理计划"，并表示未来将会接入更多可穿戴设备和运动 App，进而通过覆盖更多的运动人群以实现其产品定价和规模优势的双提升。

资料来源：理赔圈 . 大数据下的健康险[EB/OL]. [2021-01-20]. https://www.ylipei.com/article/708066.html.

四、保险精准营销

精准营销（precision marketing）是在精准定位的基础上，依托现代信息技术手段建立个性化的客户沟通服务体系。具体来讲，就是通过分析客户的行为，制定相应的销售与服务策略，把合适的产品或者服务，以一个合适的价格，在合适的时间，通过合适的渠道，提供给合适的客户。

（一）保险大数据精准营销的主要内容

大数据背景下的保险精准营销，是指保险公司在可量化的数据基础上对单一客户的消费模式和特点进行分析和归纳，对其客户群体进行划分，进而精准地找到其目标客户并精准地向目标客户开展营销活动，以提高其营销效率的过程。大数据背景下的保险精准营销主要包括以下六个方面。

1. 市场精准预测

通过数据管理平台，整合企业数据资源，汇聚整个行业数据，打破数据孤岛，借助大数据技术对保险市场未来的商品供求趋势、影响因素及其变化规律做出科学分析和推断，为保险营销决策服务。

2. 客户精准管理

在对客户数据进行收集的基础上，利用大数据理论和分析模型对所收集的客户数据进行相应的分析和挖掘，从而实现对客户特征和客户行为的精准刻画和描述，并且对客户进行有效的细分，进而为其匹配恰当的保险产品。

3. 风险精准测算

利用大数据技术进行风险量化，可以提高利润，减少损失。通过建立信用体系和区块链技术，对客户风险量化分群，并进行调优。对不同的分群实行风险量化管理，便于及时发现风险，及时预警、干预，提前介入以挽回损失。

4. 产品精准设计

大数据具有先天优势，数据驱动识别客户，客户历史数据的分析预测直接体现需求，做到产品按需设计，满足客户个性与定制化需求，简单高效。

5. 渠道精准选择

正如快递行业对传统零售的冲击一样，未来大部分保险销售将通过线上完成。利用大数据对客户进行分类，根据不同要素（年龄、性别、地区等）进行识别，选择不同渠道，实现精准营销。

6. 产品与服务精准推送

摒弃粗放的保险推销理念，回归保险保障的本质，真正从客户需求出发，开发出满足个性需求的保险产品及产品组合并向客户推送，建立保险生态营销体系，真正实现精准营销。

（二）大数据在车险精准营销中的应用

1. 车险精准营销

保险公司为了提高其在车险市场中的竞争地位，需要通过精准营销将潜在的车险需求转化为车险产品的实际购买力。精准营销的实现离不开大数据技术的有效应用，因而保险公司需要将大数据应用于车险营销的全过程。在车险精准营销的发展初期，保险公司要明确其车险精准营销流程和机构设置，并能够通过应用大数据技术设计出基于差异化定价的成套保险产品和服务，针对不同车险产品进行宣传和推广。

在车险精准营销发展的中期,保险公司在大数据技术的应用下,对车险产品进一步细化,利用大数据挖掘结果对车险产品的研发过程和营销模式进行优化,扩充车险产品和服务的宣传途径和营销手段。

在车险精准营销发展的后期,保险公司以客户体验为核心目标,应用大数据挖掘的结果对差异化的车险产品进行再创新,对车险产品的营销机制不断进行完善,使客户的满意度得到有效的提升。

2. 大数据在车险精准营销中的应用举例

一直以来,平安保险(中国平安保险集团股份有限公司的简称)与百度搜索保持着良好的合作关系,当客户在百度搜索中搜索关键字"车险"时,平安保险的产品宣传就会出现在客户搜索结果页面中的醒目位置。平安保险还利用大数据技术对其目标客户群体的相关数据进行重新梳理。平安财险营销人员发现,在车主周围聚集着汽车厂商、4S 店、汽车配件厂商、交通管理部门、加油站、导航服务提供商、保险公司等一系列组织机构,这些机构分别掌握着与车主及投保车辆相关的各种数据。因此,他们在对车主进行研究时,克服传统保险营销的局限性,从整个产业链的角度对车主的车险需求进行分析和判断。

平安财险营销人员从车主购车前、购车中、购车后这 3 个阶段出发,绘制出汽车生命周期的问题蓝图,清晰地展示了车主在不同阶段面临的不同问题和主要保险需求。例如,车主在购车阶段会考虑车险、购车贷款、经销商、车牌这几类问题,而在每一类问题下又会细分出更多的具体问题。平安保险基于其对车主在不同阶段的特征判断,为身处不同阶段的车主有针对性地推荐车险产品,使其车险产品的销售业绩得到有效提升。

(三)大数据在健康险精准营销中的应用

1. 健康险精准营销

健康险精准营销的思路和过程与车险精准营销差别不大,都是基于大数据分析和挖掘的结果了解客户的偏好和保险需求,进而有针对性地进行营销,以有效提高营销效率。

健康险精准营销中需要特别注意的问题是对营销时机的把握。人们的健康管理是一项长期活动,但是人们在没有患病恐惧时,通常不具有购买健康险的行为动机,而患病之后购买健康险已经不再具有意义。因此,健康险营销的最佳时机是在潜在客户具有患病恐惧的时候,即在发生医疗咨询行为的时候。

随着互联网技术的飞速发展,网上医疗咨询凭借其便利性已经成为人们进行简单医疗咨询的主要方式。保险公司利用大数据技术,能够了解潜在客户的健康状况和主要健康顾虑,进而向特定的潜在客户有针对性地推荐相应的健康险产品,从而实现健康险的精准营销。

2. 大数据在健康险精准营销中的应用举例

(1) 法国 GMF 保险公司。法国 GMF 保险公司利用大数据技术对其 3 亿潜在客户的相关资料进行分析,建立了客户全生命周期的价值模型,进而使其获取新客户、进行交叉销售和追加销售的效率得到了极大的提高。在这些客户数据分析过程中,GMF 保险公司将其自身的客户数据库与第三方的客户数据和人口统计数据相结合,利用其建立的大数据分析平台对其所掌握的数据进行处理,并对其中的 1 500 多个变量进行了不同角度的分析,进而从中找出了不同场景下保险产品销售与变量之间的相关关系,在此基础上制定出具有针对性的营销推广策略。

（2）泰康人寿保险公司。国内的泰康人寿保险公司建立了语音记录的大数据分析平台,对客户拨打95522的通话进行记录和分析,进而对这些客户进行了多样化的标签划分。例如,老年人、商务人士、大学生、运动员、医生、母亲、孕妇等。在其保险销售人员进行展业时,被展业客户的相关标签将在第一时间被销售人员获取,使得销售人员能够以合适的销售方式向客户有针对性地推荐其保险产品。泰康人寿保险公司将此语音分析结果与其营销手段相结合,创造了千万元的保费收入。

五、保险欺诈识别

保险欺诈,国际上一般也称保险犯罪。保险当事人双方都可能构成保险欺诈。凡保险关系投保人一方不遵守诚信原则,故意隐瞒有关保险标的的真实情况,诱使保险人承保,或者利用保险合同内容,故意制造或捏造保险事故造成保险公司损害,以谋取保险赔付金的,均属投保方欺诈。凡保险人在缺乏必要偿付能力或未经批准擅自经营业务,并利用拟订保险条款和保险费率的机会,夸大保险责任范围诱导、欺骗投保人和被保险人的,均属保险人欺诈。保险欺诈一经实施,必然造成危害,有必要严加防范。

（一）大数据与保险反欺诈流程

保险公司通过运用大数据技术对其所掌握的海量客户数据进行充分的分析和挖掘,能够从中找出对保险欺诈的发生影响最显著的因素,以及这些影响因素的取值区间,进而构建出大数据保险欺诈识别模型。保险公司的理赔人员能够运用大数据保险欺诈识别模型,对每个具体的理赔事件进行有效的欺诈风险评估,进而依据评分的高低对是否立即支付理赔金、是否进行实地勘查等问题做出决策。大数据反欺诈流程如图6-1所示。

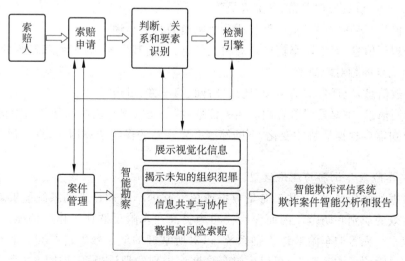

图6-1　大数据反欺诈流程

反欺诈工作是从索赔人在保险标的出险后提出索赔申请(或由相关具有感知能力的信息系统发出实时警报代替索赔人提出申请)开始的。保险公司在收到相关申请后将自动进入审核环节,即利用大数据技术对其所掌握的与投保人和保险标的相关的基础数据、由智能勘查系统及时反馈的与出险状况相关的实时数据进行处理和分析,对引起风险事件发生的主要因素进行识别和判断。在这一环节中,智能勘查系统能够向保险公司提供视觉化的信息并揭示潜在的犯罪网络,进而帮助保险公司对高风险索赔给予必要的关注。

接下来要将上述大数据分析的结果输入智能保险欺诈评估系统,进而对该项理赔案件的欺诈风险进行评估,如果该案件评分较高,则做出直接理赔的决策;如果该案件评分较低,则做出进一步审核(如进行人工实地勘查)的决策。借助大数据技术对海量数据的快速处理和分析能力,基于该反欺诈流程的保险欺诈识别工作十分高效,不仅使审核时间得到大幅缩短,而且使审核的准确性得到大幅提高。

数据越完整多样,基于大数据技术的反保险欺诈工作效率就越高,即数据资源的可靠和完整是大数据反保险欺诈工作高效进行的基础。因此,保险公司要对理赔历史记录、保单信息、医疗保险数据、事故统计数据、征信记录、犯罪记录、社交网络数据等相关数据信息进行有效的整合和存储。

(二)大数据与车险反欺诈

1. 识别风险场景和风险因子

风险场景是综合行业理赔业务操作实际和理赔人员的多年经验,形成的对漏损发生的情景的综合概括。例如,同一辆车,作为"第三者车"多次出险,均无人受伤,车辆受损部位基本相同。风险因子是基于风险场景所描述的内容,概括和总结出的构成该场景所必需的要素。简单地说,风险因子构成了风险场景。例如,上述风险场景可以提取出四个风险因子:出险"第三者车"车牌号相同,在一年内或者该次出险前后半年时间内出险次数大于或等于5次(次数可调),受损部位基本相同,"第三者车"无人员受伤。

从机动车辆保险的角度,风险因子的分类可以从以下5个维度入手。

(1)相关人员的信息。相关人员指与保险活动相关的各类人员,包括投保人、被保险人、驾驶员、车主、事故处理警察、车上人员等。

(2)被保险车辆的相关信息,也包括涉及碰撞的其他车辆。

(3)修理厂信息,即维修车辆单位的相关信息,包括其资质,与车辆和车主的既往关系,与事故发生地点的相对距离等。

(4)事故信息,包括事故的类型、地点、时间、第三方、目击者等。

(5)合同信息,主要是保险合同的相关信息,特别是续保日前和以往的出险记录等。

保险公司需要根据形势的变化,不断筛查并发现新的保险欺诈因子,提高保险欺诈识别的精度。

2. 构建车险欺诈识别的理论模型

在大数据的时代背景下,基于海量数据所建立起的车险欺诈识别系统能够对车险欺诈风险进行有效的识别和防范。因而保险公司为提高在车险反欺诈工作中的能力和效率,要在其内部建立起完善的车险欺诈识别系统,以对所掌握的信息数据进行充分利用。在识别风险场景和风险因子的基础上,可以构建车险欺诈识别的理论模型,如图6-2所示。在理论模型基础上,利用车险欺诈识别系统进行识别。

(三)大数据在健康险理赔中的应用

1. 健康险中的理赔风险

商业健康险中的理赔风险主要包括客户的欺诈风险和医疗机构的过度医疗风险,其中,

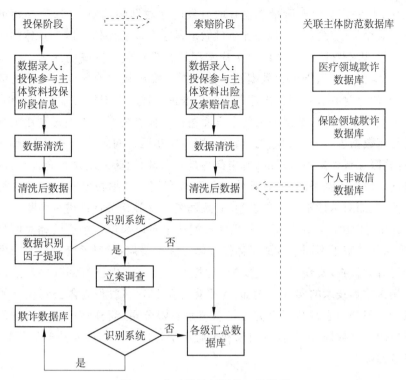

图 6-2　车险欺诈识别的理论模型

医疗机构的过度医疗风险最为突出。客户的欺诈风险在商业健康险中并不是主要风险,但是一旦出现便涉及较大的金额,商业健康险中的客户欺诈行为与其他险种中的客户欺诈行为在本质上并不存在较大的不同。因此,商业健康险的反欺诈工作在内容和流程上也与其他险种类似。

在大数据应用的背景下,通过对海量多类型的客户数据进行充分的分析和挖掘,保险公司能够用模型来刻画商业健康险中客户的欺诈行为,进而高效地对每一例理赔案件进行审查并快速做出适当的行为决策。医疗机构的过度医疗风险作为商业银行健康险种的主要风险,是由保险公司与相关医疗机构之间的信息不对称造成的,过度医疗行为主要包括药品用量超标、用药与患者实际医疗需求不匹配、医疗服务的非合理收费、药品的非合理定价、基于保障方案的非必要医疗行为等。

相关医疗机构的过度医疗行为导致保险公司对其所承保的相关医疗费用负担着极高的赔付成本。据统计,仅由药品用量超标和非必要医疗行为两项所导致的保费资源浪费就达到了 30%,再加上药品的非合理定价、医疗服务的非合理收费等其他过度医疗行为的影响,保险资源的浪费比例超过 50%。因此,经营商业健康险业务的保险公司要想在该业务上实现盈利,就必须对其所面临的过度医疗风险进行合理且有效的控制。

2. 大数据与健康保险的理赔风险控制

(1)与医疗大数据相结合。商业健康险的核心是医疗服务。随着我国的医疗信息化建设逐渐深入和医疗数据库体系不断完善,与具体医疗服务相关的数据资源将会被有效地获取和整合,进而使保险公司与客户和医疗机构之间的信息不对称问题得以解决。因此,保险公司要把握时机,积极向相关部门争取介入医疗数据库的机会。

（2）合理评估医疗费用和质量。在获取海量医疗数据的基础上，保险公司可以利用大数据分析技术对相关医疗行为的费用和质量做出科学合理的评估。由于具体的医疗服务行为难以被标准化，因而保险公司难以对医疗费用的合理性做出准确的评估。结合医疗服务的这一特点，保险公司可以借助大数据技术找出同一疾病相关诊疗项目与用药情况之间的相关性，以专业的分组方法对相关诊疗费用的标准进行评估。对医疗质量的评估，保险公司可以从医疗过程评估和医疗结果评估两个方面进行。保险公司可以通过利用大数据技术对海量的医疗临床数据进行分析和挖掘，精准地判断在相同疾病的诊疗过程中，哪些医疗行为是必需的，哪些医疗行为是不合理的，所用药物是否合理，用药剂量是否合理等，即实现对医疗过程的评估。对医疗结果的评估，保险公司可以利用大数据技术对海量的康复期数据进行分析和挖掘，进而对术后不良事件发生率、疾病复发率等相关指标进行判断。

（3）大数据与健康险风险管理。利用大数据技术对以病历为中心的相关医疗数据进行挖掘，保险公司能够基于不同患者的具体健康体征和主要症状，对诊疗过程中所发生的相关医疗行为进行有效核查，实现对赔付金的合理控制。目前国内已有部分保险公司开始了在健康险中应用大数据技术的实践。例如，太平洋保险（集团）股份有限公司旗下的太保安联健康保险股份有限公司通过与阿里健康信息技术有限公司（简称阿里健康）进行合作，将阿里健康所掌握的海量数据、风险控制引擎和人脸识别防伪等技术接入其理赔环节，使其费控能力得到有效的提升。

【思考练习】

1. 简述大数据保险的概念、特征应用阶段。
2. 大数据在保险行业中有哪些作用？
3. 大数据背景下的数据服务架构与传统数据服务架构有哪些区别？
4. 大数据是如何帮助保险公司实现承保定价能力提升的？
5. 大数据是如何帮助车险和健康险实现精准营销的？
6. 大数据时代产生了哪些保险新营销方式？保险公司又该如何提高其精准营销能力？
7. 保险欺诈有哪些形式？保险公司如何利用大数据开展保险反欺诈工作？
8. 大数据是如何帮助车险和健康险实现精准营销的？

【学习园地】

只有重视大数据在保险业中的应用，时刻注意大数据技术发展的最新成果，形成大数据思维习惯，积极引进大数据处理相关人才，保险公司才能在未来的竞争中形成战略优势。明确发展战略和解决相关的技术问题，能够真正为大数据保险公司带来实实在在的利益。如何从当前的数据孤岛中整合数据？如何在数据挖掘分析成本与收益之间取得最佳平衡？如何在数据半衰期内利用好数据？如何保证数据的匿名性从而避免伦理上的难题？在没人愿意成为"nobody"的时代如何尊重消费者的隐私权？实施大数据战略对保险公司的软硬件有什么样的要求？这些问题都值得深思。虽然我们已经迈出了步伐，但是距离真正发挥大数据的全部能量还有很长的路要走。

第七章

大数据在互联网金融中的应用

【学习目标】···

- 了解互联网金融概念;互联网金融与传统金融关系。
- 理解大数据在互联网金融应用中的作用;理解未来大数据在互联网金融领域面临的机遇与挑战。
- 掌握大数据在互联网金融领域的应用现状,包括大数据在第三方支付、网络融资与互联网消费信贷等方面内容。

【素质目标】···

通过本章内容的学习,学生能够运用所学知识初步建立互联网金融的大数据思维,理性观察身边的互联网金融现象;能够运用所学理论提高个人选择的科学性,将互联网金融大数据分析知识正确地运用到实际金融工作中;激发创造性思维,具有利用大数据思维进行金融创新的意识。

第一节　互联网金融发展概述

一、互联网金融的含义

随着互联网技术的发展,许多金融业务需要借助互联网平台才能开展,两者不断交织,形成了一种新的金融形式——互联网金融。这种新的金融形式不但降低了对金融投资成本的要求,而且充分利用了互联网的信息优势,它的产生是金融业向更高层次发展和互联网信息高度密集共同作用的结果,具有时代的特色。

从狭义的金融角度来看,互联网金融应该定义在与货币信用化流通相关的层面,即依托互联网实现资金融通的方式方法都可以被称为互联网金融。从这一角度来看,无论是何种方式的资金融通,只要应用互联网的技术实现了融通的行为,就是互联网金融。从广义的角度看,互联网金融是指通过依托第三方支付、云计算、大数据、社交网络、电商平台及搜索引擎等互联网工具,将传统商业社会中的资金融通、支付闭环和信息中介等金融服务在互联网上实现的一种新兴金融。互联网金融与传统金融的区别不仅仅在于媒介的不同,更重要的在于互联网金融参与者深谙互联网"开放、平等、协作、分享"的精神,互联网金融是为适应新的金融需求(如电子商务)自然而然产生的新商业模式,具备参与度更强、协作性更流畅、透明度更高、中间成本更低、操作上更简单等一系列特征。

互联网金融的应用包括众筹、第三方支付、互联网基金、信用评价审核、金融中介、互联网保险、电子商务供应链金融等模式,在融通资金、金融资源配置、资金供需双方的匹配、企业、个人大数据征信等方面逐渐渗入传统金融业务的核心。

二、互联网金融与传统金融的关系

(一)互联网金融与传统金融的联系

从表面看,互联网金融和传统金融之间的竞争非常激烈,但从当前的局势看,互联网金融与传统金融只是在某些业务领域存在竞争关系,整体上两者并非颠覆关系,而是相互补充、互相促进的。首先,从服务对象上看,传统金融主要负责大企业;互联网金融主要面向的是中小企业和个人。其次,从二者的发展规模和完善程度上看,传统金融无论是在金融人才还是在金融管理领域都具备自身的绝对优势,互联网金融可以依托这种优势不断地完善发展自己。同时我们也看到,互联网金融虽然发展时间较短,但是其发展速度有目共睹,在用户规模、大数据分析上都有着自己独到的优势,传统金融也可以利用这些新的优势,不断拓展自身的业务创新。因此,在未来金融业的发展中,传统金融和互联网金融都存在自身的优势和不足之处,不存在相互取代的问题,而是相互依托、相互扶持、相互促进、共同发展的过程。

(二)互联网金融与传统金融的区别

1. 服务对象不同

传统金融业的定位大多是高端市场,服务的客户是大企业与少数优质个人客户,贷款大多都是 1 000 万元以上的;互联网金融的主要服务对象大多是低端市场,解决的是小微企业的融资问题及低端市场的投资问题。例如,余额宝的投资起点是 1 元,而传统银行投资理财的最低购买金额为 5 万元。低端市场的特点是对价格非常敏感,例如,一旦客户发现微信理财通的收益高于余额宝,资金将很快流向理财通。而高端市场由于资金额度较大,往往重视的是资金的安全性,传统银行的安全性和稳健性正好与之迎合。

2. 运营模式不同

互联网金融的运营主要利用信息技术、大数据挖掘技术、云计算优势等,其强大的数据收集与分析能力,有效地缓解了银企之间信息不对称的难题,降低了交易成本和金融风险。同时,互联网金融根据碎片化信息进行产品信息的挖掘和产品推导,有效地拉近了商家和供应商之间的关系,并利用大数据技术挖掘商机。而传统金融的优势在于具备严格的风险控制系统,对风险的识别、衡量与控制都有着明确而严格的规定,有优质的人才资源和庞大的客户资源,有人民银行作为后盾和严格的法律法规保护,并且没有政策风险。

3. 营销渠道不同

互联网金融的渠道表现在对传统金融渠道的虚拟化。互联网有效整合融资、支付和理财等业务,突破了时间和空间的限制,多样化 7×24 小时的金融解决方案,促进了虚拟金融市场的形成和发展,并以极低的成本覆盖了传统商业银行较大成本的金融服务盲区。例如,互联网基金——余额宝,互联网保险——众安在线,互联网证券——国金证券佣金宝等。而传统金融主要依靠庞大的物理网点和客户来源。

4. 风险控制体系不同

传统商业银行在进行信用风险评级时所使用的利润、现金流等财务数据,主要依赖于贷款申请人当时提供的资料和调查人员收集的资料,行业风险控制主要基于贷前审查,贷中、贷后风险控制不足,成本太高。而互联网金融则通过社交网络(如 Facebook)、电商平台、搜索引擎、云计算等互联网平台或技术获取客户信息流、资金流、物流等信息,然后运用数据挖掘、模型分析等技术手段,对借款人的还款意愿及还款能力进行准确实时的数据分析和评估,及时动态获取贷中、贷后信息,风险控制点比传统金融的风险控制点多了很多,而且风险控制模型更加灵活,能够准确地识别和评估客户风险,科学地进行资产定价和风险管理。

(三)互联网金融的发展趋势

互联网金融的创新和积极尝试,对我国金融业的发展产生的重要影响是不可磨灭的,其互联网思维为金融机构找到了发展方向,改变了传统金融的经营模式,金融机构更加注重交互、去中心化、定向精准营销。从短期来看,鉴于我国利率市场化改革的平稳缓慢步伐和我国传统金融机构思维改革的重构,互联网金融在未来的几年甚至几十年间会成为我国金融业的重要组成部分,对金融业的发展具有重要的理论和实践意义,在一定程度上冲击着传统金融机构的垄断地位。互联网金融目前的繁荣发展很大程度上是因为我国银行存贷款市场的利率没有实现完全的市场化,受到国家的严格监管,这使银行发放的贷款资金的使用成本无法做到自主定价。由于国有和大型企业的风险较低,现有的贷款利率能较好地对这部分风险进行覆盖,然而中小企业存在着经营风险大、可抵押资产少等特质。相应地,其资金使用成本也应该较高,以达到风险与成本匹配,但是商业银行受到利率限制,无法提高贷款利率。随着我国利率市场化的不断推进,互联网金融的这种灵活优势将会消失,传统金融和互联网金融将会面临更加公平的竞争。

从长期来看,目前开展互联网金融的企业将会优胜劣汰,绝大多数互联网企业会退出金融业,整个金融业将会重新"洗牌",互联网企业从事金融业、"抢占蛋糕"的优势将会随着传统金融机构的逐渐转型而消失。传统金融机构依托成熟的线下业务并将其和线上经营的业务结合,最终会替代目前互联网企业所从事的金融活动;互联网企业回归平台业务,集聚的信息流、交易流、资金流将成为金融机构大数据的重要资源。

第二节　大数据与互联网金融的关系

上节内容从对互联网金融基本概念及发展特点的介绍,揭示了互联网金融与大数据的密切联系,本节将在上节内容的基础上,具体阐述大数据与互联网金融相互依存的关系。

一、互联网金融环境产生大数据

互联网金融的发展高度依赖大数据的发展。这些大数据有着数量巨大、结构复杂、处理要求高、时效性要求高等特点。同时,大数据的无缝化、全覆盖特点又使得数据量和异构化趋势进一步加剧。首先,互联网金融越来越复杂的业务模式和业务逻辑,产生了越来越巨量的数据。在传统金融领域中,一些数据可能是无效的,例如客户的行为数据等。但是在互联网金融大数据的背景下,客户的行为数据被视为珍宝。其次,大数据对互联网金融环境的依存度也越来越高,因为一旦脱离这个环境,很多数据就会变得无效。用计算机领域的行话来说,互联网金融的上下文铸就了大数据的有效性。

二、大数据支撑互联网金融发展

随着互联网金融创新模式的不断演变,从业者日益认识到金融服务当中每天沉淀下来的海量数据的潜在价值。这些数据资料记载着使用者的基本信息,并且相关数据信息之间存在一定的关联性与规律性。在这种背景下,呼吁大数据技术基于互联网金融应用的呼声日渐高涨,大数据在互联网金融应用中的关键技术也需引起我们的关注。因此,在大数据环境下,互联网金融行业进行模式调整、转型及创新是必然的。只有实现创新的目标,互联网金融行业才能准确地掌握用户的实际需求,强化自身在经济市场中的透明度,及时达到有效规避金融风险的目标。

(一)拓宽企业的融资渠道

目前我国的金融业运行效率有待提高,互联网金融加入与传统金融机构的竞争,犹如鲇鱼效应,可以弥补传统金融体系的不完善,可以迫使传统金融机构被动转型。据统计,我国有 6 000 万中小企业,其中约有 5 000 万中小企业面临融资难、融资贵的问题。一方面,国有企业、上市公司等大型企业可以较为轻松地从银行获得大笔贷款,甚至可以以投资担保公司的身份将这些低息贷款再放贷出去,从而实现类似银行业务的操作;另一方面,大量资信良好、流水正常、处于成长期的中小企业,由于不满足银行规定的贷款条件而无法获得贷款或者没有资金扩张。这种现象严重制约了实体经济的发展,影响了国民经济的健康成长。

互联网金融的兴起,大数据技术的应用,为中国中小企业提供了重要的支持。如果说互联网金融环境存在不确定因素,那么基于大数据分析的风险控制技术就是获得某种确定性的重要手段。通过这种方法,可以计算出企业的盈利情况、还款能力,为中小企业提供信用或抵押贷款。

(二)方便客户的理财规划

在金融服务理财方面,传统金融机构通常更关注高净值客户,理财门槛较高。而对于普通客户,往往被银行等传统金融机构忽视,苦于缺乏合适的理财产品。由于互联网金融是在互联网货币基金、互联网保险等领域通过提供创新型的金融产品,对整个金融产业链进行重构,给中低收入者提供了理财通道,因此有利于金融体系的优化和效率提升。

在互联网金融模式下,由于是直接融资,信息高度对称,因此有利于基于网民特征为其量身打造契合市场需求的信贷产品。互联网金融公司可以利用大数据算法,在网上收集数据、信息,计算出网民最欢迎的理财、保险产品特点,如收集收益率、期限、风险偏好情况、灵活度等数据,根据这些数据设计不同特点的理财产品,再根据用户的风险偏好情况、收入情况、可供自由支配的理财额度等,进行定向投放,充分体现了大数据的高效、准确、定向特点,实现双向共赢。

(三)提高金融机构的工作效率

随着金融改革的深化,传统金融机构和代表大数据技术的互联网金融企业将面临激烈的竞争。与此同时,传统的金融机构也在进行自我改变,面临转型,以适应新的金融模式。

例如,在信贷风险控制方面,无论是传统金融还是互联网金融模式,信贷风险的来源都是信息不对称。传统金融模式中,由于诚信体系建设的滞后,以及长期受抵押文化的影响,传统金融机构的服务模式相对比较僵化,信贷风险评估受到较大的限制。而基于大数据的互联网金融的应用,从另一个角度解决了这个问题,平衡了借贷双方的信息对称,降低了金融服务中的信贷风险。基于大数据的互联网金融创新商业模式的应用可以大幅提高传统金融机构的效率,同时降低营业网贷柜台业务的工作量和人力成本,进而提升社会经济运转效率。

(四)完善电商平台的业务

在支付方面,第三方支付平台拥有以支付宝、微信支付为代表的自有支付系统,也有和银联对接的信用卡、银行卡支付方式,以及日益普遍的二维码支付。电子化货币已成为人们生活中不可或缺的一部分,逐步替代现钞流通。方便、快捷、交易安全、费用低廉正是互联网金融第三方支付的后发优势。

在电商产业链上下游金融服务方面,阿里巴巴、京东、苏宁易购,根据平台上游生产企业的信誉度、销售量、物流签单、淡旺季、订单、应收账款等,利用大数据模型,计算出企业的营收情况、还款能力,推出供应链金融服务,从贷款申请到发放仅需几分钟时间,这不仅增加了企业的融资渠道,同时大幅提高了企业的融资效率,成为传统金融服务之外电商领域资金融通的有效补充。

三、互联网金融时代大数据处理面临的挑战

(1)海量数据的集聚,例如流数据、并发数据、快速变化和采集的数据等,使得巨量数据成为大数据处理的第一道关口。硬件成本的快速扩张、并发处理的瞬间增长、流数据的持续单遍扫描处理等都成为大数据分析处理的必备条件。

(2)数据类型的多样性和数据的异构性,成为大数据处理的另一个挑战,建模的复杂性也成为一大难题。为了应对这些挑战,需要配套多样化的处理手段,然而许多处理手段尚在研究和实验室阶段,这为大数据处理的应用带来不小困扰。例如,基于特征的视频处理、音频处理技术还在发展中。

(3)大数据的处理要求会很高,例如要求高效处理、实时处理、分布式处理等。在使用大数据思维的时候,我们不得不关注数据的真实度、数据的隐私、数据的计算方法、建立大数据模型的完整性等诸如此类的问题,我们也不得不面对这些问题。如何在海量繁杂的数据中筛选出真正有价值的数据?如何建立大数据模型?以及云计算的计算方法、数据隐私的保护、数据的清洗问题、数据噪声的去除等问题都会被提出来。这样的处理要求会对硬件配置、算法设计、信息安全提出一定挑战,大数据的准确性处理将会成为一大课题。

(4)在法律依据和监管方面,大数据应用面临着相对应的法律法规较少、监管部门不明确、犯罪成本较低等问题;在数据信息共享过程中,有面临涉嫌侵犯公民隐私权的指控。基于大数据的互联网金融应用作为一个新生事物,从诞生到成熟的商业运用,还有很长的路要走。

(5)社会结构或者社会分工所导致的数据条块分割难以实现共享,将会成为大数据处

理的人为障碍,也是大数据分析处理面临的一大挑战。基于大数据的互联网金融应用研究才刚刚起步,这还需要后来者的不断探索和努力。

第三节 大数据与第三方支付

一、第三方支付的概述

作为电子支付产业链中的关键一环,第三方支付起到了连接银行、商户、消费者的纽带作用,通过新型的支付工具及支付渠道,推进了电子商务的发展。与传统的支付体系相比,第三方支付具有便捷、高效、成本低的优势。一方面,全球第三方支付交易量增长迅速;另一方面,移动互联技术的发展和智能手机的普及促进了移动支付的迅猛增长,相关创新日新月异。

(一)第三方支付的概念

关于第三方支付平台的概念可以从广义和狭义两个方面进行分析。广义上的第三方支付平台是指在收付款人之间扮演中介角色,提供网络支付、预付卡发行与受理、银行卡收单、部分或全部货币转移服务及中国人民银行规定的其他服务的非金融机构。狭义上的第三方支付平台是指独立于电子商务商户和银行,通过与各家商业银行签订协议,使其与商业银行之间可以进行某种形式的数据交换和相关信息确认,最终实现商户与消费者之间交易资金划拨的中介机构。

(二)第三方支付的主要业务范围

(1)互联网支付,即在互联网上实现支付。互联网支付领域已从一般网上零售业务扩展至网上行程预订、保险及跨境支付等创新服务。互联网支付对网络安全的要求很高。

(2)银行卡收单,指通过销售点终端为银行卡特约商户代收货币资金的行为。

(3)移动支付。目前移动支付的主要形式为二维码扫描、远程支付、近距离无线通信及语音读卡器。通过网上办理各种支付业务,第三方支付平台有效地提高了用户最为关注的便利性,减少了业务等候时间。同时,随着越来越多的用户在平台上实现交易,平台累积了大量的业务数据,包括交易数据、评价数据、浏览数据等,便于大数据分析技术制定精准的服务策略。

(三)第三方支付的特点

第三方支付平台进行支付操作更加简单且易于接受。SSL是现在应用比较广泛的安全协议,在SSL中只需要验证商家的身份。SET协议是目前基于信用卡支付系统发展比较成熟的技术,但在SET中,各方身份都需要通过CA进行认证,程序复杂、手续繁多、速度慢且实现成本高。通过第三方支付平台,商家和客户之间的交涉由第三方来完成,使网上交易变得更加简单。

第三方支付平台有助于电子商务的快速发展。由于第三方支付本身依附于大型的门户网站,并且以与其合作的银行的信用作为信用依托,因此第三方支付平台能够较好地突破网上交易中的信用问题,有利于推动电子商务的快速发展。第三方支付平台运用先进的信息技术,在对接用户的同时分别与各家银行进行对接,将资金转移的过程变得简单化、安全化,提高了企业的资金使用效率。

(四)第三方支付的运营模式

目前从发展路径和用户积累过程看,第三方支付平台的运营模式可分为两大类:一类是依托交易平台担保的支付模式,如支付宝、财付通等;另一类是独立的第三方支付模式,如快钱、汇付天下等典型代表。

1. 依托交易平台担保的支付模式

依托交易平台担保的支付模式是指第三方支付平台依托大型电子商务网站,并和各个银行建立合作关系,以公司实力及信誉充当买卖双方的支付和信用中介,在用户与商家之间搭建起低成本、高效率、安全快捷的资金划拨通道。这种支付模式的实质是为原本缺乏信任、安全感的网络交易提供一个交易双方都信任的渠道,防止欺骗和拒付等行为出现。支付宝和财付通就是在这种需求下应运而生的。支付宝是一个买卖双方都可以使用的支付平台,有账户充值和商品交易两种业务。账户充值业务是用户注册登记支付宝账户,将银行卡中资金划拨到支付宝虚拟账户中,便可进行支付活动。与支付宝类似,财付通依托腾讯、拍拍网、易迅网等大型网络服务商,构建了一个综合性的支付平台,平台涵盖 B2B、B2C 和 C2C各领域。财付通的主要支付业务包括个人及企业两方面,其在线交易流程分为充值支付和网银直联支付两种。

2. 独立的第三方支付模式

独立的第三方支付模式是指第三方支付平台独立于任何电子商务网站,它不提供担保功能,只是为客户提供支付服务和支付系统解决方案。这类平台前端联系着各种支付方式供网上消费者与商户选择,平台后端则连接着众多的银行,支付平台负责与银行进行账户清算。独立的第三方支付平台本质上是起到支付网关的作用,但又不同于最初的纯网关类型公司,因为它们开设了虚拟账户,可以收集所服务的商家的信息,除了给客户提供基本的支付结算功能,还衍生了一些相关的增值服务。这种独立的模式主要以快钱、银联、汇付天下、易宝支付、拉卡拉等企业为典型代表。具体交易流程如图 7-1 所示。

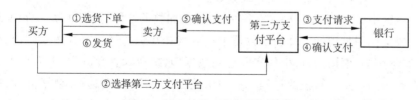

图 7-1 独立的第三方支付交易流程

二、基于大数据的第三方支付中的风险管理

第三方支付创新商业模式,虽然在交易的方便性、效率性、低成本上具有极大优势,但其潜在的风险也不容忽视,主要表现为欺诈风险、法律风险、操作风险、系统风险等。其中,欺诈风险是目前机构面临的主要外部风险。目前,我国存在严重的网络漏洞,信息安全没有得到有效的防护,给不法分子以可乘之机,对社会造成的危害极大。下面主要围绕欺诈风险的构成及管理模式进行阐述。

（一）第三方支付中的欺诈风险构成

基于第三方支付的欺诈行为主要来自消费者自身内部防范意识的薄弱及不法分子外部的干扰和破坏。前者是不法分子利用消费者喜欢占便宜的心理，通过各种优惠活动吸进消费者参与，在参与活动中通过骗取消费者个人信息的方式实现诈骗行为。对于来自外部的破坏主要是通过植入木马病毒等方式在消费者不知情的情况下，侵入消费者的第三方支付客户端盗取相关信息，从而实现资金盗取，产生欺诈风险。这种诈骗方式需要一定的计算机技术为支撑，但诈骗行为一旦发生，消费者就很难在事前察觉，也很难在事后挽回损失。

目前很多欺诈行为的发生在本质上与第三方支付机构本身运作没有关系，但是不法分子正是利用消费者对第三方支付机构的信任或第三方支付机构本身运作时存在的漏洞进行不法行为，最终使消费者蒙受损失。欺诈风险的蔓延会打击消费者的信心，严重危及第三方支付行业的市场形象。欺诈风险的发生不仅会影响消费者的交易，也会破坏健康有序的交易秩序，对第三方支付机构本身也有很大的影响。因此，欺诈风险也是第三方支付平台在运营过程中需要解决的一个难题。

（二）第三方支付中的欺诈风险发现

鉴于欺诈风险对第三方支付乃至整个社会经济秩序的不良影响，实时有效的发现欺诈风险有助于及时采取相应的风险控制措施，从而有效预防欺诈带来的负面影响，降低其对整个经济系统的影响。从信息系统安全的角度考虑，可以把这个问题视为预测问题，通过尝试探查第三方支付操作中的不规则动作，发现可能是欺诈的行为。为探测到欺诈行为，有必要对在第三方支付平台上的交易行为进行监督，以及时发现客户账户中不规则或可疑的交易。传统做法通常是用人工方式来进行甄别，即银行人员观察客户的交易账单，发现其中的问题。由于数据库中交易数量巨大，这一工作往往是沉闷和无效的。随着计算机和信息技术的发展，自动地发现客户账户中的不规则和可疑的交易成为可能。然而，由于主流业务规则快速变化，欺诈交易的定义也在急剧变化，这使得设计和开发这样一个识别系统变得十分困难。因此，使用不同数据挖掘技术，通过有监督或无监督学习，从大量不同类型的数据中发现欺诈行为，已成为这一领域的主流思维方式。

从历史角度来看，发现有用模式有很多命名，例如数据挖掘、知识抽取、知识发现和数据模式加工。数据挖掘是用特定算法从数据中抽取潜在知识的过程。具体来说，就是从大量不完全的、有噪声的、模糊的、随机的实际应用数据中，提取隐含在其中、人们事先不知道的但又是潜在有用的信息和知识的过程。在知识发现过程中，数据选择、数据清洗、加入适当的先验知识、对结果做适当的解释是确保在数据中发现有用信息的必要手段。使用数据挖掘的基本步骤：获取先验知识，定义知识发现的目标；创建目标数据集；数据清洗和预处理；数据降维和投影，针对具体问题，找到主要和关键的特征，使用降维或转换模型降低数据本身的维度；使用一种特定的数据挖掘模型达到知识发现的目标。目前，数据挖掘在欺诈发现中已有广泛的应用，如图 7-2 所示。用于欺诈发现的数据挖掘模型主要包括以下几种。

（1）聚类，即将具有共性的交易行为聚集到同一个簇中。把数据集按照相似性划分为多个子集，每个子集是一个簇，使得簇内高相似、簇间低相似。每个簇的质量用簇内距离刻画，聚类的总体质量用簇间距离衡量。

（2）预测，即发现交易数据集合中有用的信息，以及其中的变化规律或趋势。通常做法

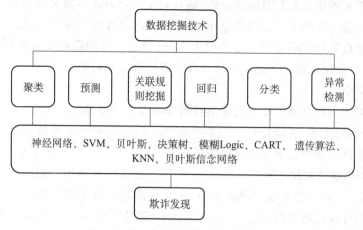

图 7-2 基于数据挖掘技术的欺诈发现

是首先对数据拟合模型(通常是连续的属性值函数),然后对新数据进行预测。预测多应用于信用度评估、市场分析、方案效果分析等方面。

(3)关联规则挖掘,是描述在交易中物品之间同时出现的规律的知识模式。更确切地说,关联规则是通过量化的数字,描述物品 X 的出现对物品 Y 的出现的影响程度,进而发掘交易特征变量之间的相互依赖关系。关联分析主要用于发现隐藏在大型数据集中令人感兴趣的联系,所发现的模式通常用关联规则或频繁项集的形式表示。

(4)回归,通常是用一个或者多个输入 X(称为自变量、解释变量或者预测变量)来预测输出 Y(称为因变量、响应变量或者结果变量)的一种方法。主要包括简单的线性回归、简单多项式回归、多元线性回归、多元多项式回归及 Logistic 逻辑回归等。

(5)分类,即找出描述并区分数据类或概念的分类函数或分类模型,该模型能把数据库中的数据项映射到给定类别中的某一个,以便能使用模型预测未知对象的类别。也就是通过对已知类别的交易行为数据进行学习,得到一组函数作为分类器,然后将未知交易行为分配到预先定义的类别中。常规做法是基于训练数据集(每个对象具有明确的类别标识)形成一个分类模型,然后用该模型对新的数据进行分类。

(6)异常检测,即发现交易数据中的异常和变异数据。异常检测的目标是发现与大部分其他对象不同的对象。通常,异常对象被称为离群点,因为它们在数据的散布图中远离其他数据点。异常检测的方法多种多样,所有这些方法的思路都是:异常的数据对象是不寻常的,或者在某些方面与其他对象不一致。

(三)第三方支付中欺诈风险的防范

对于第三方支付机构来说,大数据的应用成为发现防范欺诈风险的重要技术支撑。一方面,第三方支付涉及资金交易,在客户注册时便可以采用用户的个人资料和相关信息。另一方面,第三方支付在多年的发展过程中,不断积累的海量客户的支付信息本身就是大数据。这些大数据具有体量大、覆盖全、质量高的特点。第三方平台完全可以利用已有的大数据进行大数据风控,防范欺诈风险。第三方支付公司运用计算机技术建设云端的动态数据库,储存和记录客户的基本个人信息和交易信息,通过已有的数据进行科学的管理、合理的分类,并通过一定的算法建立风险控制模型。

大数据风控更侧重云端实时风险分析,通过对用户行为数据的关联分析发现蛛丝马迹,从而阻止欺诈的进一步发生。它的亮点在于,即使客户已经处于不安全状态,例如用户因木马钓鱼等原因导致账户密码等信息已经发生泄露,经过云端的数据关联分析也能判断账户是否异常,并立即做出反馈。下面具体以支付过程中登录平台账户为例,对大数据如何防范欺诈风险进行说明。

用户账户被盗用的原因主要来自木马钓鱼等不安全操作导致。欺诈者在获取账号密码后,会尝试登录访问页面,进而导致账户资金损失。面对这种登录场景中出现的欺诈风险,可以利用大数据技术采取以下几项风险防范措施。

(1) 通过用户登录习惯判断。一般情况下,第三方支付平台用户的账户常用设备、常用登录地都是稳定的,而出现登录习惯异常时,很有可能是出现了账户被盗用的情况。对此,第三方支付平台可以运用大数据技术,对用户登录行为进行长时间的跟踪分析,分析出账户常用设备、常用登录地等行为习惯。在此数据分析基础上,建立一套可信设备体系,即对于在可信设备上的行为业务应快速通过放行,而发生在非可信设备上的行为应加入重点关注。

(2) 通过登录环境异常判断。在撞库过程中,黑客往往会使用成熟的工具程序进行批量模拟登录接口。我们可以在登录页面布控人机识别检测程序,判断登录来源设备是否缺失、伪造,用户交互的行为是否存在缺陷。

(3) 通过 IP 地址异常的判断。一般情况下,用户短时间内在不同的 IP 地址登录的概率很低。当出现用户在极短时间内连续登录且每次登录 IP 解析位置距离偏移过大时,这很可能是欺诈者在挂 IP 代理进行登录,意图隐匿登录来源。为此,第三方支付平台可以运用规则模型对登录用户的登录时间间隔和 IP 解析地址偏移进行测算,当检测到上述异常行为时,那么系统可以对此用户加大关注度。

上述介绍的是支付环节的登录模式,在一般情况下,对于在网络支付情景下的欺诈风险,第三方支付平台也可以利用大数据对客户的资金流动进行定期检测,分析客户的交易习惯和资金的流向,如果发现资金流动异常集中在某些账户上,同时这些账户的活跃 IP 地址相同或近似,那么存在盗卡或洗钱的概率就会比较大。

第四节　大数据与网络融资

一、网络融资

(一) 网络融资的概念

网络融资是目前互联网上最热门的话题之一,它是指通过电子商务交易平台获取投资人及贷款方的信息资料,利用互联网技术,整合银行、金融等各方资源,帮助资金需求及资金供给者完成融资过程。基于计算机技术和信息技术,网络融资能以较低成本、较高效率提供多样化的融资服务,大幅提高了社会资金的利用率。网络融资中的一个关键是实现大量融资产品和投资人之间的匹配,这就需要从融资产品、贷款人和投资人三方面的海量数据中挖掘出两者的共同点,例如信贷产品的预测收益和风险、投资人的风险偏好,为用户做出最佳推荐,提高用户体验和满意度。目前网络融资的主要运营模式包括网络借贷("众筹"等)、互联网基金等多种形式。

（二）网络融资的特点

网络融资之所以能够形成如今的发展规模，与其自身的特点紧密相关。借助互联网大数据技术的支撑，网络融资模式相比传统融资模式存在很多的优势。

1. 化解了信息不对称问题

信息是金融市场框架的核心，传统金融市场主要通过发行标准化的金融工具，并建立金融中介、信用评级公司等机构收集借款人的相关信息，以解决由于信息不对称带来的逆向选择与道德风险问题。网络融资模式利用网络平台传播融资信息。互联网信息交互性强，用户在"推送"信息的同时也能接收信息，借助融资平台，借款人与贷款方可进行高效的交流互动，充分抑制信息不对称。

2. 降低了交易成本

相较于传统的融资平台，企业通过网络平台融资可以省去不少费用，如交通费、资料费等。而且由于融资者前期工作都是通过网络完成，标准化的流程为融资者提供了清晰的指示，极大地提高了资金申请的效率。此外，资金方也不用费力指导融资者的操作，相应地降低了经济及时间成本。

3. 搭建了民间资本融资的便利平台

在传统金融市场中，参与融资的资金方主要是风险承担能力较强的投资者，普通投资者大多通过金融机构参与金融市场。网络融资模式为普通群众提供了直接参与金融市场的渠道，有利于实现民间资本与中小企业的高效对接，缓解资本市场资金紧缺而民间资本投资无门的双重问题。

（三）网络融资的风险

网络融资出现的时间不长，相关法律政策和技术手段还不够完善，因此在带来便利的同时，其风险也不容忽视。网络融资主要面临的风险有以下两方面。

（1）信用风险。网络平台作为服务提供方，以自己的信用承担中介担保的责任，但由于我国征信体系尚不完善，网络平台自身的信用问题也值得关注。特别是对于交易过程中产生的沉淀资金，平台可能会挪为己用，产生资金链断裂的风险。

（2）网络安全风险。网络融资业务全过程都通过数字化实现，各类交易信息都要通过互联网传输。但是许多网络融资平台的安全性不高，容易出现病毒入侵、黑客攻击、系统缺陷、非法访问、密钥等敏感数据被窃取、传输数据被截获和篡改等风险。

二、众　筹

（一）众筹的概念

众筹（crowd funding）是指在商业活动中，项目发起人利用互联网和社交网络传播的特性，发动网络公众的力量，集中公众的能力、资金、人脉和渠道，为小企业、创新科技产品、艺术家或个人进行某项活动或创办企业提供一定资金援助的一种融资方式。众筹是一种面向公众的融资方式，可以服务于新公司的成立、创意产品的研发，也可以应用于民生工程、科研项目和技术设计等领域。

（二）众筹的特点

（1）投资人分布广泛，投入本金小。众筹融资的单笔融资额小，融资者多为个人、初创企业或小微企业,融资额大都在数百元到数万元之间,单笔投资额小。

(2) 投资人具有充分的选择权。众筹平台汇集了大量的项目,只要投资者愿意支持创新,总会在平台上找到合适的项目。

(3) 投资人的选择权构建于一定的信息交换上。熟悉融资方的人群会对其技术实力、信用背景进行评价,平台运营方会推荐优秀的项目,因此投资人可获得多方面的信息进行综合考虑并决策。

(4) 众筹融资可以为真正的创新创造一个良好的氛围。由于投资人的投入本金小、参与面广,投资人对投资失败的容忍度相对较高,从而让发起人在没有资金压力的情况下,有可能获得更具创新的成果。

(5) 低成本和高效率成为亮点。基于社交网络的众筹相对于传统融资方式的突出优势就是低成本:低启动成本、低营销成本、低交易成本。融资者和出资者通过进度更新和反馈机制频繁进行交互,显著减少了信息的不对称,提高了投融资双方的沟通和交易效率。

(三) 众筹的运行模式

众筹融资的运作流程(见图 7-3)主要是先由筹资人向众筹平台提交项目的详细资料,再由众筹平台对资料进行审核,审核通过后进入筹资阶段,如果审核不通过则项目会被弃用。当筹资额达到项目预定金额时,表明项目成功,产品生产出来后向投资者交付产品;如果资金未达到预定金额,则意味着项目失败,向投资者退款。不同类型的众筹模式的项目运作流程是不同的,按回报内容的不同,众筹可以分为商品众筹和股权众筹两大类,这两类众筹模式的项目运作流程在众筹中较为典型。

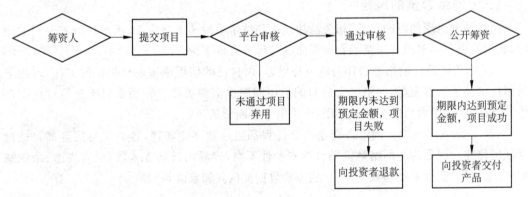

图 7-3　众筹融资的运作流程

1. 商品众筹

在商品众筹运作流程中,筹资人需向众筹平台提交详细资料,资料中应包含关于项目的内容、进展安排、投资者回报及相应风险的详细介绍。众筹平台则需要对项目资料进行审核,出于项目可行性方面的考虑,平台可能会要求筹资者提供技能证明书、履历经验证明甚至产品原型等材料。通过平台审核后,项目方可进入准备阶段,筹资人需要在此阶段撰写文宣方案、设计美工及拍摄宣传视频。准备结束后项目正式募集资金,如果在筹资期限内顺利筹集到预定金额,项目正式进入生产阶段,产品交付至支持者手中后流程结束。如果在筹资期限内未成功筹到预定金额,则项目终止。

2. 股权众筹

投资者对项目或公司进行投资,按照事先约定,按其出资比例获得对应比例的股权,成为公司的股东,参与公司的运营和管理,未来可能获得一定的收益,也可能随着项目的失败接受投资没有回报的事实。例如,大家投、天使会等。

(四)众筹的风险构成

众筹模式在国内发展迅速,成绩斐然,但由于起步较晚,相关法律法规不完善,国内征信体系不完备等原因,众筹模式始终与风险相伴。目前主要表现为法律风险和信用风险两大类。

1. 法律风险

(1)非法集资风险。非法集资是指未经有关部门依法批准,向社会不特定对象筹集资金。非法集资一般承诺在一定期限内给出资人还本付息,还本付息的形式以货币形式为主,也有实物或其他形式。而众筹就是一种面向公众的筹资模式。目前国内还缺乏相关的法律界定,因此众筹很容易被扣上非法集资的帽子。

(2)知识产权风险。当项目发起人有好的创意时,为了更好地获得资金支持,可能需要将产品的详细信息,包括外观特点、设计理念、使用方法等,以图片或视频的方式展示在众筹平台上。但是这可能会导致一些人借机剽窃产品创意。因此,如何进行知识产权的保护是国内众筹平台面临的一个难题。

2. 信用风险

众筹平台的项目发起人需要经过信用审核和资格审核。由于国内整体信用环境不佳,通过平台审核的项目发起人可能出现拿钱跑路的情况。对于信用风险,国内几乎所有众筹平台都是采用用户自行承担风险的方法。平台会对项目发起人进行资格审查,如果发起人通过了审查并发起了项目,则默认选择支持该项目的投资人自行承担了该项目的风险。以点名时间为例,如果出现项目发起人拿钱跑路的情况,点名时间会协助投资人对此项目发起人进行网络曝光、拉入黑名单等一系列惩罚措施,但不会对投资人的损失进行赔偿。

(五)基于大数据的众筹风险防范

基于众筹过程中产生的不同类型风险,可以利用大数据技术对其进行风险防范。

1. 对参与者实行全面信用评估

(1)对发起人的信用评估。互联网平台上的庞大信息源具有更强的真实性,通过对这些信息间交互性和相关关系的分析,例如,对客户信贷记录、违约记录、偿还情况及各种消费情况、资产情况的分析和筛选,可以为众筹平台业务提供信用分析的有效支持,实现对项目发起人信用的全面评估。这个阶段的重点在于建立大数据辅助的信用风险评分模型,尽可能地从多维度数据来弥补传统金融数据的不足,精准定位具有良好信用记录的项目发起人的资质。

(2)对投资人的信用评估。互联网企业,尤其是电商,往往掌握了很多企业及个人的交易数据,基于大数据优势,通过建模等方式,可以更为全面合理地评估投资人的信用和风险。通过大数据风险评估模式,可以对进入平台的投资者进行资格认证,规范投资的准入门槛,根据经济实力、投资经验设定差异化的投资规模,加强对投资者的风险教育,向其全面披露项目投资的潜在风险。另外,投资者也要增强自身的风险识别能力,综合考虑项目的风险和收益,进行合理的投资估值,并及时跟进项目进度,与平台积极沟通交流,进行投资后的管理工作。

2. 众筹平台规范化

首先,利用大数据征信系统,实行严格的网站准入机制,营造安全公平的市场环境,对平台的项目评定和运作程序进行标准化、规范化管理,加强平台操作和融资的透明度。其次,引入第三方机构独立运作模式,代理平台进行资金划转,保证资金的安全。再次,要求平台详细介绍项目信息,进行明确的风险提示,加强投资者教育;对投后资金进行实时监控,及时喊停不合格的项目,以保护投资者利益。最后,提升平台的经营能力,培养和招募具备专业技能的管理者,例如股权众筹平台的管理人员应掌握证券投资方面的理论知识和实践经验。

第五节　大数据与互联网消费信贷

一、互联网消费信贷的概念

个人消费信贷,实际上是商业银行以自然人为对象,用于个人合法合规消费用途的贷款业务,该业务是商业银行发展到一定程度的创新产物。目前国内消费信贷的品种不断丰富,早期消费信贷主要是以个人住房按揭贷款为主要品种,后来逐渐增加了汽车贷款、教育贷款和旅游贷款等不同形式的贷款产品。这些贷款品种主要是根据特定用途进行了分类。之后出现了额度贷款,没有特定用途,但属于消费用途的消费信贷,更加符合消费者的需求,逐步形成了品种多样的消费信贷产品体系。

互联网,尤其是移动互联网的普及,带来了消费信贷的一场革命。广大互联网用户剧增,尤其以网上炒股或基金、网上支付、网上银行为主要发展领域。以网上支付为例,用户的使用率几乎每半年就有 20％左右的增长率,足以看出互联网金融在当前社会经济生活中的重要作用。所谓互联网消费信贷,目前学术界没有统一的定义,一般将其理解为在传统消费信贷基础上发展起来的金融科技公司,受互联网技术和互联网精神的影响,运用计算机网络、云计算和大数据等信息技术手段,向自然人或居民发放的、用于居民或家庭消费使用的贷款。这类信用贷款具有单笔额度小、贷款期限短、审批速度快等特点,具有代表性的产品包括蚂蚁花呗、京东白条、苏宁任性付等。

二、基于大数据的互联网消费信贷发展现状

随着大数据时代的发展,互联网金融得到了很大的发展,大数据技术在金融行业的作用也越来越重要,形成了一种全新的金融常态。互联网消费金融,主要对个人客户提供小额(不超过 30 万元)信用消费贷款。互联网公司通过客户大数据分析,实现对现有平台客户的客户分析,形成客户画像,把个人消费信贷业务嵌入到真实的消费场景中,从而实现对贷款用途的把控和风险控制的优化。因此,大数据下的消费信贷业务主要是指通过大数据推动的短期、小额(不超过 30 万元)的消费信贷业务。

（一）互联网消费信贷的发展规模

互联网消费信贷目前的主力军集中在具有借贷业务的互联网公司。互联网公司的消费信贷发展增速，对传统的商业银行提出了严峻的挑战。互联网公司通过大数据推动的消费信贷增速显著。各大商业银行紧随其后，开始纷纷推出自己的小额消费信贷产品，准备进入小额消费信贷市场。但是由于审批流程、客户体验、风险控制等各方面的因素，商业银行小额信用消费贷款的发展速度始终慢于互联网平台。

随着消费金融在拉动内需、促进消费升级、服务实体经济等方面发挥越来越重要的作用，金融科技与消费金融的融合极大地提高了金融服务的可得性和普惠性。中国消费金融业务自 2015 年之后，一直保持着快速的发展态势。尽管在 2018 年后进入了规范整顿期，增速有所放缓，但整体上仍保持了较快的增长态势。特别是在 2019 年，消费金融公司的资产规模和贷款余额均实现了显著增长。此外，随着监管政策的逐步完善和市场的规范化，预计消费金融业将继续保持健康稳定的发展。

（二）互联网消费信贷的发展模式

利用大数据分析消费信贷业务，我们可以将该类公司分为两类：一类公司拥有自己的数据积累平台，在此基础上进行数据分析、建模。以 BAT（百度、阿里和腾讯）为代表的互联网大平台，凭借其拥有大量用户，积累了大量关于用户消费行为的数据，通过大数据行为的分析，可以有效地判断出消费者的消费习惯，并根据其账户的现金流量（如京东、淘宝账户）分析判断其支付能力及信用状况，从而为通过大数据分析消费信贷提供了可行性，并能够搭建更加丰富的消费信贷场景，更好地支持通过大数据手段优化消费信贷业务。一般来讲，在该种模式下的大数据消费信贷分析过程如图 7-4 所示。

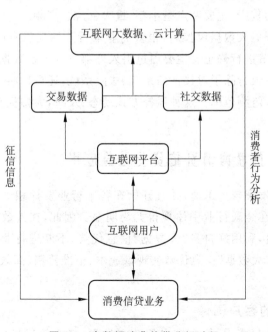

图 7-4　大数据消费信贷分析过程

另一类公司在成立之初没有数据积累，但它们同样可以从互联网上抓取数据。当数据量足够大时,它们也可以从多维度对客户进行数据分析、建模,其客户数据库结构如图 7-5 所示。

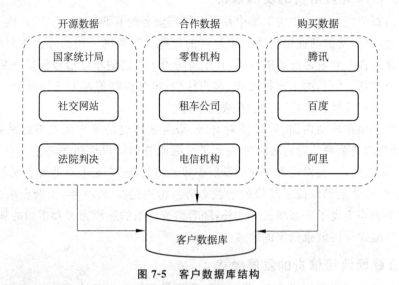

图 7-5　客户数据库结构

（三）互联网消费信贷的风险控制

互联网消费信贷业务在大数据技术的推动下,无论是发展规模还是运营模式都在发生着巨大的变化,但也应该看到这种模式下存在的风险隐患,很多消费信贷机构在应对数据风险时采用了新的风险控制方式,与传统的风险控制方式相比有所变化。

互联网公司的风险控制,一方面基于数据分析,得出可能符合要求的用户数据,并对此类用户进行授信;另一方面,这类用户都有相应特征,例如行业特征、学历特征等。在互联网公司开展的小额消费信贷中,主要特点是小额、量大、分散、高频。

自从互联网公司开展大数据风控后,很多商业银行开始反思自己的风控能力和风控流程,并对自己的风控环节进行修正。主要通过引入外部三方平台数据进行贷后监测,这种监测每天都在进行。商业银行除了对接征信系统、法院系统,还可以将工商、芝麻信用、公用事业、社保、公积金等纳入监测范围。这种风控方式动态、及时,大幅提高了风险控制的效率和有效性。

三、基于大数据的互联网消费信贷业务的应用

最近几年,大数据发展较为迅速,并且开始在各个行业发挥相应的作用,全新的商业模式开始形成,这一特点在金融行业中体现得尤为明显。因此,在大数据时代的推动下,消费信贷机构应以此为契机,利用好自身"大数据"信息优势,不断进行业务创新,尤其是个人消费信贷业务,探索利用"大数据"信息优势实现低成本、精准营销、高效率的经营服务,从而构建新的金融盈利模式。

（一）创建精准的客户画像

基于传统金融的盈利模式下,在推出相关产品时,消费信贷机构鲜少考虑客户的体验感,并且缺乏"以客户为核心"的业务理念。如今,互联网金融通过对客户社交及消费等大数据信息的分析,逐步建设形成以"客户体验"为中心的服务体系,并且对大数据背后所隐藏的

资源进行挖掘。在大数据金融时代，信贷机构借助其同客户之间相关的结构及非结构数据，通过顶层设计，针对多个客户的不同需要提供服务。同时综合客户的身份、家庭、工作、资金流水和社交信息，分析客户的真正需求，对客户进行分类，精准营销，即有针对性地为客户提供金融服务，创造相应的增值服务，提升客户黏性。

一般习惯做法是先建立客群，再分析客户数据，从客群的需求出发，开发产品对接。甚至在客群没有需求时，创造需求去对接。从商业的角度来说，这样的经营思路所涵盖的目标客群更大，业务范围更广，这就需要信贷机构重视对存量客户的数据深挖。客户识别问题、业务发展手段问题，都需要对存量客户数据进行深挖，以此为基础，进一步提升存量客户业务贡献度。

1. 创建客户数据仓

目前，很多互联网公司在管理整合存量客户数据方面比较混乱，很多数据会分散在不同的数据库中，需要某一项数据时，需要从一个甚至多个数据库调阅。同时，由于缺乏对客户数据的整合，数据基本处于分散、凌乱、没有特定规则的分布状态。因此，需要建立一个完整的数据仓，将存量客户的历史数据整合到这个数据仓中。

在建立数据仓时，需要先确定数据源，这个数据源不仅是平台自身的客户数据，还是外部三方平台的数据。把这些数据源导入数据仓，在数据仓中把这些数据进行编码、分类、合并、拆解等过程，这个步骤可以看作数据的粗加工。在客户数据粗加工之后，接下来需要进行精加工，技术上主要依赖于云计算。这个过程的核心是数据演算和统计分析。对于信贷机构来说，最主要的任务是分析客户的现金流、信用评级、行业、消费习惯等。经过数据精加工以后，这些信息可以提供给营销部门进行数据利用业务拓展，使平台业务拓展更加高效。

建立客户数据仓虽然工程量巨大，但是整合后的客户数据可以进行统一编码，按照统一的语言进行分类管理，调阅数据时不需要去不同的数据库，查询某个数据也可以提高时效性。这样一来，当需要开展特定客群的营销活动时，可以立即了解现有此类客群的规模及其分布情况。在开展营销活动后，如果按照30%的成功率计算，能达成的业务规模及能够创造的利润也将一目了然。通过建立数据仓，信贷平台能更好地了解自身的存量客户数据，开展针对存量客户的精准业务活动。

2. 创建客户消费画像

通过建立客户画像，企业能够更加精准地识别客户。很多企业在开发产品时希望能够覆盖所有的客群，但这样会造成产品不够聚焦，无法精准地满足目标客户的需求。因此，客户画像可以帮助企业更好地聚焦某个客群，从而更有效地开展营销活动。

例如，一家乐器批发商使用个人账户进行交易，每个月都会有乐器采购和交易记录，即使这个客户没有告诉信贷平台其行业性质，平台也能轻松地了解到他是一家交易乐器的商户。银行可以从每月的进出流水了解到，这个业务他已经经营了几年，从一开始的每月几千元交易额到每月数百万元交易额，观察到其业务规模稳步提升。信贷平台可以据此建立一个基础的客户画像，即使客户没有提供其个人行业信息，也可以从客户交易行为中分析出这个客户的大致信息。在精准地需求定位后，信贷公司就能推算出他在什么时候有资金需求、用途是什么、目前的账期是怎么样的。然后可以向他提供一笔小额经营性贷款用于乐器采购，以缓解其资金压力。而这全部需要依据大数据的建立、分析和客户画像的创建。客户画像创建后，互联网信贷公司能够精准识别自身的存量客群，从而更有利于对存量客户进行经营管理。

（二）降低信贷成本，提升信贷服务效率

1. 降低信贷成本

在传统的模式下，由于信贷资源相对短缺，传统模式想要实现信贷业务的开展需要较高的边际成本，使得商业银行更愿意受理个人住房贷款这种模式固定、风险较低的业务。在传统的信贷模式下，由于难以保证双方交易信息的对称性，因此银行借助抵押担保和提高利率等方式减少其可能面对的风险。但是高利率的存在可能导致优质客户的进一步流失，而劣质客户的增加将使传统模式下商业银行的个人消费信贷风险进一步加剧。

通过使用大数据可以有效发挥其在消费信贷业务中的优势，使信息不对称的情况尽可能减少，从而使信贷业务的成本进一步降低。通过客户的个人信息、交易数据、信誉值、还款记录、纳税社保缴纳信息、担保物价值等数据实现个人信用评分模型的建立，借此分析相关模型，并对模型做出论证，总结归纳相关数据，得出客户的真实信用情况，进而保证能充分获取客户的贷前综合调查信息。通过挖掘客户背后隐藏的信息，互联网信贷公司可以实现商业价值的获得，从而降低信贷服务的成本，也有助于相关机构在信贷风险方面进行及时、有效的管理，并尽可能降低管理成本。

2. 提升信贷服务效率

通过使用大数据，可以改变传统金融行业的经营管理理念，从而进一步提高信贷服务的效率。互联网信贷公司通过与大数据平台合作，从第三平台中获取海量数据等资源，结合自身的存款数据、理财数据、交易结算数据等信息，通过对个人消费信贷流程的整理归纳，建立具有标准化、规范化的个人消费信贷"流水线"作业，实现个人消费信贷的在线操作、自动化审批、预警分析等相应的服务模式，满足了个人消费信贷客户对高效率和快速贷款的需求。

这里以批量化审批策略的创新为例，进一步分析大数据技术在提升信贷服务效率方面的作用。众所周知，传统风险管理技术下的审批决策是根据单个用户的风险信息进行风险评价后制定的，而大数据风险管理实现的是批量化、规模化、全局化的审批决策。在高速运转的决策策略下，以实现"利润—成本"最大化的模式。因此，针对以不同渠道营销的客户，需要一个统一的客户化服务平台，能够快速展示综合化的客户信息，并根据业务规则快速匹配到不同的审批和贷后管理流程中，从而大幅提升当前消费贷款业务受理效率。不同的信贷申请会调用不同的信用评分计算引擎。在评分计算引擎上，建立一个客户集群的数据库，根据进入计算引擎的客户信息，进行不同信用评分模块的匹配。这种匹配首先是适用人群的匹配，那些不适用评分政策的特定人群，将进行另外一套流程的程序。对于不需要评分的原因必须予以记录，并经过有关人员的审核，才能进入后续的审批环节。经过信用评分后，需要将评分结果匹配到不同的信贷审批策略中。实际上，这是在设置批准率和愿意承担的风险之间的平衡，即在批准通过的数量和这些人批准后可能形成的坏账数量之间取得一个平衡，在批量决策中控制风险，最终实现规模化的业务水平与相对稳定的不良率水平平行发展，实现风险在合理区间内运行的盈利。

（三）建立动态信贷风险控制模式

风险控制是商业银行的立行之本，离开风控谈业务扩张是不切实际的。因此在大数据的背景下，我们的初衷是利用数据更好地进行风控。通过大数据分析，提升风控效率和风控

的有效性。

目前互联网消费信贷机构的风险控制,主要是采用严格的贷前审核和贷后风险预警的方式进行。

1. 消费信贷的贷前审核模式

在授信准入方面,通过更加清晰地了解借款人,例如,我们把借款人的银行流水电子版导入系统,利用数据分析借款人的现金流状况和往来情况,能够更加客观地体现借款人的还款能力。再把借款人的社保信息、公积金信息、纳税信息、法院执行信息、淘宝天猫信息、携程信息等通过外部系统进行导入,真实客观地还原借款人的客户画像,使信贷平台在授信前就能更加精准地识别借款人的风险。关于精确识别目标客户、为客户创建消费画像的理论,在前面已进行阐述,此处仅对贷款后的风险控制预警机制进行介绍。

2. 消费信贷的贷后风险预警

贷后风险管理的核心价值在于对风险的前瞻性识别和监控预警,监控借款人的各类相关信息是否发生"坏"的变化,经营环境是否发生改变,监控资产的状况是否发生了改变。风险监控预警是通过对大量信息的综合分析,从而实现对客户系统性、连续性的监测,及早发现和识别风险来源、风险范围、风险程度和风险趋势,并发现相应的预警信号。主要体现为以下两方面内容。

1) 创建客户数据库

利用大数据挖掘技术,不断丰富客户数据源,提取与贷款风险相关的数据信息,一旦发现潜在风险因素,例如交易行为显示交易地址不在常用范围内时,可以进行风险预警,客户经理可主动与客户取得联系,了解其当前所处地域变化的原因等,排查风险隐患,这就极大地节省了贷后管理的成本,将被动检查变为主动预警,提高了贷后管理的质量。同时,针对已失联的信贷客户,可利用行外数据,查找关联信息人或物流信息地址,以确定借款人当前所处详细地址,尽快与借款人取得联系。

2) 创建预警规则

风险监控主要是通过业务或数据对比来预测,通过真实现状值和预测值进行比较,当预测值与真实值偏差比较大时,就应该认为真实值出现了异常,需要预警。并且对预警事件进行归因,进而有针对性地采取措施。例如,存款余额变化异常预警,这种情况下消费信贷客户存款余额发生异常波动,当月存款余额与近六个月存款余额平均值相比波动范围超过30%。

通过大数据的整合分析,可以更加高效地识别贷款人的潜在风险,这样的风险控制过程是动态的。通过与外部平台的对接,实时更新授信个人的信息、状况、信用等信息,十分有利于商业银行及时开展贷后催收工作。

(四)创建场景化的产品设计模型

一直以来,消费场景都是消费信贷赖以生存的土壤,传统风险管理技术是针对借款人进行风险识别、风险评价和风险管理,认为只有每个个体的风险管理均达到有效标准,才能达到整体风险的有效管控。而大数据风险管理,则是进行逆向管理,建立以模型为主、规则为辅的大数据风险管理系统,在场景中进行风险识别和管理。对于互联网企业而言,由于客群规模大,长尾效应和网络效应正是他们成功的重要原因之一。因此像腾讯"微粒贷"这样的产品,单户授信金额只有 8 000 元左右,通过网络效应开展这项业务,使他们获得了超额的收益。

在消费信贷领域,按照不同的消费场景类型,可划分为购物场景、教育场景、租房场景、装修场景、旅游场景、婚庆场景等。每一种消费场景中的风险控制措施的侧重点会有所不同。因此,互联网企业在大数据背景下的消费信贷风险管理就是面向多种场景消费金融输出自己的技术方案。通过多元化的场景建模,一方面可以主动挖掘客户需求场景,积极培育维护客户,构建客户行为画像,研究客户行为习惯,通过对交易数据、多渠道交互数据、社交媒体数据及其他客户相关数据的全面分析,实现客户生命周期管理,了解客户需求,预测客户未来行为,便于实时掌握客户的风险数据;另一方面可以结合业务需求开展联合建模,借助外部数据和数据产品优势创新研发数据产品,有效地支撑金融机构营销风控、运营决策。

第六节 大数据背景下互联网金融面临的机遇与挑战

一、大数据背景下互联网金融面临的机遇

在大数据的浪潮下,互联网金融行业正站在一个新的历史起点上,面临着前所未有的发展机遇。大数据技术的应用不仅改变了金融服务的提供方式,也为金融产品的创新、风险管理的优化、客户体验的提升以及市场竞争力的增强提供了强大动力。

大数据技术为互联网金融带来了精准营销的新机遇。通过分析用户的消费习惯、交易模式、社交网络等多维度数据,金融机构能够更准确地识别和理解客户需求,实现个性化服务和产品推荐。这种基于数据的精准营销,不仅提高了营销效率,也极大地提升了客户满意度和忠诚度。

大数据在风险管理领域的应用为互联网金融机构提供了更为强大的风险控制工具。通过对大量历史交易数据的分析,金融机构能够及时发现异常交易模式,预测潜在的信用风险,从而在风险发生前采取措施。此外,大数据技术还能够帮助金融机构在信贷审批过程中更准确地评估借款人的信用状况,降低违约风险。

在产品创新方面,大数据的应用为互联网金融带来了无限可能。金融机构可以根据大数据分析结果,开发出更符合市场需求的金融产品,如基于特定消费场景的消费贷款、定制化的理财建议等。同时,大数据还促进了金融科技的发展,推动了区块链、人工智能等新技术在金融服务中的应用,为互联网金融行业带来了新的增长点。

二、大数据背景下互联网金融面临的挑战

虽然基于大数据的互联网金融发展应用已经有成功的案例,但其成功应用多集中在诸如 Google、Amazon、百度、阿里巴巴这样的技术、数据和实力都强大的互联网巨头手中,传统金融企业和新型的互联网金融公司,在利用大数据技术时,不得不面对数据资源匮乏、数据工程师人才难觅、可参考的大数据模型稀少、大数据硬件设备昂贵、云端数据资源共享有限等挑战。

在法律依据和监管方面,大数据应用也面临着相对应的法律法规较少、监管部门不明

确、犯罪成本较低等问题;在数据信息共享过程中,有面临涉嫌侵犯公民隐私权的指控。基于大数据的互联网金融应用作为一个新生事物,从诞生到成熟商业运用,还有很多路要走。

在使用大数据思维的时候,我们不得不关注数据的真实度、数据的隐私、数据的计算方法、建立大数据模型的完整性等诸如此类问题,这些问题也是我们不得面临的问题。如何在海量繁杂的数据中筛选出真正有价值的数据。如何建立大数据模型? 如何运用云计算的计算方法? 如何保护数据隐私? 这些问题正是当下大数据时代来临初期,所有从业者不得不思考的问题。基于大数据的互联网金融的应用研究才刚刚起步,这还需要后来者的不断探索和努力。

【思考练习】

1. 互联网金融是什么? 它与传统金融有什么区别?
2. 如何理解大数据与互联网金融的关系?
3. 如何利用大数据技术预防第三方支付欺诈风险?
4. 常见的网络融资有哪些形式? 大数据技术在网络融资中起到什么作用?
5. 大数据技术在互联网消费信贷领域中有哪些应用?

【学习园地】

"马上消费":构筑互联网金融反欺诈的"恢恢天网"

随着互联网技术的迅猛发展,风险管理技术面临着前所未有的挑战。因此,我们必须根据业务流程进行全面的风险管理。其中,欺诈风险管理是最需要克服的一大难题。在这方面,许多公司都在尝试如何利用大数据技术有效防范欺诈风险。重庆的马上消费金融股份有限公司(以下简称马上消费)作为科技驱动的金融机构,基于行业金融信贷反欺诈业务需求及新一代技术应用发展趋势,经过多年的自主创新研发,立足将现代前沿科技与互联网金融风险监管有效融合,创新应用无感知埋点、设备指纹、变量计算、智能外呼、复杂网络构建、流计算和人工智能多模态检测等关键技术,实现了对欺诈行为的精准打击,为金融行业提升反欺诈能力做出了有益探索。

马上消费以人工智能、大数据等技术为基础,围绕金融行业信贷反欺诈"贷前防范—贷中监控—贷后处置"三个阶段安全需求,构建"复杂网络防控、反欺诈决策、交易侦测、交易反欺诈、情报舆情监控、案件调查、全域监控、多模态检测"八大功能模块,构建起面向金融信贷全流程的智能反欺诈安全解决方案。在贷前防范领域,马上消费利用图数据库构建实时小网络,通过反欺诈核身体系构建、复杂关系网络防控、贷前反欺诈策略制定等途径,在保证普通客户账户及核身安全的基础上,形成小时级数据特征分析报告,构建黑名单,实现智能化发现欺诈团伙,有效防范伪造信息、中介代办、伪冒申请、多头借贷、电信诈骗等风险。贷中监控牢筑第二道防线。马上消费依靠强大技术支撑,利用复杂网络与决策引擎联动技术,精准识别欺诈团伙,反向通知决策引擎拒绝审批;利用分布流式计算平台架构技术,对交易数据实时风险监控,并依据风险级别进行决策,实现反欺诈实时侦测、反欺诈数据收集、人工侦测、后置核身、实时拦截、延迟放款等功能。与准入难、审批难相比,传统银行对于贷后监测可能感觉更难,既难以实时跟踪,又无法有效监测。有效的贷后监测,也只能依靠科技提高风控有效性。马上消费利用大数据自动抓取和分析代替传统的线下人工调查、调查员潜伏监控;利用人工智能外呼和活体监测技术保证监测准确性;利用分布流式计算平台架构构建大数据实时数据立方引擎,有效地对交易数据进行实时监控,并依据风险级别为决策人员提供有效判断。

作为该领域的头部科技公司,马上消费不断在创新领域突破自我,同时也不忘承担企业社会责任。多年来,马上消费自主研发了1 000余套涵盖消费金融全业务流程、全生命周期的核心技术系统,累计提交发明专利申请1 000余项,以"数据报送与采集、反欺诈特征计算、交易反欺诈决策、反欺诈综合管理和反欺诈监控与大数据分析"五大方向为路径,为解决行业痛点、提升金融反欺诈效率与能力做出了积极贡献。该系统的推出,将数字化风控反欺诈技术工具嵌入金融信贷全业务流程,在有效提升行业风险监测预警智能化水平与有效保护金融消费者信贷安全和合法权益的同时,实现了金融产品、风控、获客、服务的智慧化,在应用新一代技术打造金融反欺诈数字化、网络化、智能化实现路径方面,创新引领示范作用突出,为经济社会数字化能力建设积累了丰富成果,助力产业数字化升级,共建数字安全生态,推动经济社会高质量发展。

资料来源:银行家. 马上消费:构筑金融反欺诈的"恢恢天网"[EB/OL]. [2023-05-18]. https://baijiahao. baidu. com/s?id=17663080166753331258&wfr=spider&for=pc.

大数据在供应链金融中的应用

第一节 供应链融资概述

一、供应链金融的内涵与特点

(一)供应链金融的内涵

供应链金融是一种新型的融资模式,主要是为了解决中小企业的融资难问题。它将资金流纳入供应链管理中,不仅为供应链上的各企业提供贸易资金服务,还能为中小企业提供新型贷款融资服务。在这之前,资金流动只是辅助流程,而在供应链金融的模式下,资金流动已经成为制约整个供应链发展的关键,得到越来越多的关注。

国内对供应链金融的定义普遍认为,供应链金融是指基于真实贸易背景,依托核心企业,运用自偿性贸易方式融资,通过应收账款质押、货权质押等手段封闭资金流或者控制物权,对供应链上下游企业提供综合性金融产品和服务。供应链金融以核心企业为出发点,重点关注供应链中位于核心企业上下游的中小企业的融资诉求,通过供应链系统信息、资源等有效传递,实现了供应链上各个企业的共同发展,持续经营。在供应链金融服务中,供应链融资是最为核心的业务。

换句话说,供应链金融是一种独特的商业融资模式,它依托核心企业,对单个企业或多个企业提供全面的金融服务,从而稳固供应链上核心企业与上下游企业之间的产供销链条,降低运作成本,使银行、企业和供应链和谐共存,持续发展。

供应链金融通常为"M+1+N"模式,核心企业为"1",供应商为"M",分销商或客户为"N",核心企业为供应商和分销商或客户提供综合金融服务。

从模式上看,供应链金融比传统金融更便捷,融资企业的议价能力也得到了显著提升,如图 8-1 所示。

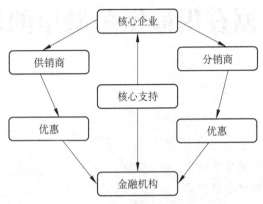

图 8-1　供应链金融融资模式

(二) 供应链金融的特点

供应链金融通过整合信息、资金、物流等资源,来达到提供资金使用效率并为各方创造价值、降低风险的目的。

1. 供应链金融属于信贷类产品

供应链金融产品包括对供应商的信贷产品,例如存货质押款、应收账款质押贷款、保理等;也包括对分销商的信贷产品,例如仓单融资、原材料质押融资、预付款融资等。此外,除了资金的融通,金融机构还提供财务管理咨询、现金管理、应收账款清收、结算、资信调查等中间增值服务,以及直接对核心企业的系列资产、负债和中间业务提供服务。

2. 具有自偿性、封闭性和连续性的特点

自偿性是指企业还款的主要来源是贸易所得的货款,通过设计操作模式,使得企业的销售收入会自动导入银行的特定账户。

封闭性是指银行等金融机构通过设立封闭性贷款操作流程来保证款项专用,借款人不得将款项用于其他用途。

连续性是指同类贸易行为在上下游之间会持续发生,在此基础上的授信行为也可以反复进行。

3. 供应链金融业务主体

供应链金融业务主体包括金融机构、第三方物流企业、供应链核心企业等,业务主体关系如图 8-2 所示。金融机构泛指能够提供资本的机构,例如银行、担保公司等。第三方物流企业(3PL)是提供质押物(动产)的物流服务和资产管理服务(如监管、拍卖等)的承载者。第三方物流企业在物流渠道中有中间商提供的服务,中间商以合同工的形式在一定期限内,提供企业所需的全部或部分物流服务。融资企业是指供应链中资金不足的企业,由于资金不足将会限制该企业实现最优的运营决策。一般来说,借款企业往往是中小型企业。中小型企业的主要特点体现在两个方面:一是流动资产占总资产的比重较大;二是处于供应链中的弱势地位,上游的供应商和下游的需求方均具有较强的实力,导致中小企业在正常现金流需求方面存在困难。供应链核心企业往往规模较大,实力较强,能够通过担保、提供出质(物)或者承诺回购等方式帮助融资企业解决融资担保困难,从而保证与融资企业良好的合作关系和稳定的供货来源或分销渠道。供应链金融服务中,由于产业链核心企业的参与顾及供应链整体利益,使得银行信贷风险得到有效降低。产业链核心企业可以通过供应链金融集成式产品服务,帮助上游供应商解决融资困难,保持与其长期友好的合作关系和稳定的供货来源。

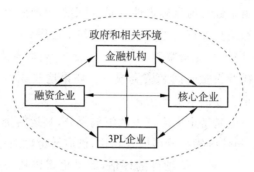

图 8-2　供应链金融业务主体

4. 突破了传统的授信视角

供应链金融的授信针对的是整个供应链,授信方式为"1＋N"模式,即围绕核心企业寻找供应链中客户的资金需求,这可以大大降低客户的开发成本,也可以增加企业对银行的依存程度。

不仅如此,供应链金融还改变了银行对中小企业的授信方式,中小企业融资的门槛降低。银行等金融机构不再过分依赖或侧重于考察中小企业的静态财务报表,而更加关注其在供应链金融中的交易背景。

二、供应链金融的作用

供应链金融是一种金融技术手段,具体来说就是金融风险控制手段,是通过对预付款、存货、应收款的评估和控制进行风险补偿的金融技术。供应链金融的目标是提升供应链内部资金效率,最终达到多方共赢的效果。

(一)解决中小企业融资难

目前许多中小高科技企业通过融资租赁获得设备和生产线,其厂房也是租来的。这些企业除了常用的办公用品,固定资产极少。按照传统的银行贷款逻辑,这些企业很难获得融资贷款。但是这些企业通常拥有核心技术,能够获得优质的订单,只是缺少完成生产所需的原料。

从宏观角度来看,由于信用缺失、固定资产等抵押担保品少、财务信息不透明等,中小企业的融资困境一直存在。尽管近年来国家出台了多项措施来缓解中小企业融资难的问题,但银行等主流资金供应方惜贷现象仍未得到有效改善。

从微观角度来看,由于核心/平台企业的竞争力较强、规模大,因此在与上下游中小企业的议价谈判中处于强势地位。为了减少运营成本,获取更大利润,它们往往在交货、价格、赊账等贸易条件方面对上下游配套企业要求苛刻,从而给上下游中小企业带来了巨大负担。回款周期长、流动资金严重缺乏等问题制约了企业的周转速度。

在迫切的资金需求下,中小企业却又往往很难通过正常融资渠道得到资金支持。在传统银行授信方式下,理论上提高贷款利息能够弥补风险成本,因此风险未必导致中小企业融资困难。然而,由于信息不对称,银行无法对中小企业有效设置差别化信贷价格体系。传统上的解决方案是要求借款人提供价值稳定、难以转移且易于变现的资产作为抵押,或者要求实力更强、风险水平更低的主体提供担保。而中小企业固定资产存量通常较少,往往缺乏银行认定的抵押资产;同时由于经营前景确定性较弱,也很难争取到其他主体的商业性保证担保。因此,传统授信技术和信贷评审技术对中小企业并不适用。

此外,对于银行来说,中小企业贷款频率高、单笔额度小、信息采集成本高于大型企业,融资审核过程复杂,需要耗费大量时间和资金成本。如果这些成本通过利率转嫁给中小企业,融资成本可能超出中小企业的承受能力。

企业不是孤立的,它一定是特定供应链上的组成部分,其运营资金需求背后总是对应着真实的交易背景和行为。与传统银行授信模式相比,供应链金融对中小企业更具有包容性。供应链金融不再局限于中小企业个体硬件的评估,而是更多以核心/平台企业为中心,从整个产业链的角度对供应链参与成员进行全面的资信评估,进而降低了中小企业融资的准入门槛。供应链金融还可以通过核实贸易情况、控制货权、第三方物流监管等工具进一步完善风险管控。

从根本上来说,供应链金融从两个角度对传统银行信贷进行了改进,一是将银行的不动产质押偏好转向动产;二是对中小企业的信息缺乏进行补足。一方面是信息内容的转换,利用贸易信息补足个体信息;另一方面在供应链金融3.0的大数据背景下,可以直接降低获取信息的成本,拓宽获取信息的渠道,通过丰富个体信息,实现无抵押无担保的纯信用授信。

(二)核心/平台企业需要升级

英国著名供应链专家马丁·克里斯多夫曾经说过,市场上只有供应链而没有企业,21世纪的竞争不是企业和企业之间的竞争,而是供应链和供应链之间的竞争。一个企业要想实现持续经营,必然要对供应链上的企业进行相对精细的管理,与上下游成员进行物流、信息流和资金流的协同。其中在物流和信息方面,虚拟生产、VMI(供应商管理库存)等方式可以有效地实现管理扁平化和终端市场需求信息的共享。然而在供应链的部分节点,资金流问题导致的短板往往抵消了分工与协作所带来的效率优势和成本优势,成为影响供应链整体竞争力的关键因素。

就企业来说,由于自身优劣势的不同,在转型大潮中表现出不同的诉求。小部分掌握了产业核心资源的企业,希望利用金融业务将其在行业中长期建立起来的信用优势变现;大部分中小微企业更倾向于解决融资问题。无疑,供应链金融对整个产业链的再升级是一个战略级突破口。

最简单的供应链金融可以由核心/平台企业自身提供,例如向供应商提供付款、对分销商增加赊销等。但核心/平台企业作为独立的经济体,在保障产品销售的同时,也会追求经济性,其手段恰恰是向上游延长账期、向下游缩短账期和向下游转移库存。然而,过度挤压上下游并不是可持续的做法,只有当整个供应链的成本降低了,核心/平台企业的采购成本才能降低,产品价格才能优化,进而增强经销商的黏度。

核心/平台企业可以在供应链资金流规划的过程中充当协调者,通过与上下游的业务活动调节资金的分布情况。此外,核心/平台企业还可以作为资金的提供者,由于其资信水平较高,容易从融资渠道获得低成本的资金,因此可以为供应链成员尤其是中小企业提供资金。这满足了核心/平台企业产业转型升级的需要,通过金融服务变现其长期积累的信用和行业专业资源。

(三)解决多层次金融服务缺席

中小企业融资难一直是社会难题,在经济换挡期更是如此。为了扩大再生产,它们只能通过内生式积累或借道民间高利贷。年化8%~20%的融资成本,成为传统金融的盲点,也因此成为金融创新的主战场。

供应链金融最大的创新在于填补了8%~20%的融资利率空白,为中小企业融资提供了新的途径。理论上,银行是中小企业最理想的融资对象,成本在6%~8%。但从收益风险配比角度看,银行更愿意将资金提供给大型企业,而不愿意承受过高风险。

中小企业被迫转向民间借贷,而民间借贷的平均利率在27%左右,高企的融资成本挤压了中小企业的生存空间,减少了中小企业的投资,不利于整个供应链的发展。8%~20%融资服务的空白,背后折射的是金融服务的结构向缺失,以及社会资本对中小企业所要求的不合理过高风险补偿。

由于多层次金融市场的缺失,中小企业往往面临缺乏主流金融机构覆盖的尴尬境地,导致它们不得不寻求高风险的融资方式,并且相应的金融服务机构分散、混乱,对中小企业的稳定经营造成重大影响。但是,针对中小企业的金融服务仍是一片尚未被充分开发的大市场,新的金融模式、新的技术应用可能会彻底启动行业崛起的阀门。

三、大数据与供应链金融

(一)大数据在供应链金融领域的应用

大数据时代,大数据思维的重点从"流程"核心转变为"数据"核心;由功能是价值转变为数据是价值;从抽样转变为需要全部数据样本;由关注精确度转变为关注效率;由关注因果关系转变为关注相关性;从不能预测转变为可以预测;从人找信息,转变为信息找人;由人懂机器转变为机器更懂人;大数据改变了电子商务模式,让电子商务更智能;由企业生产产品转变为由客户定制产品。

大数据在供应链金融领域的应用具体体现在两个方面。

(1)精准定位用户,根据用户的需求设计供应链金融产品。数据挖掘前端化,或者说直接为中小企业感知和直接提供中小企业所需要的服务,终将催生各种个性化的金融服务。业内经营决策者通过对行业数据进行整合、分析,可以更准确地了解行业动态及发展趋势,制定更合适中小微企业需求的金融产品与服务及营销方案。

(2)在贷前精准全面地评估用户,贷中、贷后实时预测风险和控制风险。大数据的出现恰好缓解了金融机构与中小企业之间信息不对称的情况。大数据可用于对目标客户进行资信评估。在获得客户许可的情况下,金融机构可以利用大数据对客户的各种数据进行深入分析。大数据可用于风险分析、警示和控制。大数据的优势在于行情分析和价格波动分析,并能尽早提出预警。

（二）大数据对供应链金融的影响

供应链运营在大数据的支持下发生了翻天覆地的变化。根据麦肯锡公司（2011）的定义，大数据是"超过了典型数据库软件工具捕获、存储、管理和分析数据能力的数据集"，这一数据集的典型特点是数据量大、数据类型繁多、数据增长快及数据经分析处理后具有很大价值。

1. 大数据提高了金融机构信息收集与分析的能力

大数据的应用拓宽了供应链金融的服务内涵，通过运用大数据分析技术，供应链金融服务能够分析和掌握平台会员的交易历史和交易习惯等信息，并对交易背后的物流信息进行跟踪分析，全面掌握平台和平台会员的交易行为，并利用这些信息给平台会员提供融资支持。大数据的应用降低了供应链金融的业务成本和贷后管理成本，能够帮助金融机构从源头开始跟踪押品信息，因此更容易辨别押品的权属，减少实地核查、单据交接等操作成本；通过对原产地标志的追溯，帮助金融机构掌握押品的品质，减少频繁抽检工作；金融与核心企业的信息互动，甚至可以实现押品的去监管化，节约监管成本。大数据的应用提高了客户筛选和精准营销的能力，通过引入客户行为数据，将客户行为数据和银行资金信息数据、物流数据相结合，得到"商流＋物流＋资金流＋信息流"的全景视图，从而提高了金融机构的筛选和精准营销的能力。在大数据的影响下，未来供应链金融将会朝着多方合作的平台模式方向发展，包括供应链参与企业、银行、行业协会、政府管理部门、物流企业等。

2. 大数据促进物流企业精准管理存货

在供应链金融中，物流企业掌握着中小企业的存货仓储、发货运输、存货周期等运营信息，通过对存货进行管理和控制，并与传统银行合作，成为其中的关键环节。在供应链金融中，金融机构不仅要求物流企业对其存货进行管理，还希望分享物流企业所掌握的信息。从目前的情况来看，物流企业所掌握的信息远远不能满足实际需要，信息不对称现象依然存在。大数据时代，信息极大丰富，物流企业通过更新设备、整合各种资源，从而更大范围地获取企业信息，更好地服务于金融业务。在大数据时代，物流企业的信息获取、信息整合和信息利用主要体现在以下两个方面。①大数据技术可以极大地扩展数据来源，利用大数据平台，物流企业能够从互联网、移动平台等多种非传统渠道中及时捕捉以前无法获得或无法使用的客户和市场数据，这使得许多依靠传统方式无法完成的工作成为可能，从而使供应链金融业务的事前风险预判结果更准确，更具指导意义。②通过大数据技术可以将许多非结构化数据与传统数据快速整合、关联补充，完成企业行为模式分析和发现。这有助于物流企业确定被监管企业运营状态变化规律，建立运营状态变化路径，按变化路径设置风险控制点，逐点评估业务风险，从而形成全新的事中风险动态计算体系及管理模式。

3. 大数据可用于资信评估和风险分析

大数据可用于目标客户的资信评估。在获得客户许可的情况下，金融机构利用大数据，可以对客户财务数据、生产数据、电水消耗、工资水平、订单数量、现金流量、资产负债、投资偏好、成败比例、技术水平、研发投入、产品周期等一系列数据进行深入分析，并利用公式和标准将这些数据转变成评判指标。单纯依靠财报和交易数据存在一定的风险，因为这些数据有可能被伪造，但利用大数据来掌握客户的账务情况更为可靠，因为大数据能够提供更全面、更准确的信息。

（三）大数据下供应链金融的发展趋势

大数据正在影响和改变我们的时代,供应链金融将是其最大的受益者,它把交易变得更安全、更快速、更可靠,把供应链连成网络,把经济引入"计划",使金融"润滑"更加有效。在大数据背景下,供应链金融的发展趋势主要有以下几种。

（1）向信用担保方向发展。电商企业根据自己掌握的数据,对客户的业务、信用进行分析,在安全范围内提供小量、短期融资,把沉淀在网上的无成本资金盘活。电商规模越大,沉淀资金越多。如果加上吸收存款功能,电商企业就变为金融机构。在大数据的引导下,银行业也会释放出这种灵活性,使得信用担保不再局限于大企业,而是可以扩大到中小企业,业务范围将得到极大的扩展。

（2）向实物担保方向发展。任何时候,实物担保都不可或缺。它是电商融资和银行融资的安全底线,要保证实物的真实性和安全性,需要物流企业的配合。

（3）商贸、金融和物流三方合作构建供应链金融平台。该平台是大数据的汇集者,集成了交易平台与物流平台、支付系统集成及交易融资系统,实现了信息流、资金流、商流的无缝隙连接,确保交易资源真实可靠、贸易行为真实可靠、担保物变现渠道畅通、担保物价格波动监控实时等。

第二节 供应链融资产品与模式

一、供应链融资产品

（一）预付类融资产品

预付类产品主要用于核心/平台企业的下游融资,即主要为核心/平台企业的销售渠道融资,主要包含先款后货和保兑仓两种业务模式。

1. 先款后货模式

先款后货(或先票后货)是指买方从金融机构取得授信,在缴纳一定比例保证金的前提下,向卖方支付全额货款;卖方按照购销合同及合作协议书的约定发运货物并以金融机构作为收货人,货物到达后被设为抵押品,作为金融机构授信放款的担保。一些热销产品的库存往往较少,因此企业的资金需求集中在预付款领域。同时,该产品由于涉及卖家及时发货、发货不足的退款、到货通知及在途风险控制等环节,因此客户对卖家的谈判地位也是操作该产品的条件之一。先款后货模式业务流程如图 8-3 所示,其风险要点如下。

（1）经销商的销售预期下降,无力持续销售;回款出现问题,导致该笔货款还款困难。

（2）初始保证金的本质是经销商的违约成本,应保持到最后项目结束。

（3）供应链金融机构定时、专人和核心/平台企业对账,确保核心/平台企业按照供应链金融机构的要求发货。

（4）不定期跟踪经销商的经营状况,确保经销商能及时补充保证金。

（5）融资标的货物必须为市场上易销售,且易变现、周转快的产品。

（6）核心/平台企业必须为一线品牌知名厂商,货主企业自信风险,提单风险。

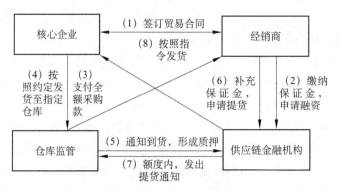

图 8-3　先款后货模式业务流程

（7）质押商品的种类应受到一定的限制，要易于处置，价格涨跌幅度不大，还要考察货物来源的合法性。

（8）仓单的真实性、唯一性、有效性，质押货物的质量、保质期等，严防操作失误和内部人员作案。

（9）对质押货物的监督管理，仓库对质押货物的保管负责，丢失或损失由仓库承担责任。

2. 保兑仓模式

保兑仓（又称为担保提货授信）是在客户缴纳一定保证金的前提下，金融机构贷出金额货款供客户（买方）向核心/平台企业（卖方）采购，卖方出具金额提单作为授信的抵质押物。随后，客户分次向金融机构提交提货保证金，金融机构再分次通知卖方向客户发货。卖方就发货不足部分的价值承担向金融机构的退款责任。保兑仓模式业务流程如图 8-4 所示。该模式又被称为卖方担保买方信贷模式。保兑仓模式的应用通常基于以下特殊贸易背景。

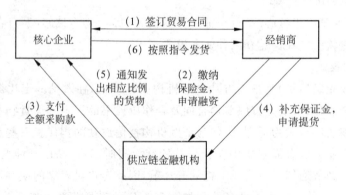

图 8-4　保兑仓模式业务流程

（1）客户为了取得大批量采购的折扣，采取一次性付款方式，而厂家因为排产问题无法一次性发货。

（2）客户在淡季向上游支付资金，支持上游生产所需的流动资金，并锁定优惠的价格，然后在旺季分次提货用于销售。

（3）客户和上游都在异地，金融机构对在途物流和到货后的监控缺乏有效手段。保兑仓是一项可以让买方、核心/平台企业和金融机构均受益的业务。

保兑仓业务的风险要点如下。

（1）经销商的销售预期下降，无力持续销售；回款出现问题，导致该笔货款还款出现问题。

（2）初始保证金的本质是经销商的违约成本，应保持到最后项目结束。

（3）供应链金融机构定时、专人和核心/平台企业对账，确保核心/平台企业按照供应链金融机构的要求发货。

（4）不定期跟踪经销商的经营状况，确保经销商能及时补充保证金。

（5）融资标的货物必须为市场上易销售，且易变现、周转快的产品。

（6）核心/平台企业必须为一线品牌知名厂商。

（二）存货融资产品

存货类融资主要分为现货融资和仓单融资两大类，现货融资又分为静态质押融资和动态质押融资，仓单融资又包含标准仓单质押融资和普通仓单质押融资。

1. 静态质押融资

静态抵质押融资是指客户以自有或第三人的合法动产为抵质押，金融机构委托第三方物流公司对客户提供的抵质押商品进行监管，抵质押物不允许以货易货，客户必须支付款项才能赎货。这项业务适用于除存货以外没有其他合适抵质押物的客户，而且客户的购销模式为批量进货、分次销售。通过使用这种产品，客户能够将原本积压在存货上的资金盘活，扩大经营规模。静态质押融资流程如图8-5所示，其风险要点如下。

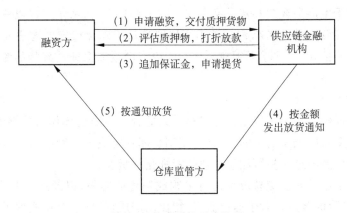

图8-5 静态质押融资流程

（1）抵质押商品的市场容量和流动性。

（2）抵质押商品的产权归属是否清晰。

（3）抵质押商品的价格波动情况。

（4）抵质押手续是否完备。

2. 动态质押融资

动态质押融资是静态质押融资的延伸产品，它是指客户以自有或第三人的合法动产为抵质押，金融机构为客户抵质押的商品价值设定最低限额，允许在限额以上的商品出库，客户既可以以货易货，也可以打款提货。该产品适用于库存稳定、货物品类较为一致、出货频率高、质押物的价值核定较为容易的客户。存货动态质押融资流程如图8-6所示，其风险要

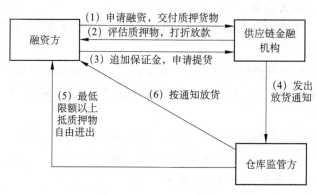

图 8-6　动态质押融资流程

点如下。

（1）质押商品的市场容量和流动性。

（2）质押商品的产权归属是否清晰。

（3）质押商品的价格波动情况。

（4）质押手续是否完备。

（5）货物价值必须易于核定，以便仓库监管方操作。

（6）以货易货过程中防止滞销货物的换入。

（7）根据价格波动，随时调整最低库存临界值。

该产品适用于生产型客户和贸易型客户。对于客户而言，由于可以以货易货，因此抵质押设定对于生产经营活动的影响相对较小。特别是对于库存稳定的客户而言，在合理设定抵质押价值底线的情况下，几乎无须在授信期间内启动追加保证金赎货的流程，因此对盘活存货的作用非常明显。

3.　标准仓单质押融资

标准仓单质押融资是指客户以自有或第三人的合法标准仓单作为质押的授信业务。标准仓单是指符合交易所统一要求的、由指定交割仓库在完成入库商品验收、确认合格后签发给货主用于提取商品的经交易所注册生效的标准化提货凭证。

该产品适用于通过期货交易市场进行采购或销售的客户，以及通过期货交易市场套期保值、规避经营风险的客户。对于客户而言，相比动产质押，标准仓单质押手续简便、成本较低。对于金融机构而言，成本和风险都较低。此外，由于标准仓单的流动性很强，也利于金融机构在客户违约情况下对质押物的处置。

4.　普通仓单质押融资

普通仓单质押融资是指客户提供由仓库或其他第三方物流公司提供的非期货交割用仓单作为质押物，并对仓单做出质押背书、金融机构提供融资的一种金融产品。

在涉及货押的融资模式里，目前存在的主要问题是监管企业的职责边界、风险认定和收益权衡方面的问题。监管企业承担的责任界定模糊，当其获取的收益较低时，承担过大的风险与其收益并不匹配。

（三）应收账款融资产品

应收账款融资产品主要用于核心/平台企业的上游融资，如果销售已经完成，但尚未收妥货款,则适用产品为应收账款质押融资或保理融资;如果融资是为了完成订单生产,则为票据池融资,其担保方式为未来应收账款质押,实质是信用融资。

1. 应收账款质押融资

应收账款质押融资是指企业与金融机构签订合同,以应收账款作为质押品,在合同规定的期限和信贷限额条件下,采取随用随支的方式向金融机构取得短期借款的融资方式。其中放款需要通过发货来实现物权转移,促使合同生效。同时也需要告知核心/平台企业,得到企业的确权。应收账款质押融资流程如图 8-7 所示。

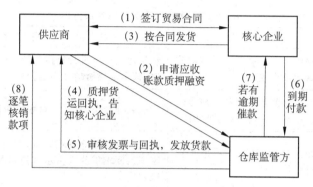

图 8-7　应收账款质押融资流程

2. 保理融资

保理融资是以债权人转让期应收账款为前提,集应收账款催收、管理、坏账担保及融资于一体的综合性金融服务。与应收账款质押融资的差别在于,保理融资是一种债权的转让行为,其流程如图 8-8 所示。

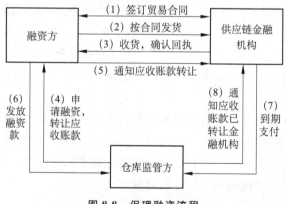

图 8-8　保理融资流程

保理可分为追索权保理和无追索权保理。有追索权保理(又称为回购型保理)是指在应收账款到期无法从债务人处收回时,保理商可以向债权人反转让应收账款,要求债权人回购应收账款或归还融资。无追索权保理(又称买断型保理)是指应收账款在无商业纠纷等情况下无法得到清偿的、有保理商承担应收账款的坏账风险。保理融资风险要点如下。

(1) 买卖双方的贸易背景的真实性。

(2) 应收账款的存在性和可实现性。

(3) 应收账款转让手续的合法性、有效性。

（4）付款方式、付款期限、账期管理。

（5）专用回款账户的管理和锁定。

客户转让应收账款可以获得销售回款的提取实现，加速流动资金的周转。此外客户无须提供传统流动资金贷款所需的抵质押和其他担保。在无追索权的转入模式下，客户不但可以优化资产负债表，缩短应收账款的周转天数，还可以向银行或保理商转嫁商业信用风险。

应收账款融资风险和解决方案如表 8-1 所示。

表 8-1　应收账款融资风险和解决方案

类　别	风　险	解　决　方　案
提前开票	货物尚未交运就开票并将应收账款让予贷款人	在实地检查时进行货运和开票检验，抽取一组销售发票，核实发票所指货物是否在开票当时已经发出
虚假账期	借款人将账龄不合格的应收账款移动到合格应收账款栏内	货运和开票检验方法，对账龄和付款进行监控
转移现金	借款人拿到货款，但不把货款转给贷款机构	贷款人可以设立锁箱安排（如设立隐形子账户、共管账户），要求借款人指示客户付款到金融机构指定的账户内
欺诈应收账款	应收账款完全是虚构的，并没有实际的发货，债权不成立，相当于骗贷	预警管理，如账龄恶化、借款人出现新客户，或通常不属于销售对象的客户、销售条款的变更、大额赊销、重复开票等

3. 票据池融资

票据池融资是银行一种常见的供应链金融服务。票据是供应链金融使用最多的支付工具，银行向客户提供票据托管、委托收款、票据池授信等一揽子结算、融资服务。票据池授信是指客户将收到的所有或部分票据做成质押或转让背书后，纳入银行授信的资产支持池，银行以票据池余额为限向客户授信。票据池融资用于票据流转量大、对财务成败控制严格的生产和流通型企业，同样适用于对财务费用、经营绩效评价敏感并追求报表优化的大型企业、国有企业和上市公司。

对客户而言，票据池业务将票据保管和票据托收等工作全部外包给银行，减少了客户对自己保管和到期托收票据的工作量。而且票据池融资可以实现票据拆分、票据合并、短票变长票等效果，解决了客户票据收付过程中期限和金额的不匹配问题。对银行而言，通过票据的代保管服务，可以吸引票据到期后衍生的存款沉淀。

二、供应链金融新模式

一般而言，商业银行是供应链金融综合性金融产品和服务的提供主体，但供应链金融的发展模式并不只有商业银行主导这一种。供应链金融在国外发展得比较成熟，主要的模式有银行主导型、核心企业主导型及物流企业主导型三种。按照融资所需资产的不同，供应链金融模式可以分为应收账款融资模式、融通仓融资模式及保兑仓融资模式。这三种融资模式的依据资产分别为应收账款等应收类资产、存货及预付账款等预付账款资产。

虽然我国供应链金融发展的时间较短，但是发展较为迅速，这一特点在"互联网＋"发展背景下得到了充足的展现。我国供应链金融在"互联网+"浪潮的带动下呈现出了新的发展特点及发展模式。主要的参与者包括电商平台、行业资讯公司、信息化管理服务提供商、供应链服务提供商和行业核心公司等。

（一）电商平台发展模式

电商平台发展模式主要是批发零售电商以在互联网交易中获取的客户交易记录与流水为基础，针对客户实际需求，为其提供金融服务。其中，典型的例子之一是苏宁云商。该公司通过线上零售所汇集的客户资源、信息和人性化的客户服务，构建了围绕电商平台的生态产业链，并借助其推出的网络借贷产品苏宁小贷，为其供应链上下游企业提供优质便利的配套服务。

作为线上零售商，苏宁云商通过 O2O 模式运作维系了与众多客户之间的友好关系，并且获得客户的交易数据，为其完善金融服务提供者的角色打下坚实的基础。同时，为了进一步扩大客户群体和客户资源，苏宁启动了与阿里巴巴公司的合作，汇聚双方实力，贯通线上线下，拓宽业务渠道，为苏宁云商在零售领域大展身手、打造苏宁生态产业链创造了不可多得的机会。

表 8-2 列出了 12 类基于大数据的供应链金融平台。

表 8-2　12 类基于大数据的供应链金融平台

序号	平台类型	平台模式	参 与 者
1	B2B 电商门户网站及 B2B 电商交易平台	传统电商门户网站的"会员＋广告"模式瓶颈凸显，要想得到更大发展，必须向平台的金融化方面挺进，电商平台作为一种供需双方的连接，但是没有黏性，而供应链金融不但可以做好客户服务界面，还为平台打开了金融服务之门	国内的电商门户网站有中国制造的焦点科技、化工与纺织领域的生意宝、慧聪网；外贸电商方面有敦煌网、ECVV、环球资源网；B2B 电商交易平台有钢铁贸易的上海钢联、找钢网
2	支付平台	支付平台充分绑定了商流与资金流，并获得了完整的数据沉淀、清晰的上下游关系、真实的供应链交易，以及及时准确的交易数据反馈，从而方便快捷地获取历史数据	支付宝、快钱、财付通、易宝支付、进出口关税增值税支付的东方支付及 A 股上市公司腾邦国际的腾付通等
3	企业管理软件 ERP 平台	网络科技平台主要是从原来传统软件转型升级的企业，它们依托自身的客户数量、科技实力，构建起了一个对客户及客户供应链上的上下游企业的大数据平台	用友的 ERP、畅捷通平台、金蝶的 ERP、鼎捷软件、久恒星资金管理平台、汉得信息、南北软件、富通天下、博科软件、管家婆等
4	B2C 电商平台与 B2B 大宗交易平台	B2C 电商平台在供应链金融服务方面已经做到极致了，它们不仅为入驻商家和供应商提供供应链金融服务，还将供应链中终端消费者也纳入了融资范围	B2C 电商平台有京东、苏宁易购、一号店等；B2B 大宗交易平台有广西南宁糖网、寿光蔬菜、天津农产品、天物大宗、金银岛等
5	银行的电商平台	银行系电商平台通过互联网获取客户，为入驻商家提供供应链金融服务，基于数据为入驻老客户提供额度，为入驻新客户提供授信	平安银行的橙 e 网、工商银行的融 e 购、建设银行的善融商务、交通银行的交博汇等

序号	平台类型	平台模式	参　与　者
6	大型核心企业构建的"B2B＋ERP＋供应链金融"平台	大型核心企业构建供应链金融平台，为以自己为核心的上游供应商、下游分销商，甚至终端消费者提供供应链金融服务	海尔的日日顺平台、海尔消费金融平台、格力电器、TCL等
7	供应链综合服务平台	作为供应商务、物流、结算、资金的综合性第三方服务平台，它们通过对供应链全过程的信息、物流及存货控制，构建了一个强大的数据平台	国内上市的怡亚通，郑州瑞茂通，外贸综合服务平台阿里巴巴一达通，还有大批的跨境电商物流平台，例如递四方、飞马国际、塞城国际等
8	行业解决方案的SaaS平台	细分行业的信息管理系统服务提供商，通过SaaS平台的数据信息提供供应链金融服务	国内零售行业的富基标商、合力中税、上海文沥、厚朴乾润，进销存管理的金蝶智慧记、平安银行橙e网生意管家、物流行业的宁波大掌柜、深圳的易流e-TMS、上海的汇通供应链旗下的运东西和运管家，以及杭州的唐古科技等
9	国家指定的企业发票验真及进出口通关信息平台	国家指定的国税地税申报、发票开具的信息平台，它们掌握了完整的上下游信息、商品交易信息，而且数据真实性具有权威性	航天信息、百旺金赋、立思辰等，进出口报关的QP系统、地方性加工贸易EDI深圳鹏海运等
10	大型商贸交易园区与物流园区线上线下平台	大型商贸交易园区依托于海量的商户，以他们的交易行为、物流行为为基础数据	深圳华强北电子交易市场、义乌小商品交易城、临沂商贸物流城、工业原料交易的深圳华南城、农产品交易的深圳农产品，以及传化公路港、林安物流、深国际、天地汇、深圳美泰物流等
11	大型物流企业服务平台	物流占据了整个商品交易过程中重要的交付环节，实际上连接了供应链的上下游，它们提供基于物流服务环节上的供应链及物流生产环节上的供应链金融服务	顺丰、德邦、卡行天下的金箍棒
12	基于车辆产生的大数据服务平台	运输车辆大数据平台，通过车辆管理、定位导航、驾驶行为等全方位数据管理为客户提供基于运输车的服务型供应链金融，包括车辆购置、汽车燃油、汽车保险、汽车维修、运费等方面融资活动	合肥的维天运通、深圳的易流科技、北京的汇通天下等

（二）行业资讯公司发展模式

行业咨询公司转型模式主要是一些主营行业信息咨询的互联网公司，借助长期积累的信息优势所形成的大数据支持与客户认可，通过先前设立的网站或者重新创建交互性渠道来为上下游企业提供金融产品和服务。

上海钢联则是采取这一模式的典型公司。该公司是集钢铁信息技术服务、电子商务等为一体的综合性企业，会员培训服务与信息服务构成其主要收入来源。基于"互联网＋"的盛行,公司推行线上模式的供应链金融服务,丰富了业务范围,拓展了收入渠道。上海钢联之所以能够利用钢银平台发展供应链金融主要是得益于长时间的信息收集与积累、大数据的支持、采用寄售模式背景下的平台交易量不断增加、闭环的钢银电商模式的构建及公司大股东的强力支持。该公司的资金主要来源于银行贷款和股东支持。在发展互联网背景下的供应链金融的种种举措下,不能忽略的就是供应链金融的资金来源问题。目前钢银平台向客户提供融资服务的资金主要源于自由资金和银行贷款。但是随着钢贸平台交易量的不断增加,钢贸企业的融资需求也在不断增长。因此,上海钢联陆续通过向控股股东申请贷款、增资扩股等形式扩充资本。同时,上海钢联平价将复星持有的股权进行回购,也说明了大股东对于上海钢联的支持力度。

(三)信息化管理服务提供商发展模式

信息化管理服务提供商发展模式主要是一些软件开发商借助企业管理信息系统,辅助企业基于信息分析结果改进生产经营活动安排,在提升企业运作效率的同时扩充了开发商的客户资源。开发商通过其客户资源和自身声誉为上下游企业提供融资服务及其他相关金融服务。

汉得信息是运作该种模式的典型企业之一。该公司自主创设了租赁管理平台、移动业务管理系统、财务共享平台、精益制造管理系统、费用控制系统等多元化企业管理系统,同时也为诸多此类产品的云共享使用方式做了更新和完善,为企业管理实现精细化和敏捷化运作提供了更多行之有效的管理手段。得益于领先的软件开发能力和客户资源优势,汉得信息得以实现企业的跨越式发展并巩固了其供应链业务。在供应链金融供给端,汉得信息通过与银行达成合作来开展供应链金融业务。2015年6月,汉得信息与平安银行签署了供应链金融战略合作协议,对接汉得信息的供应链金融平台与平安的保理云平台,汉得信息负责向其大数据平台输入数据并评估风险,平安银行则掌管资金的发放。基于双方的顺利合作,平安银行除了对核心企业的贷款业务提供配套服务,还直接给予汉得信息保理工资资金支持,帮助其拓展保理业务,进而推动公司供应链金融的整体发展。

(四)供应链服务提供商发展模式

一般而言,主流的供应链服务提供商发展模式是指供应链服务提供商对采购、分销、交付等环节中的各方面信息进行收集和运用,从而为上下游企业提供供应链金融产品和服务。

怡亚通是运作这种模式的典型供应链企业之一。该企业是一家承接企业非核心业务中外包部分的整合型服务商,其业务合作方主要是O2O金融、供应链网贷和P2P小贷,资金来源是与之达成协议的商业银行。O2O金融根据怡亚通供应链的商业模式,把该公司380消费供应链平台由庞大数量的下游小微企业作为服务主体,针对客户独特的资金需求,与商业银行合作开发融资业务,打造信息共享、资源协同的高效优质金融服务。

(五)行业核心公司发展模式

在供应链金融蓬勃发展态势之下,传统型企业也对其保持密切关注并力图借以实现企业转型。该类企业往往是所属行业的领头羊,在新常态经济和供给侧改革的浪潮之下面临发展"瓶颈",因此需要整合业内上下游资源,运作供应链金融模式。事实上,这样的典型公司不胜枚举。例如,安源煤业通过旗下江西省煤炭交易中心发展跨区域多平台电商;金叶珠宝借助对丰汇租赁收购涉足金融领域;道氏技术凭借其设立的共赢商电子商务公司经营陶瓷采购和供应商互联网平台业务;传化股份收购大股东资产传化物流,助力形成"互联网＋物流供应链＋金融服务生态圈";钢铁行业先锋宝钢股份坐拥东方钢铁网和上海钢铁交易中心两大电商平台;智慧能源逐步创立其电缆网的电商平台,并参股了北京随时融公司,有助于其拓展金融渠道,促进资金周转。上述公司的发展脉络有着较多相似之处,即为依靠自身力量搭建或者从外部并购线上交易平台,从而为其业务流量提供充足保证,紧接着承接其业务基础,拓展其保理、物流、交付等环节的服务,同时投资于金融企业以形成基于供应链的稳定金融支持,为公司本身提供融资便利。

行业核心公司进入金融领域的难度要大于前述的平台类或者信息服务类公司。公司本身是产业里的竞争主体,与同行业存在竞争关系,能否吸引到行业内足够的流量转移到自身平台是一个问题,受制于行业自身发展空间的天花板;同时,资金流集中后会在核心公司层面放大本行业的周期性风险。

第三节　基于大数据的互联网企业信用评估

一、供应链中的企业信用问题

中小企业对我国的经济发展起着重要的作用,创造了将近 60% 的 GDP,解决了全国80% 的就业。但由于我国的金融市场不完善,中小企业的融资渠道和手段有限,主要依靠自由资金和信贷资金维持生产经营。由于仅靠自由资金难以支撑企业的发展,因此信贷资金成为中小企业扩大再生产的一种手段。但是,由于企业估值不合理、财务报表披露不到位、信用观念薄弱等因素,银行出于风险考虑并不愿意向中小企业提供贷款。因此,融资难一直是中小企业发展过程中的难题。

而供应链融资是缓解中小企业融资难的有效途径。在供应链融资中,正确评估企业的资信是控制供应链融资风险的核心内容,即提高金融机构对中小企业信用风险评估的准确性,使优良的中小企业及时得到贷款,同时降低金融机构所面临的信用风险。

二、基于人工智能的信用评分模型

金融机构为了降低互联网供应链金融业务中的信用风险,通常会借助统计学的方法确定借款者的信用度,并通过科学的算法建立信用评分模型,从而将企业的信用状况量化成为信用评分。

信用评分模型已经被金融机构普遍采用。金融机构通过信用评分模型降低贷款程序中的开销,减少不良贷款带来的损失,从而为有效的决策提供强有力的支持。

现代的信用评估模型可以分为统计模型和人工智能模型两种。最常见的统计模型为线性判断分析(LDA)和 Logistic 回归(LR)。由于变量之间的线性关系不足,因此这两个模型准确度不高。而随着信息技术的发展,一些人工智能的方法已经被用来建立准确且稳定的信用风险评估系统。例如,人工神经网络(ANNs)、决策树(DT)、贝叶斯分类器(BC)、模糊规则系统及集成学习模型等,在信用风险评估中取得了良好的效果。与统计模型不同的是,人工智能可以直接从数据中集中获取训练知识,并不需要关于变量分布的假设。因此,人工智能模型的性能更好。

三、基于 PSO-BP 集成的企业信用分

关于大数据对企业信用的评估,简单介绍一种较为典型的 PSO-BP 集成的企业信用评分模型。该模型的流程有以下步骤。

(1) 使用 bagging 抽样技术获得足够多不同的训练数据集。

(2) 构建 PSO-BP 组合成员分类器,然后使用不同的训练数据集训练此分类器。

(3) 使用组合投票准则整合不同组合成员分类器的分类结果,得到企业的信用分。

(4) 在测试数据集上测试模型的性能。

PSO-BP 集成的整体架构如图 8-9 所示。

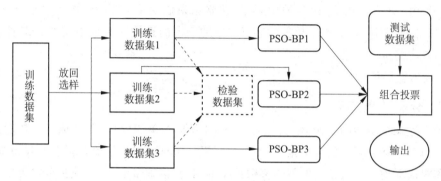

图 8-9　PSO-BP 集成的整体架构

(一) 产生训练集子集

在现实中,当需要对一个重要问题做出决策时,往往需要综合多个专家的意见。在机器学习中也一样,常常需要构建多个计算模型,然后综合所有模型的运算结果得出结论。Bagging 算法是机械学习领域中广泛使用的数据抽样算法,常被用来从原始数据集中创建不同的样本,用于得到不同的分类计算模型。它作为机器学习领域极为有效的数据处理模型,采用随机放回抽样的方式,可以得到一定数量的训练数据集。

(二) 创建不同的分类器

组合模型能取得更高分类准确率的一个充分必要条件为,用于组合的分类器必须是准确和有差异的。通常,组合成员差异度较大的组合模型具有更高的泛化能力。因此,如何生产差异度最大的分类器成为一个关键的问题。对于神经网络模型来说,要生成不同的分类器模型,可以通过改变参数、网络结构的设计或是神经网络的训练方式等方法实现。

(三) 训练 PSO-BP 模型

由于 PSO-BP 模型具有泛化能力和收敛速度上的优势,所以选用该模型。PSO-BP 模型是 PSO 与 BP 神经网络的混合优化算法。该混合算法的根本出发点在于,在初始阶段使用 APSO 进行全局搜索,然后使用 BP 在全局最优位置附近进行局部搜索,从而提高收敛速度。在 PSO-BP 的使用过程中,考虑到 PSO 的迭代次数较少(5 次),采用惯性权重随着算法迭代自动变化的 APSO 算法意义不大,因此选择了带压缩的粒子群算法进行迭代寻优。

（1）在 $[0,1]$ 范围内随机初始化粒子群体的位置和速度。

（2）计算每个粒子的适应值,初始为当前粒子的局部位置,设置为初始种群的全局最优位置。

（3）如果进入最大的迭代次数,算法转到(7),否则继续运行(4)。

（4）存储当前种群的最优粒子,并更新粒子的速度和位置,这样就形成了一组新的种群,如果新的粒子位置超出了界限 $[X_{\min}, X_{\max}]$,新的位置将会被设置为 $X_{\min}$ 或 $X_{\max}$;如果新的粒子速度超出了界限 $[V_{\min}, V_{\max}]$,新的速度将会设置为 $V_{\min}$ 或 $V_{\max}$。

（5）计算每个粒子的适应值,最差的粒子由最好的粒子代替。如果粒子 i 的新位置比 P_{ib} 更好,该位置将作为第 i 个粒子新的 P_{ib}。如果所有粒子中存在比 P_g 更优的粒子,P_g 将得到更新。

（6）使用 BP 算法在 P_g 附近搜索,如果搜索结果满足 P_g,将 P_g 作为当前搜索结果。另外,在搜索过程中,如果测试数据集上 P_g 超过一定的迭代次数没有变化,BP 算法搜索结束。

（7）输出全局最优的 P_g。

（四）分类结果集成

基于上述几个步骤的工作,可以得到一组不同的 PSO-BP 组合分类成员。然后通过一个适当的组合策略将不同的分类集成为一个分类器,常见的组合策略包括多数投票准则、排序准则和权值平均等。最常见的就是多数投票准则,在该策略中,组合成员分类器的成员决定了最终的输出。

总之,基于 PSO-BP 集成的信用评估模型,与其他的信用评估模型相比准确率更高。

【思考练习】--------------------------◼

1. 供应链金融的内涵及特点是什么?

2. 简述供应链融资分类。

3. 简述动态质押模式流程。

4. 简述基于 PSO-BP 集成的企业信用分的产生过程。

5. 阅读本章京东集团案例,简述京东是如何将大数据技术运用到互联网供应链融资中的。

【学习园地】--------------------------◼

2023 年 7 月,海南省首家供应链金融联盟在海口市"海南省小微企业贷款服务中心"正式揭牌成立,来自银行、融资担保、商业保理、供应链企业、金融科技企业、央企等的 50 余位代表参与揭牌。据悉,海南省供应链金融联盟是由海南省小微企业贷款服务中心发起,联合供应链金融的投融两端机构和服务公司一同设立的行业协作组织,首批加入机构代表 50 余家。在成立大会上,首批联盟成员企业共同交流了正在提供和运用的供应链金融产品和模式,对海南省供应链金融联盟的发展方向提出了建议,对联盟下一步工作进行了讨论和规划,并就共同助力联盟发展表达支持。联盟成员一致表决通过了联盟共识。接下来联盟将完善联盟章程,并就成员提出的几个议题做具体的落实规划。

成立海南省供应链金融联盟，旨在贯彻党的二十大报告提出的坚持把发展经济的着力点放在实体经济上，提升产业链供应链韧性和安全水平等精神，以信息共享、平台共建、业务共赢、联盟共治，共同为海南自贸港中小企业提供融资等服务。

资料来源：海南省人民政府网.海南省首家供应链金融联盟成立[EB/OL].[2023-07-02].https://en.hainan.gov.cn/hainan/5309/202307/af9f343cb87749a29035d0a56526d216.shtml.

第九章

大数据金融征信体系建设

【学习目标】

- 理解并掌握征信的内涵、分类、原则及作用。
- 掌握传统征信产品、征信机构及征信体系。
- 理解并掌握大数据征信的含义、特征及难题。
- 了解大数据征信的理论基础。
- 掌握大数据征信典型应用。

【素质目标】

通过本章内容的学习,学生能够理解征信的基本含义、分类及作用,掌握传统征信产品使用方法,理解征信机构的运行方式,了解我国征信体系建设的进程;夯实大数据征信的理论基础,尤其是大数据征信评分模型原理,提高对大数据金融征信的应用能力,为建设更加完善的征信体系做出贡献。

第一节 征信概述

一、征信的含义

随着市场经济的蓬勃发展,市场交易中的授信活动或信用活动日益频繁。全社会特别是授信人、投资人对征信服务的需求不断增长,征信业开始在世界各地蓬勃发展。在现代经济中,征信是指由专业化的、独立的第三方机构为企业或个人建立信用档案,依法采集、客观记录其信用信息,并依法对外提供信用信息服务的一种活动,它为专业化的授信机构提供了一个信用信息共享的平台,形成了一种信息分享机制。

二、征信的分类

根据征信机构所有权、收集和处理的信息主体、征信内容、地域范围等不同属性,征信可以有多种分类。按照收集和处理信息主体的不同可分为企业征信和个人征信;按照征信目的可分为信贷征信、商业征信、雇用征信及其他征信;按征信范围可分为区域征信、国内征信、跨国征信;按照征信机构所有权的不同,征信可以分为公共征信机构、私营征信机构和混合征信机构。关于不同征信分类方式之间的区别,将在征信机构的分类中进行具体的说明。

三、征信的作用

征信在一个国家或地区的经济社会建设中发挥着重要的基础作用。具体说来,至少包括以下四个方面。

(一)防范信用风险

征信业务降低了交易中参与各方的信息不对称,有效避免了因信用信息不对称而带来的交易风险,通过大数据库和构建模型,起到风险判断和风险警示的作用。统计数据显示,在开展征信业务之后,大型银行违约率降低了 41%,小银行违约率降低了 79%。

(二)降低交易成本

信用信息的获取成本是交易成本的重要组成部分,通过征信机构专业化的信用信息服务,降低了交易中的信息收集成本,缩短了交易时间,提高了经济主体的运行效率,促进了经济社会发展。例如,某些银行发现,使用征信服务后,其发放贷款的时间从 18 天减少到 3 天。

(三)拓展交易范围

征信解决了制约信用交易的瓶颈问题,促成信用交易的达成,促进金融信用产品和商业信用产品的创新,有效扩大了信用交易的范围和方式,带动信用经济规模的扩张。世界银行调查显示,无征信机构条件下,49% 的小企业认为存在严重的融资障碍,从银行获得贷款的可能性仅为 28%;有征信机构条件下,仅 27% 的小企业认为存在严重的融资障碍,从银行获得贷款的可能性也提高到 40%。

(四)推动社会信用体系建设

征信业是社会信用体系建设的重要组成部分,发展征信业有助于遏制不良信用行为的发生,使守信者利益得到更大的保障,也有利于维护良好的经济和社会秩序,促进社会信用体系建设的不断发展完善。2014 年,世界银行因中国《征信业管理条例》明确了信息主体对信用报告的查询权而将我国信用信息指数从 4 分提高到 5 分,信贷融资便利度排名也从第 82 位提高到第 73 位。

第二节 征信市场及征信体系

一、征信产品

(一)企业征信产品

经过多年的探索和发展,企业征信系统的产品和服务体系日益完备,以各种版本信用报告为核心的基础产品体系已经相对成熟,初步形成了以关联查询服务、企业征信汇总数据为代表的增值服务体系。

1. 基础产品

企业信用报告是企业征信系统提供的基础产品。随着征信系统应用的推广与深入,信用报告已成为商业银行信用风险管理的重要工具,服务于银行信贷流程中的贷前审查、贷后管理、资产保全等各个环节。

2005年,中国人民银行征信中心首次推出企业信用报告时,仅有一个版本。为了更好地服务不同类别的用户,中国人民银行征信中心不断优化信用报告内容,丰富信用报告版本。新版企业信用报告于2013年正式推出。新版企业信用报告针对不同的需求主体分为4个版本:①以银行为代表的授信机构服务的银行版;②政府部门履职使用的政府版;③其他机构服务的社会版;④满足信息主体查询需求的自主查询版。新版信用报告内容更加丰富、完整,结构层次更分明,信息展示顺序更加符合阅读习惯,展示方式更加灵活,可读性更强。

企业信用报告的主要内容包括报告头、基本信息、有直接关联关系的其他企业、财务报表、信息概要、信贷记录明细、公共记录明细、声明信息明细等。不同版本的企业信用报告,内容各有侧重。新版企业信用报告的基本内容如表9-1所示。

表9-1　新版企业信用报告的基本内容

报　告　内　容	银行版	政府版	社会版	自主查询版
报告头	√	√	√	√
报告说明	√	√	√	√
基本信息	√	√	√	√
有直接关联关系的其他企业	√	×	×	√
财务报表	√	×	×	√
信息概要	√	×	×	√
信贷记录明细	√	×	×	√
公共记录明细	√	√	√	√
声明信息明细	√	√	√	√

目前,根据服务对象和使用目的的不同,各类用户可以通过页面方式和接口方式查询企业信用报告。

2. 增值产品

征信中心对所采集的各类企业信息进行深加工,针对用户的个性化需求,先后推出了关联企业查询、企业征信汇总数据、对公业务重要信息提示、征信系统信贷资产结构分析、历史违约率等增值产品。

(1) 关联企业查询。关联企业查询产品是基于企业征信系统借款人基本信息和信贷信息,通过数据挖掘找出借款人与企业、借款人与个人存在的直接或间接或共同控制的经济关系,包括以资本为纽带和以经济利益为纽带的33种关系。

目前,中国人民银行征信中心主要提供三类关联企业查询产品:①关联企业名单及关系表;②关联企业群信贷业务及被起诉信息汇总表;③关联企业群的贷款业务集中还款时间统计表。

早在2002年,银行信贷登记咨询系统就开始提供这项服务。企业征信系统上线以来,经过多轮改造,关联关系达到九大类33种;提供方式由标准化转为个性化;查询方式在单个查询基础上增加了批量查询;服务模式由来函申请查询转为在线查询;产品由标准化转为自定义;服务对象由单一自身使用扩大到 10 个政府部门、各省人民银行分支机构和银保监局、21 家全国性商业银行和 580 多家地方性金融机构;应用面由单一集团客户信贷管理,扩大到小微企业信贷管理。

(2)企业征信汇总数据。该产品是利用企业征信系统的数据,以金融统计核算原则为基础,通过对数据的加工、整理,建立银行业信贷业务报表体系和指标体系,综合反映银行业信贷业务的运行特征和状况,从而为货币政策制定、金融监管和商业银行经营管理提供全面、及时、准确的信息。其服务对象主要是人民银行各级分支机构。

2007—2011 年,主要通过来函申请的方式提供查询。2011 年,征信中心建成征信数据应用分析系统,实现了在线查询,显著提高了服务效率。此后,随着该系统业务处理流程的优化,服务时效性进一步增强。企业征信汇总数据主要包括信贷结构类汇总数据和信贷特征类汇总数据两类。前者于 2007 年 10 月正式投产使用,按月向各征信分中心提供辖内信贷汇总数据,并为人民银行及其分支机构的个性化需求提供服务。后者于 2011 年 12 月正式上线,主要服务于各人民银行分支机构,用于为本辖区的货币政策执行和金融风险监控提供信息参考。

(3)对公业务重要信息提示。该产品是利用企业征信系统即时更新的数据,每工作日将各机构用户的本机构"好客户"在其他机构发生"新增逾期 90 天/60 天"、五级分类"新增不良""新增失信被执行人"等提示信息主动推送给相关机构用户总部。

(4)征信系统信贷资产结构分析。该产品是运用征信系统的数据,以图形的形式反映单家机构在信贷市场中的相对位置及市场份额,为商业银行信贷决策提供信息支持。该产品指标设计以行业、地区为主线,以贷款、贸易融资、票据贴现、保理、信用证、银行承兑汇票、保函等 7 项业务为辅线,提供分地区、分行业、分信贷品种的信贷市场运行分析、信贷市场结构分析、信贷资产质量分析。每类指标既提供时点(或时段)值,又提供时间序列值,均以图形的形式展示。

(5)历史违约率。该产品利用征信系统覆盖全市场的数据,计算出某一时点上的正常客户在未来 1 年在全市场上发生违约的比率。该产品包括客户在本银行和他银行的违约情况,反映了银行业对公业务中借款人平均违约水平,可以作为行业中衡量这一群体实际违约水平的标准,直接用于校准商业银行使用本银行数据计算的历史违约比率,提高测算违约概率的精准度,为商业银行配置信贷资产组合和定价、制定信贷方案提供数据支持。

历史违约率产品分两大类:一是银行业所有客户的违约率;二是本机构客户在银行业发生信贷业务的违约率。该产品按月加工,向用户提供分行业、地区(借款人注册地和金融机构所在地)、借款人规模、金融机构(全金融机构和本机构)、信贷业务种类、违约标准 6 个查询条件。查询结果包括期初正常客户数、观察期违约客户数、违约率值。

(二)个人征信产品

经过多年的积极探索和经验积累,个人征信系统已形成以个人信用报告为核心的基础产品体系;以个人业务重要信息提示和个人信用报告数字解读为代表的增值产品体系。

1. 基础产品

个人征信系统提供的基础产品主要有个人信用报告。个人信用报告是个人征信系统提供的核心基础产品。近年来,征信中心通过不断优化个人信用报告内容、丰富信用报告版本、完善信用报告版式设计等方式,促进个人信用报告更好地应用。

目前,个人信用报告根据服务对象及使用目的不同,分为 4 个版本:为以银行为代表的授信机构服务的银行版,含配套的仅包含本行报送信息的银行异议版;满足消费者本人查询需求的个人版(含彩色样式)及个人明细版(彩色样式);为其他社会主体服务的社会版;供征信系统管理使用的征信中心版。个人信用报告的基本内容包括:报告头、个人基本信息、信贷交易信息、公共信息、声明信息、查询记录和报告说明。不同版本的信用报告对上述内容各有侧重。新版个人信用报告的主要内容如表 9-2 所示。

表 9-2　新版个人信用报告的主要内容

报告内容	银行版	银行异议处理版	个人版	个人明细版	征信中心版	社会版
报告头	√	√	√	√	√	√
基本信息	√	√	√	√	√	×
信息概要	√	×	√	√	√	√
信贷交易信息明细	√	√	√	√	√	×
公共信息	√	√	√	√	√	√
声明信息	√	√	√	√	√	√
查询记录	√	√	√	√	√	√
报告说明	√	√	√	√	√	√
备注	屏蔽他行的机构名称和业务号	仅包含本机构报送的信贷信息	基本信息仅包含婚姻状况			

2. 增值产品

(1) 个人业务重要信息提示。个人业务重要信息提示是利用个人征信系统即时更新的数据,按周将各机构用户的本机构"好客户"在其他机构发生"新增逾期 61～90 天/90 天以上"、贷款五级分类"新增不良"、信用卡账户状态"新增呆账"、贷款或信用卡"新增账户""新增失信被执行人"等提示信息主动推送给相关机构用户总部。信息提示方式包括页面展示和下载、接口主动推送、邮件主动推送三种,用户可自行选择使用。需要注意的是,个人业务重要信息提示不同于个人信用信息提示。两者的主要区别是:个人业务重要信息提示是面向授信机构用户提供的服务;而个人信用信息提示是面向个人信息主体提供的服务。

(2) 个人信用报告数字解读。个人信用报告数字解读(以下简称"数字解读")是在征信中心与美国费埃哲公司(Fair Isaac Corporation)合作进行个人征信评分研究项目的基础上,利用个人征信系统的信贷数据,使用统计建模技术开发出来的个人信用风险量化服务工具,用于预测放贷机构个人客户在未来一段时间内发生信贷违约的可能性,并以"数字解读"值的形式展示。

"数字解读"的分数范围为 0～1 000 分,每个分数对应一定的违约率。分值越高,表示未来发生信贷违约的可能性越低,其信用风险越小;分值越低,表示未来发生信贷违约的可能性越高,其信用风险越大。一般情况下,高分人群整体的信用状况优于低分人群,即未来发生信贷违约的可能性较低。"数字解读"旨在帮助放贷机构更加便捷地使用信用报告信息，了解客户的信贷风险状况及未来发生信贷违约的可能性。

二、征信机构

（一）征信机构的含义

征信机构是征信活动的组织载体，是征信市场最活跃、最重要的参与主体，是构建征信管理体系的基础。征信机构是指在征信市场中，依法设立的、独立于信用交易双方的第三方机构，专门从事信用信息调查、收集、整理、加工和分析，出具信用报告，提供多样化征信服务，帮助客户判断和控制信用风险的组织。

（二）征信机构的主要分类

按信息主体、业务方式、所有权或经营者性质、征信范围的不同，征信机构有以下四种分类方式。

1. 按照信息主体

按照信息主体的不同，征信机构可分为企业征信机构和个人征信机构。

企业征信主要是收集企业信用信息、生产企业信用产品的机构。企业征信机构在对企业信用记录、经营水平、财务状况、所处外部环境等诸多因素进行分析研究的基础上，系统调查和评估企业的履约能力及其偿债意愿等资信状况，并提供企业资信调查报告的征信机构。企业征信机构一般可分为以收集、整理和销售征信信息为主体业务的征信机构和以信用评级为主要业务的征信机构。个人征信主要是收集个人信用信息、生产个人信用产品的机构。征信对象以消费者个人为主。美国主要的个人征信机构包括益百利公司(Experian)、艾可飞公司(Equifax)和环联公司(Trans Union)，三家公司各自拥有 2 亿以上消费者信用档案。我国较早的个人征信机构有上海资信有限公司和鹏元资信评估有限公司，其中鹏元资信评估有限公司负责"深圳市个人信用征信评级中心"的日常操作。

2. 按照业务方式

按照业务方式的不同，分为信用登记机构、信用调查机构、信用评级机构。

信用登记机构是采用特定标准与方法收集、整理及加工企业和个人信用信息并形成数据库，根据查询申请提供信用报告等查询服务的机构。

信用调查机构是接受客户委托，通过信息查询、访谈和实地考察等方式，了解和评价被调查对象信用状况，并提供信用调查报告的机构。

信用评级机构是对债务人在未来一段时间按期偿还债务的能力和偿还意愿进行综合评价，并用专用符号标示不同的信用等级，以揭示债务人或特定债务的信用风险的机构。

3. 按照所有权或经营者性质

按照所有权或经营者性质的不同，分为公共征信机构和私营征信机构、混合征信机构。

公共征信机构主要由中央银行或其他金融监督管理部门建立，作为政府部门以行政机构形式存在，并由其内设部门运营，目的是防范系统性金融风险。这种征信机构源于以欧洲大陆多数国家为代表的公共征信模式。公共征信模式多以中央银行建立的银行信贷登记为主体，由政府直接出资建立公共的征信机构，并对其进行直接管理，依据行政权力强制性地要求企业和个人向公共征信机构提供征信数据。

与公共征信机构相对应,私营征信机构是指产权私有、市场化运作的征信机构,包括由商会、银行协会经营的征信机构,一般独立于政府和大型金融机构之外,主要为商业银行、保险公司、贸易和邮购公司等信息使用者提供服务,帮助使用者防范信用风险、扩大信用交易机会。其源于以美国、加拿大等为典型代表的私营征信模式。私营征信模式即市场化模式,是以征信公司为主体开展商业化运作形成的征信体系。

混合征信机构一般指由政府部门或行业协会等运作,建立在会员互惠互利基础上的征信机构,或者由政府作为征信数据库的所有者拥有所有权,但以民营方式进行市场化运作的模式。混合型征信机构一般在提供信息时要收费,以保证其可持续发展。

4. 按征信范围

按征信范围不同,征信机构可分为区域征信机构、国内征信机构和跨国征信机构。

区域征信机构一般规模较小,只在某一特定区域内提供征信服务,这种模式一般在征信业刚起步的国家存在较多。例如,我国上海、北京、浙江、深圳等地的地方性征信机构,就属于区域性征信机构。随着征信业发展到一定阶段后,区域性征信机构大都走向兼并或专业细分,真正意义上的区域征信随之逐渐消失。

(三)征信机构的发展趋势

(1)私营征信机构经营区域实现全球化。受益于经济的全球化,私营征信机构已经从在本国区域内经营向跨国、跨区域经营转变。例如,美国的艾可菲、益百利、环联和邓白氏等大型征信机构采用设立子公司或办事处及合作、参股等多种形式,不断向海外扩张,发展成为完全国际化的征信机构,占据了世界征信市场的重要份额。

(2)私营征信机构之间的数据交换和共享逐步得到加强。例如,通过开展跨境服务合同谈判,德国的舒发公司与爱尔兰信用信息公司、意大利科锐富公司与荷兰信用登记中心(BKR)之间进行信息交换,进一步丰富了信用信息的来源。

(3)私营征信机构业务高度集中,出现了一些垄断性的机构。例如,穆迪、标准普尔和惠誉三大评级机构逐步确立了在全球范围内的垄断地位,评级结果逐步成为国际性的服务产品,直接关系到是否满足监管要求和债券发行人能否成功融资,成为全球金融体系中风险管理和定价机制最重要的基准之一。

(4)公共征信系统信息交流逐渐实现全球化。随着经济全球化和国际合作的不断加强,公共征信系统之间也打破了信息藩篱,逐步加强了信息共享。2003年,德国、法国、比利时、西班牙、意大利、奥地利和葡萄牙7国中央银行签订了公共征信系统信息交流备忘录,并成立了征信工作小组,每月定期交换借款人的负债总量,用于政府监管、内部研究、风险评估等。征信机构在减少信息不对称、防范信用风险方面的作用越发重要,征信体系成为金融基础设施中不可或缺的、改善融资渠道的重要内容。

三、征信体系

征信体系是指与征信活动有关的法律规章、组织机构、市场管理、文化建设、宣传教育等共同构成的一个体系。征信体系的主要功能是为信贷市场服务,同时也具有较强的外延性,还向商品交易市场和劳动力市场提供服务。在实践中,征信体系的主要参与者有征信机构、金融机构、企业、个人及政府。社会信用体系是市场经济发展的必然产物。在信用交易成为市场交易的主要方式、信用工具被大规模使用及信用风险日益增强的背景下,社会信用体系成为影响一个国家经济发展的重要方面。由于各国经济、文化、历史不同,不同国家形成了不同的社会信用体系模式。

从发达国家的经验看,征信体系模式主要有三种。

(1)市场主导型模式,又称民营模式。这种社会信用体系模式的特征是征信机构以营利为目的,收集、加工个人和企业的信用信息,为信用信息的使用者提供独立的第三方服务。在社会信用体系中,政府的作用一方面是促进信用管理立法,另一方面是监督信用管理法律的贯彻执行。美国、加拿大、英国和北欧国家采用这种社会信用体系模式。

(2)政府主导型模式,又称公共模式或中央信贷登记模式。这种模式是以中央银行建立的"中央信贷登记系统"为主体,兼有私营征信机构的社会信用体系。中央信贷登记系统是由政府出资建立的全国数据库网络系统,直接隶属于中央银行。中央信贷登记系统收集的信息数据主要是企业信贷信息和个人信贷信息。该系统是非营利性的,系统信息主要供银行内部使用,服务于商业银行防范贷款风险和央行进行金融监管及执行货币政策。据世界银行统计,法国、德国、比利时、意大利、奥地利、葡萄牙和西班牙7个国家有公共信用登记机构,即中央信贷登记系统。其中,除法国外,其他6国都有市场化运营的私人征信机构。与美、德、日相对比,我国公共征信机构占主导地位,私人征信机构数量和规模都很小,发展前景广阔。

(3)会员制模式。它是指由行业协会为主建立信用信息中心,为协会会员提供个人和企业的信用信息互换平台,通过内部信用信息共享机制实现征集和使用信用信息的目的。在会员制模式下,会员向协会信息中心义务地提供由会员自身掌握的个人或者企业的信用信息,同时协会信用信息中心也仅限于向协会会员提供信用信息查询服务。这种协会信用信息中心不以营利为目的,只收取成本费用。日本采用这种社会信用体系模式。

根据国际经验,一个国家个人征信机构体系应与本国征信业的发展特点相匹配,相较于美国的完全市场化模式和日本的协会模式,我国可能更接近于欧洲的政府主导模式。

征信体系是随着信用经济的发展,逐步形成的相互联系的整体结构。它是客观存在的系统性体系结构,包含许多信用经济乃至市场经济发展过程中必备的子领域,共同构成信用经济发展不可或缺的市场服务和监督系统,保障信用经济的健康稳定发展,维护正常的信用经济秩序和环境。征信体系如图9-1所示。

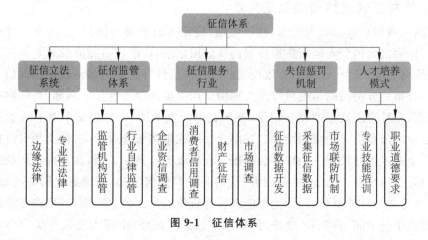

图 9-1 征信体系

征信体系各个子系统之间是一个相互影响、相互作用的有机整体,其中每一个体系都发挥着各自应有的作用,如果其中任何一个体系出现运行障碍和错误,势必影响其他体系的运作效率,带来不必要的损失。

第三节 大数据征信概述

大数据时代多维度信息爆发式的增长为整个社会信用体系的建设带来了新的发展契机。大数据征信的特征更加符合小微企业及个人的征信需求,例如,贷款的金额相对较小,贷款人的数量庞大,对贷款审批的时效性有较高要求。因此,针对小微企业和个人的征信更加依赖于基于数据分析的方式,以提高征信的时效性并降低征信成本。

一、大数据征信的概念

大数据征信是指在传统征信评价模型和算法的基础上,运用大数据技术,通过多维度的信用信息考察,重新设计征信评价模型和算法,形成对个人、企业及社会团体的信用评价。

基于大数据的征信并不是对传统征信的颠覆,从其本质上来看是将大数据技术应用到征信活动中,突出了处理数据的数量大、刻画信用的维度广、信用状况的动态呈现、交互性等特点。尽管这些活动采用了全新的方式、全新的视角,但它们并未超出《征信业管理条例》中所界定的征信业务范围,本质上仍然是对信息的采集、整理、保存、加工和公布。

二、大数据征信的优势

大数据征信数据主要来源于网络上的公开数据、用户授权数据和第三方合作伙伴提供的数据。同时,互联网企业通过电商活动建立了宝贵的信用资源,从电商、微博等平台获取客户网络痕迹,从中判断借款人的信用等级,形成整体风险导向,完善大数据的积累。大数据技术的发展,使信息来源收集到的一切可行数据都成为信用分析的基础,为互联网金融征信体系的建设指引了新的方向。

在互联网金融背景下,大数据征信与传统征信相比具有以下优势。

(一)依托互联网数据来源更广泛

传统的征信信息包括收入流水、社保缴纳、信用卡消费等,与银行直接发生过借贷关系的人群,可以通过全国个人征信数据库查询到信用记录,从而进行相应的风险评估。但这一主要数据库覆盖面相对比较单一。依托互联网的征信具有更多可参考及使用的信息。一方面,大量来自第三方网站的信息可以作为辅助征信决策的参考变量。例如,在购物平台留下的购物数据,在社交工具上的社交记录,甚至在论坛上的留言、在搜索引擎的检索记录等信息,都可以帮助勾勒用户的信用画像。在用户注册或申请服务过程中,社交平台可以通过授权协议,向金融机构开放用户的账号数据用于征信服务。另一方面,在金融机构的自有网络渠道中,只要有用户登记注册、申请服务、购买产品等任何活动,便能通过网络的痕迹,进行数据的深层挖掘与有效分析,同样也可能获得有价值的信用信息。例如,用户在页面的停留时间、填写表单的中间过程、IP地址、设备号等信息。此外,中国人民银行征信中心及公安网等其他第三方渠道购买的数据,也是最重要的征信数据来源之一。

(二)非结构化数据内容更丰富

传统征信主要使用传统结构化数据,其主要来源为借贷范畴,而大数据征信除现金流等财务数据外,根据互联网的活动痕迹,还可获知客户的交易行为、社会关系等半结构化的数据。通过对这些半结构化数据甚至非结构化数据,进行不同维度、不同层次的挖掘与分析,可以得到关于人的心理、行为、性格等根本的有价值的数据源,使之成为新数据的来源之一,继而纳入征信体系。例如,芝麻信用的个人评分模型分别根据人脉关系、身份特质、行为偏好、信用历史和履约能力五个维度的信息来进行个人征信的评分。由此可见,大数据提供的广泛而复杂的信息源对征信业务的信用评估渗透力与影响力十分强大。

(三)数据时效性增强

离线的事后分析数据,让传统征信评价模式陷入了数据少、时效差的困境。在"互联网＋金融"的飞速发展时代,只关注、分析考察对象的历史信息早已不够。取代传统征信的精确性,大数据把重点转移至数据相关性方面。依靠大数据所具备的存量和热数据的典型特征,数据已成为一种在线实时更新的状态。在大数据征信的分析对象中,不仅包括考察目标的历史记录,还在时间的横向维度上加入当前信息。当数据的纵向挖掘与横向扩宽相结合时,信用评价的处理速度与决策效率将更加高效。

在征信业务中,将来自不同信息源、不同形式的数据联系起来至关重要。购物网站的顾客,通信工具的会员,租车公司的客户,要将这些数据准确地对应到同一个人身上,就需要进行关联。有的公司已经开启了刷脸识别实现支付的技术:贷款人将脸部对准摄像头,系统即时拍摄照片,使用匹配算法与公安部的身份数据进行匹配,在"刷脸"认证的同时,立刻就能通过社交媒体等大数据分析,对贷款人的信用进行评定,从而当即计算出贷款额度。

在分析效率上,分布式计算、云计算为大规模数据的处理和计算提供了新的计集平台。在小的维度上,计算本身可以用一些成熟的框架快速地迁移到分布式计算平台上;在大的维度上,机构可以通过云计算以低成本快速租赁到大规模计算资源。存储管理平台和增量式算法使得新数据的产生和变化能实时地反映在计算的结果之中。

互联网时代,用户行为被数据化的程度越来越高,智能设备、社交网络等以过去前所未有的速度产生数据。一些新的数据被用于决策过程的时间越接近,其价值就会越高。因此,需借助大数据技术,提高在有限时间内快速处理大量数据的能力。

(四)量化模型结果更精准

在传统征信领域,针对企业一般以财务数据为核心来构建单一变量,针对个人一般以信贷数据为核心来构建单一变量。而数据技术的发展,使用海量数据已成为可能。在大数据征信中,信用评价模型可以容纳更多的变量,这为量化信用评价结果提供了全面而精确的保障,从而适应快速更迭的信息时代。

(五)人性化思路适用多场景

传统征信体系的征信报告一般只有在信贷业务或者其他金融业务中使用,而大数据征信由于数据来源、内容模型思路主要来自借贷场景外的生活,例如,预订机票、酒店、租车等需要预授权支付或缴纳押金的场合,因此其得出的信用评价也更接近于对人的本性的判断,沿着基本人性化思路发展，有着可持续发展的前景。

三、大数据征信的难题

随着消费金融、网络借贷等互联网消费模式的快速增长，以及大数据技术突飞猛进，大数据征信服务机构开始大量涌现。但多元化、多层次征信市场体系建设面临一系列挑战，有很多难题尚未破解。

（一）数据质量受到质疑

相比于央行征信系统的权威性、数据质量的高可靠度，大数据征信机构虽然数据来源更加宽泛、品种更加丰富，但数据质量、权威性受到质疑。

一个人的信息分散在各处，需要建立共享机制来促成数据格式的统一、机构之间数据的交换、公共信息的开放等。同时，人们对大数据的应用仍存在很大的质疑。目前，基于大数据评级发放贷款，遇到的主要瓶颈是缺少验证数据的支持，模型的试错过程相对较长，成本较高，准确性也相对较低。如果能够利用银行现有的放贷和风险的数据进行校验，将对大数据征信的发展产生极大的益处。因此，传统征信与大数据新型征信之间的合作空间巨大，但合作不仅仅是传统征信吸收新型征信公司的数据，而应当是互相依存、互相进步的关系。两者的深度合作依赖于机构之间的数据交换。大数据征信，归根结底是基于大数据的金融数据挖掘的一种应用。

（二）分析成本效率与数据价值密度难平衡

大数据征信数据分析在技术上面临的难点在于数据量大且分析速度要求高，数据较为杂乱，总体价值大但价值密度低。针对海量的数据源，在采样阶段，主要的问题在于平衡采样数据量与分析难度。从统计学角度来看，采样数据量越大，越不容易产生偏见，但相应地会增加分析成本。大数据引入了大量的非结构化数据，需要使用复杂的模式识别和机器学习技术。

（三）征信数据无法共享

目前，我国八家机构中，鹏远、中诚信、中智诚是传统型的征信机构，数据来源主要是以金融数据、公共数据为主；而芝麻、腾讯、前海、考拉、华道则除接入传统数据外，大量使用的是自身场景下积累的数据。各家征信机构都在各自服务的领域为用户进行信用评价，虽然它们的服务内容不同，但都需要采集基本信息。由于征信数据不互通，每家机构还需重新采集数据、分析测算，这无疑导致了重复支付成本，过度耗费了整个社会的资金与时间。此外，征信数据难以共享，这导致即便使用相同的信用评分模型，不同公司间的信用评估结果也存在差异。

各个征信机构为用户提供专属的信用评级，而这种信用评级信息就成了它们的竞争优势，机构可以根据用户的信用评级更有针对性地提供服务。这就造成了征信发展的信息孤岛，各个机构之间所获得的信息不共享，只专注于各自领域的研发，将会引起严重的马太效应。获得技术资金支持的机构会占领大部分市场。例如，芝麻信用利用云计算技术及各种模型算法对用户信息的5个维度进行分析，得出用户的综合信用分值，并已得到广泛应用。可以想象，芝麻信用可能不太愿意与技术落后的机构共享信息。

（四）个人信息安全存在隐患

根据《征信业管理条例》规定，采集和应用个人征信信息必须获得征信主体授权，商业银行在向人民银行征信中心报送和查询使用个人征信信息时，必须严格执行此规定，对于报送数据范围、查询用途范围、授权形式、异议处理流程等都有明确的界定。而大数据征信依赖大量的个人互联网交易记录、社交网络数据，在多重交易和多方接入的情况下，隐私保护的权利边界被淡化，隐私泄露风险被迅速放大，公民维护自己合法权益面临取证难、诉讼难等问题。

（五）公共信息无法打破垄断

如前分析，目前多家个人征信试点机构的信息来源带有浓厚的自身经营特点，申请个人征信的试点机构大多首先拥有自己的具有垄断性的数据资源。而大数据征信要求的是信息的共享，而不是局部的垄断和壁垒。跨机构拥有的信息是否可交换，哪些需要获得信息主体的授权，如何保证交换过程中和交换后信息不被滥用，在法律、监管、技术等方面都缺乏标准。同时，工商、税务、司法等公共政务信息的可持续获取尚得不到保证。目前的主要做法是，各家征信机构或信息使用机构单独地获取这类信息，这种做法导致获取成本高，数据的质量和数据的可持续维护得不到保证。

（六）信息滥用带来危害

从首批试点的 8 家个人征信机构的运营情况看，市场开放之后，芝麻信用、腾讯征信、考拉征信等机构开始了一轮激烈的追逐赛，纷纷推出各自的评分产品，并争相在金融、购物、招聘、租车、租房、交友、酒店入住等领域尝试应用。但是，这些机构绘制出的人物"肖像"能否真实反映个人信用还令人质疑，获取信息所采用的关键技术的可靠性还有待进一步检验，没有制约的商业化应用很可能带来安全隐忧或消费歧视。

四、大数据征信的典型应用

在过去十多年中，个人征信最经典的技术就是信用模型评分。信用评分模型的基本思想是利用数理统计技术，通过对信用历史信息、交易信息、行为信息的挖掘，来预测个人的信用表现。例如，拖欠概率、违约概率、循环倾向概率等。而大数据征信拥有更广泛的数据来源，同时几乎覆盖所有互联网用户，也利用数据处理技术提高了征信的时效性。

（一）芝麻信用

芝麻信用作为蚂蚁金服旗下独立的第三方征信机构，通过云计算、机器学习等技术客观呈现个人的信用状况，已经在信用卡、消费金融、融资租赁、酒店、租房、出行、婚恋、分类信息、学生服务、公共事业服务等上百个场景为用户、商户提供信用服务。其数据构成如图9-2所示。

1. 芝麻信用的征信数据来源

（1）来自阿里蚂蚁的数据，包括淘宝、天猫和阿里巴巴的购物交易数据、支付宝和余额宝的支付和理财数据等。

（2）外部合作机构提供的数据。主要有两种方式，政府方面的数据以购买方式获取为主，包括最高法院老赖名单、公安系统数据、工商数据、学历学籍部门数据、司法数据、公安数

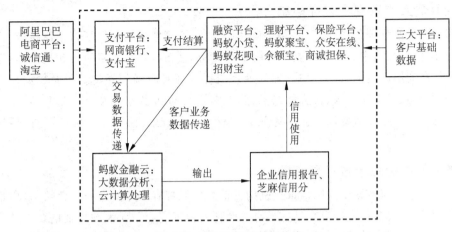

图 9-2　芝麻信用的数据构成

据、海关数据、行政处罚数据,以及电力、煤气公司等公共事业机构。另外,一些本身具有大数据积累的商业公司也是芝麻信用的合作对象,它们提供了丰富的数据。例如运营商数据、企业纳税数据、车产数据、企业经营流水数据,以及各大银行、租车行业、酒店行业、生活交易类的合作伙伴反馈的数据,这部分数据通过合作、置换、服务输出等方式获得。

（3）用户自主上传的信用数据。芝麻信用在 2015 年 7 月上线了上传功能,用户可以主动上传个人信息,包括学历学籍、单位邮箱、职业信息、车辆信息和公积金五个方面的信息。

目前,芝麻信用带有购物、金融和社交三种不同维度的数据,其接入的外部数据源在八成以上,而阿里的数据源已减少至不足两成。

2. 大数据处理技术

芝麻信用在构建信用评分模型体系时,利用云计算、机器学习等技术,能以较低的成本对海量数据的关联性进行分析,还在充分研究和吸收传统征信评分模型算法的优势的基础上,积极尝试前沿的随机森林、决策树、神经网络等模型算法,挖掘出和信用表现有稳定关联的特征,从而更加高效和科学地发现大数据中蕴含的信用评估价值。

目前,芝麻信用应用了一种改进的树模型 GBDT,深入挖掘特征之间的关联性,衍生出具备较强信用预测能力的组合特征,并将该组合特征与原始特征一起使用逻辑回归线性算法进行训练,从而获得一个具备可解释性的准确的线性预测模型。

3. 大数据产品与服务

芝麻信用体系包括芝麻信用评分、信用报告、反欺诈、行业关注名单等一系列信用产品,提供反欺诈 IVS 信息验证服务（基于实名用户的欺诈风险识别,帮助提升合作伙伴反欺诈识别能力）、芝麻数据变量服务 DAS（还原用户画像,个性化的策略模型）、负面信息披露、还款提醒等服务。

芝麻信用分,即芝麻分,是芝麻信用产品中的核心产品,为用户提供信用评分服务。芝麻分这个看似简单的分数背后,是芝麻信用对海量信息数据的综合处理和评估。2015 年 1 月芝麻信用开始在部分用户中进行公测,并推出芝麻信用分,这是我国首个个人信用评分。芝麻信用分与国际通行的信用评分类似,分数越高代表信用程度越好,违约可能性越低。

芝麻分综合考虑了个人用户的信用历史、行为偏好、履约能力、身份特质、人脉关系五个维度的信息。

（1）信用历史。过往信用账户还款记录及信用账户历史。目前这部分内容大多来自支付宝，特别是支付宝转账和用支付宝还信用卡的历史。

（2）行为偏好。在购物、缴费、转账、理财等活动中的偏好及稳定性。例如，一个人每天打游戏10小时，那么就会被认为是无所事事；如果一个人经常买纸尿裤，那这个人便被认为已为人父母，相对更有责任心。

（3）履约能力。包括享用各类信用服务并确保及时履约。例如，租车是否按时归还，水、电、煤气是否按时交费等。

（4）身份特质。在使用相关服务过程中留下的足够丰富和可靠的个人基本信息。包括从公安、学历学籍、工商、法院等公共部门获得的个人资料，未来甚至可能包括根据开车习惯、敲击键盘速度等推测出的个人性格。

（5）人脉关系。好友的身份特征及跟好友互动的程度。根据"物以类聚，人以群分"的理论，通过转账关系、校友关系等作为评判个人信用的依据之一。其采用的人脉关系、性格特征等新型变量能否客观反映个人信用，目前还没有得到明确的验证。同时，目前还没有将社交聊天内容、点赞等纳入参考范围。

4. 芝麻信用存在的问题

（1）征信活动缺乏严格的法律约束，信用征集需立法定边界。一方面，相对于政府部门及金融机构归集的信息，第三方机构征信在收集社会信用信息等方面可起到完善和补充作用。但我国现行的法律法规在信用信息采集和使用范围上都缺乏明确的规定。哪些信息可以征、哪些信息不能征，还没有明确规定，进而导致以芝麻信用为代表的这种大数据征信模式在个人隐私保护方面较难把控，有意或无意地采集并使用了用户的敏感数据，可能存在法律和道德风险。另一方面，芝麻信用采集的数据大部分是网络信息，例如，用户的交易数据、浏览记录好友信息和选择偏好等。对于这部分新兴信用数据，我国目前出台的《征信业管理条例》和《征信机构管理办法》还没有明确其合法性和商业应用的规范。

（2）芝麻信用存在数据匮乏和虚假问题。①数据的维度不够完整。阿里巴巴在网络购物、互联网金融等领域有丰富的数据，但是在社交、搜索引擎、网络游戏等领域，其数据相对匮乏。此外，对于那些从来没有使用过支付宝、不使用淘宝的消费者，阿里也很难采集到他们的数据。这些因素都会导致数据产生偏差。②用户非结构化数据日益增多。随着时代发展，人们在互联网行为中产生的与个人信用关联度比较弱的非结构数据，例如图片、视频、音频等内容，在用户行为数据中的占比不断增加，而处理非结构数据的技术发展却相对缓慢，如果未来无法准确地分析用户产生的非结构数据，像芝麻信用这样的互联网征信机构可能会陷入数据匮乏的境地。③存在虚假数据。例如，个人的购物情况看起来虽然交易量较大，但可能是帮助其他人或者企业进行采购，所以单纯依靠线上数据可能有很多虚假信息。

（3）未与政府、P2P网贷等其他平台做到信用信息共享。芝麻信用收集的数据主要来源于阿里生态系统，对于其他平台的数据收集还处于起步阶段。目前芝麻信用还未与央行的征信系统对接，无法获取个人信用信息基础数据。并且我国政务信息开放程度不高，并未完全开放税务、海关等政府部门的信息。芝麻信用现在仅接入了工商、学历学籍、公安、法院四个方面的数据,因此无法获取完整的个人信用数据。除了无法共享政府数据,芝麻信用在获取网贷平台数据这一方面也存在困难,部分平台对评分的可靠性存在质疑,并且网贷平台也拥有自己的评分模型,因此不愿将自己的信贷数据与芝麻信用共享。目前,我国民间借贷、互联网金融数据形态各异、数据的定义不同、业务操作规范不同,授信标准也不同,很难形成统一的数据标准供行业共享。同时,各征信机构之间存在竞争,数据是各机构的核心资产,实现信息数据的共享难度较大。

(二)腾讯征信

腾讯征信是首批经人民银行批准开展征信业务的机构之一,专注于身份识别、反欺诈、信用评估服务,帮助企业控制风险、远离欺诈、挖掘客户,切实推动普惠金融。

1. 大数据来源

腾讯征信依托于腾讯集团,信用信息主要来自社交、游戏、电商及第三方支付平台和合作平台。其中主要运用社交网络上海量信息,例如在线、财产、消费、社交等情况,为用户建立基于互联网信息的征信报告。腾讯庞大的客户群体为腾讯征信提供了海量信息。

2. 大数据处理与分析

腾讯征信由腾讯旗下财付通团队负责,通过其大数据平台 TDBank,在不同数据源中,采集并处理包括即时通信、SNS、电商交易、虚拟消费、关系链、游戏行为、媒体行为、基础画像等数据,运用统计学、传统机器学习等方法综合考察用户的消费偏好、资产构成、身份属性和信用历史 4 个维度,得出用户信用评分,为用户建立基于互联网信息的个人征信报告。

3. 大数据服务

腾讯征信业务服务的对象主要包括两个方面:①金融机构,通过提供互联网征信服务来帮助它们降低风险,能够为更多用户提供金融服务;②服务普通用户,通过便捷的方式帮他们建立信用记录,这些信用记录能反过来帮助他们获得更多的金融服务。

4. 大数据产品

腾讯征信的征信产品主要分为两大类别:一类是反欺诈产品,另一类是信用评级产品。其中,反欺诈产品包括人脸识别和欺诈评测两个主要的应用场景。

(1) 人脸识别产品。腾讯财付通与中国公安部所属的全国居民身份证号码查询服务中心,达成人像比对服务的战略合作。居民身份证查询中心,拥有全国所有公民的户籍信息,拥有国内最权威的身份信息数据库。双方通过深度合作,结合腾讯独创的技术算法,大力提升人脸识别的准确率及商业应用可用性,联手帮助传统金融行业解决用户身份核实、反欺诈、远程开户等难题。人脸识别系统主要包括人脸图像采集及人脸检测、人脸特征提取,以及特征相似度匹配与识别。人脸识别技术能够应用的关键核心在于以下 3 点。

① 图像识别核心技术。2015 年 1 月,腾讯的人脸识别技术正式登场亮相。腾讯对人脸识别的研究由来已久,其旗下的优图团队承担人脸识别技术研发,2014 年就已经在世界权威人脸检测评测集 FDDB 上达到世界第一水平,人脸识别 LFW 数据集准确率超过了99.5%。在实际业务产品社交网络图像上的准确率高达99%,对于身份证照片准确率甚至超过了 99.9%。在应用方面,腾讯的图像识别核心技术能力已积累了独有的优势。

② 丰富权威的样本数据库。有效的图像样本库包括各类生活照和证件照,这是提升人脸识别技术的必要基础。经过数年准备,腾讯采集标注了海量生活照训练样本数据。目前

拥有世界上最大的黄种人人脸模型训练样本库,非常适用于国内环境。与此对应的用户人脸识别技术上已经有非常深厚的储备,在人脸检测、五官定位、特征提取和特征对比等关键步骤上,都已积累了世界顶尖的数据模型和算法。最重要的证件照是身份证照片。腾讯财付通与居民身份证查询中心的深度合作,大力提升人脸识别的准确率及商业应用可用性。与其他几家公司的人脸识别技术不同的是,腾讯推出的人脸识别技术产品最重要的环节之一就是系统将用户的视频照、身份证照片与居民身份证查询中心的权威数据三者做交叉验证,通过先进的算法和技术进行匹配,杜绝假冒身份的情况出现。

③ 广泛灵活便捷的应用场景。传统金融中,用户在申请银行贷款或证券开户时,都必须到实体门店进行身份信息核实,完成面签。如今,通过人脸识别技术,用户只需要打开手机摄像头,自拍一张照片,系统将会做一个活体检测,并进行一系列的验证、匹配和判定,最终判断这个照片是否是用户本人操作,完成身份核实。腾讯与微众银行正在对金融、证券等业务进行人脸识别的应用尝试,相信不久之后,人脸识别将会出现在更多的应用场景中。

(2) 反欺诈核查产品。腾讯征信旗下对公业务产品—账户级反欺诈产品,已经开始接入合作机构。这款产品是国内首个利用互联网数据鉴别欺诈客户的产品,主要服务对象是银行、P2P、小贷公司、保险等机构。它能帮助企业识别用户身份,发现恶意或者疑似欺诈客户,避免资金损失,支持国家的普惠金融政策。

(3) 信用评分及信用报告产品。腾讯信用评分及报告则来自腾讯社交大数据优势,全面覆盖腾讯生态圈8亿活跃用户,通过先进的大数据分析技术,准确量化信用风险,有效提供预测准确、性能稳定的信用评分体系及评估报告。

对于个人用户,腾讯信用评分不但可以查询个人信用报告,还可以提高和完善自身信用情况,形成良性循环;对于银行等商业机构,该信用评分体系可以与自有体系形成交叉比对,帮助机构更准确地对用户个人信用进行判别,挖掘更多的价值用户。通过多家金融机构实用验证证明,腾讯信用评分体系预测效果适用于银行,且评分性能稳定。腾讯信用评分主要以星级的方式展现,共7颗星,亮星颗数越多,表明信用评级越高。星级主要由以下4个维度构成。

① 消费。用户在微信、手机 QQ 支付及消费偏好。
② 财富。在腾讯产品内各资产的构成、理财记录。
③ 安全。财付通账户是否实名认证和数字认证。
④ 守约。消费贷款、信用卡、房贷是否按时还等。

【思考练习】

1. 简述传统征信的征信产品。
2. 简述传统征信的痛点。
3. 简述大数据征信的优势及特征。
4. 思考大数据征信面临的难题。
5. 探讨传统征信与大数据征信如何更好地结合。
6. 大数据征信的典型应用给你带来哪些启示?

第九章 大数据金融征信体系建设

【学习园地】

在金融领域,企业内部大数据的应用得到了快速发展。例如,招商银行通过数据分析识别出招行信用卡价值客户经常出现在星巴克、DQ、麦当劳等场所后,通过"多倍积分累计""积分店面兑换"等活动吸引优质客户;通过构建客户流失预警模型,对流失率等级前20%的客户发售高收益理财产品予以挽留,使得金卡和金葵花卡客户流失率分别降低了15%和7%;通过对客户交易记录进行分析,有效识别出潜在的小微企业客户,并利用远程银行和云转介平台实施交叉销售,取得了良好成效。

当然,最典型的应用还是在电子商务领域。每天有数以万计的交易在淘宝上进行,与此同时相应的交易时间、商品价格、购买数量会被记录。更重要的是,这些信息可以与买方和卖方的年龄、性别、地址,甚至兴趣爱好等个人特征信息相匹配。淘宝数据魔方是淘宝平台上的大数据应用方案,通过这一服务,商家可以了解淘宝平台上的行业宏观情况、自己品牌的市场状况、消费者行为情况等,并可以据此进行生产、库存决策。而与此同时,更多的消费者也能以更优惠的价格买到更心仪的宝贝。而阿里信用贷款则是阿里巴巴通过掌握的企业交易数据,借助大数据技术自动分析判定是否给予企业贷款,全程不会出现人工干预。

我国的大数据征信依托于成熟的电子商务市场,得到了飞速的发展,已经处于世界领先水平。未来,大数据征信的应用场景还有待我们发挥想象,去探索更为广阔的可能。

第十章

大数据与金融信息安全

【学习目标】

- 理解和掌握金融信息安全的概念、金融信息安全保护的原则与意义。
- 理解大数据给金融信息安全带来的挑战。
- 理解我国金融信息安全的现状及困境。
- 了解美国金融信息安全保障体系。

【素质目标】

通过本章内容的学习,学生能够理解和掌握金融信息安全的概念及重要意义,能够深刻理解金融信息安全作为国家安全的重要组成部分,以及大数据的发展给我国金融信息安全带来的挑战和保护金融信息安全面临的困境。

第一节　金融信息安全的意义

一、信息安全

由于信息的爆炸式增长,采用传统的人工方法来保存、利用和传递文档资料已经变得非常困难。在这个信息化时代,无论是公司和客户的商业往来还是政府的公共服务,都依赖于开放的计算机网络和通信网络来进行。所有电子形式的资料的保存、使用和传输面临着不同于传统资料的环境,因此我们需要考虑以下三个方面的问题:①数据保存方面,数据的存储与数据恢复;②数据使用方面,数据访问权限及数据库的保密;③数据传输方面,数据的安全传输、合法接收、公平交易、抵抗干扰等。因此,信息安全就是解决上述数据问题。

国际标准化组织(ISO)对信息安全给出了定义:信息安全是为数据处理系统建立技术和管理的安全保护。这种保护旨在确保计算机硬件、软件、数据不因偶然或恶意的原因而受到破坏、更改、泄露。从微观角度看,信息安全主要是指信息生产、加工、传播、采集、处理直至提取利用等信息传输与使用全过程中的信息资源安全。信息安全的核心是信息处理过程的安全、信息存储环境的安全及信息传输和数据交换过程的安全这三个方面。从宏观角度看,信息安全是国家的信息化产业能力,以及信息技术体系能够抵御外来威胁与侵害,强调的是全面信息化产生的信息安全问题:一方面,泛指信息技术和信息系统发展的安全;另一方面,特指国家重要信息化体系的安全。

二、金融信息安全

金融信息是指在组织和管理货币流通、各种金融证券交易、信用活动及资金结算过程中产生的信号、指令、数据、情况、消息,其内容包括政府金融信息、银行信息、证券市场信息、客户资信信息等。金融信息安全是指利用信息通信技术或者金融数据信息,针对金融领域实施的各类安全威胁和应对手段。金融信息安全可能成为国家间网络安全对抗的战场。金融信息安全主要内容包括数据安全、运行安全、软件安全和物理安全。

(1) 数据安全。数据安全有相互对立的两方面的含义:一是数据本身的安全,主要是指采用现代密码算法对数据进行主动保护,例如数据保密、数据完整性、双向强身份认证等;二是数据防护的安全,主要是采用现代信息存储手段对数据进行主动防护,例如通过磁盘阵列、数据备份、异地容灾等手段保证数据的安全。数据安全是一种主动的包含措施,数据本身的安全必须基于可靠的加密算法与安全体系,主要是有对称算法与公开密钥密码体系两种。金融业务的数据要求绝对安全和保密。用户基本信息、用户支付信息、资金信息、业务处理信息、数据交换信息等的丢失、泄露和篡改都会使金融业遭受不可估量的损失。在互联网这样一个开放式的环境中,如何确保数据输入和传输的完整性、安全性和可靠性,如何防止对数据的非法篡改,如何实现对数据非法操作的监控与制止,是互联网金融业务系统需要重点解决的问题。

(2) 运行安全。运行安全主要是指金融各个信息系统能够正常工作,用户能够正常访问,系统之间的数据交换、调用等能够正常运行,避免出现运行不稳定、系统被攻击等现象。

(3) 软件安全。软件安全主要是指互联网金融系统软件及各个主机、服务器、工作站等设备中运行的软件的安全,以及避免软件的意外崩溃等。

(4) 物理安全。物理安全是指各种硬件的安全,旨在尽可能地减少不可抗力因素的影响。

三、金融信息安全保护的意义

信息安全的发展与互联网的发展密切相关,特别近几年移动互联网的发展对信息安全提出了极大的挑战。信息安全已经升级为国家战略,信息空间已经被认为是一个国家的第五主权,即陆权、海权、领空权、太空权后的第五权。网络空间安全目前进入国家间对抗阶段。除技术层面出现只有国家力量才可能完成的高度复杂的攻击事件外,在战略、外交、产业等层面明显表现出"冷战"时期的特点。国际层面对抗抬头,信任降低,合作受影响。对"大玩家"拥有的手段、具备的能力、掌握的资源(包括战略级的漏洞或后门)、潜在动机等,已有网络安全保障力量了解甚少。基于经验、能力和机制,来应对当前国家间网络安全对抗中可能产生的威胁,是目前的最大风险。

(一) 金融信息安全已经成为国家重要战略之一

随着全球各国经济相互依赖性增强、信息通信技术快速发展、金融领域的逐步开放,以及新型金融业务的推广等,国家金融安全面临着与以往不同的风险,需要高度重视。网络空间安全与金融安全密切相关,新一代信息技术所具有的融合、智能、宽带、移动、泛在等基本特点,以及"智慧城市"的推进和发展,使网络空间和所有的传统空间领域越来越深入地融合,网络空间安全直接关系到所有传统领域的安全。从国家发展的不同领域来说,政务、金融、国防、科技、社会稳定等各个方面,都离不开网络空间安全保障。因此,网络空间安全目前成为最受各国重视的热门话题。

随着我国信息化的不断推进,国家对信息安全工作的重视程度日益提高。2012 年 7 月,国务院发布了《关于大力推进信息化发展和切实保障信息安全的若干意见》,这是国家信息化建设和信息安全工作的纲领性文件,对于今后我国信息化建设和信息安全工作具有重大的指导意义。

2015 年中国国务院发布了第 5 号公报《关于促进云计算创新发展培育信息产业新业态的意见》。其中提道,加快建立法规制度,制定信息收集、存储、转移、跨境流动等管理规则;落实国家信息安全保护机制,例如安全事件预警和应急处置机制,加强对党政、金融、交通等重要信息系统的安全评估和监测。2016 年 11 月 7 日,第十二届全国人民代表大会常务委员会第二十四次会议通过了《中华人民共和国网络安全法》,明确将金融领域定义为我国的关键基础设施,并且提出对金融领域在网络安全等级保护制度的基础上,实行重点保护。

近年来,中国人民银行、银保监会、证监会等发布了一系列金融行业数据安全机关的政策、规章及标准文件,如中国人民银行发布《金融科技发展规划(2022—2025 年)》《金融数据安全　数据安全分级指南》,中国银保监会发布《关于银行业保险业数字化转型的指导意见》《监管数据安全管理办法(试行)》,中国证监会发布《证券期货业数据分类分级指引》,初步构建了金融领域数据安全的体系框架,为金融数据能力和安全建设提供了依据和指引。

(二)金融信息安全隐患将造成巨大损失或引起社会动荡

现代经济中,金融信息系统是国家重要的关键信息基础设施。金融信息安全不仅关系到国家经济社会安全,也关系到金融企业的持续发展。金融信息安全无疑是国家发展战略的重要基石。因此,对国家而言,信息安全是国家安危之本;对企业而言,信息安全是企业的生存之本;对个人而言,信息安全是个人的发展之本。

我国每年都会发现千万级左右的 IP 地址被境外攻击者秘密控制,大量重要网站的数据被大规模窃取。随着银联等金融业务走向国际,网络钓鱼攻击等身份窃取攻击转向我国银行等网站,移动互联网的快速发展和深入应用使智能终端成为重点攻击目标,恶意应用增长迅猛,直接威胁用户的经济利益及金融新业务的推广。此外,网络拒绝服务攻击十分活跃,针对我国信息基础设施的严重攻击事件时有发生,新型攻击手段不断出现,重要用户部门却对此了解不多。

在这种环境下,金融安全的保障,离不开对网络空间安全保障的深入理解和结合。从微观来看,电子商务、网上支付、网上银行甚至传统的信用卡等业务,受到交易过程安全的影响,也受到"网络钓鱼"等在线身份窃取类攻击的威胁,并且已经有大量案例。从宏观来看,传统的金融风险管理手段,不能完全涵盖恶意利用各类自动交易机制与系统(如证券市场的量化投资)所存在的缺陷,这可能在短时间内给国家造成巨大的金融损失,甚至引起民众恐慌进而引发社会动荡风险。

互联网的普及和信息技术的发展给金融行业带来了前所未有的机遇,金融系统得到了蓬勃发展。计算机正越来越多地应用到金融系统活动当中,成为其不可或缺的一部分。而电子信息化也成为现代金融发展必然的趋势。但与此同时,信息技术的参与也在一定程度上削弱了交易的可控性,使交易风险大幅增加。任何一个精通计算机或网络的人都有机会对金融系统进行蓄意破坏,人为的干预和破坏都会给金融系统带来重大的影响。在金融系统中,运行的数据基本上都是以资金信息为主,由于其庞大的用户基数并随着时间的积累逐渐形成了海量的数据,这些数据的存储和保护给人们带来了巨大的挑战。金融信息往往涉及国家、集体或个人的利益,一旦有数据损坏或者非法数据访问,都将造成不可弥补的经济损失。因此,金融信息安全正成为一个具有挑战性的命题。

第二节　大数据对我国金融信息安全的新挑战

由于大数据在金融业的发展起步较晚,目前还不成熟。大数据金融并不都意味着机遇或者商业上的无限潜力,在我们能够很好地了解大数据、管理大数据之前,大数据金融实际上还同时意味着巨大的风险。此外,随着移动互联网、云计算等技术的发展,金融机构的业务环境愈加复杂,内部系统与外部空间的边界也愈加模糊。与此同时,网络攻击者的攻击手段却越来越丰富,攻击数量越来越多。面对新型攻击手段,传统安全以防御为核心的策略失效,金融机构的安全状况面临严峻挑战。

一、金融机构信息安全易受到网络恶意攻击威胁

境外网络攻击频繁发生,网络安全问题已经上升到国家安全层面。近年来,面对日益复杂的政治格局和国际关系,全球面临的来自网络空间的威胁更加严峻,数字安全建设迎来前所未有的变革和挑战。其中,组织性复杂、计划性高效和针对性明确的攻击活动更趋常态化,高级持续性威胁(APT)攻击成为网络空间中社会影响最广、防御难度最大、关联地缘博弈最紧密的突出风险源,直接影响现实国家安全。据 360 安全云监测,我国是 APT 攻击活动主要受害国之一。APT 攻击手法持续更新升级、目标扩散、攻击深入。2023 年 11 月,中国工商银行美国子公司遭受到来自 LockBit 3.0 勒索软件发起的网络攻击。该勒索软件通过加密系统数据进行勒索或信息窃取,给银行带来了数据丢失或泄露的风险。

传统网络安全主要以边界防御为核心,利用防火墙、WAF、IDS 等网络设备或软件对关键性基础设施进行防护。但是,传统网络安全一般只能依靠预先设定的防御规则来检测已知攻击并进行事后防护,对于现阶段层出不穷的新型攻击模式和技术,很难做到事前预警。

由于这些关键性基础设施一旦遭到攻击就可能严重危害国家安全,因此必须保证在没有相似攻击事件发生之前就判断出事件的威胁程度,进行预警并采取措施。这就要求安全分析软件采用大数据及人工智能技术,使其具备预测能力,从而达到预先防护的目的。

以银行为代表的金融机构面临三大问题:①国外产品的技术封锁和封闭性使得"棱镜门"那样的后门难以被发现,可能导致金融机构敏感数据信息泄露;②金融机构金融科技创新发展步伐会受到极大限制,不能深入了解国外产品"黑匣子",科技创新与底层系统难以完全匹配;③国外产品的垄断使金融机构系统运维成本居高不下,同时也增加了金融机构风险管理和业务持续性管理的难度。

二、大数据的应用存在侵犯个人隐私风险

大数据产业发展带来新的困境：个人隐私、国家安全、便利性三者不可兼得。在技术上追求多目标时，各目标之间就很容易发生冲突。随着《中华人民共和国个人信息保护法》和《中华人民共和国数据安全法》等法律法规的不断完善，对于数据确权、数据出域、隐私数据流通与交易、用户授权等概念和评判标准进一步被明确。

大数据技术的应用和隐私保护的价值的争议由来已久。一方面，现代金融机构通常采用集中存储的方式保存数据，将数据集中存储的同时也加大了数据泄露的风险；另一方面，各类数据（如开发数据、账户信息和生产数据）存储在一起，也增加了数据管理的难度。目前，随着技术的高速发展，社交网站、智能穿戴设备、共享经济等新业态不断增加个人信息的数量，创新个人信息的应用方式，也带来了更复杂的安全风险。同时，大数据金融需要对客户信息进行全方位的分析与应用。但是，这些应用也容易跨越雷池，挖掘过多的私人信息，造成对客户隐私的侵犯。首先，信息传递技术与超强的计算机系统使得数据高速分析成为可能。交叉检验技术和"块数据"技术的广泛应用，使得基于大数据的身份识别日益简单且难以察觉，模糊了个人信息的边界。其次，信息的对比及反复利用是大数据价值开发的核心，个人信息超出原始目的利用在大数据场景下成为常态。最后，个人信息的收集方式隐蔽性，流转的复杂性打破了传统的"知情＋同意"模式，让用户权利难以实现。

从技术角度来看，隐私保护计算技术路线多样，不同技术的底层安全机制区别较大，相关协议的系统性安全性评估和论证仍未完全成熟，相关国家标准密码算法缺失，相关解决方案在金融场景落地中的安全性和稳定性仍需更多的实际业务和应用来进行验证和支撑。当前，隐私计算技术在抗恶意攻击、抗合谋攻击、抗量子攻击、依赖可信第三方、计算精度、通信量、算子丰富度等方面仍存在较多问题，需要学术界和产业界共同努力来解决。

严格的数据安全管控与隐私计算产业发展之间仍存在一定的矛盾性，各个金融机构对于本单位数据保护要求不尽相同，这为跨机构数据融合应用场景落地造成了一定的困难。因此，需要金融监管机构等单位推动相关的数据分级与应用落地样板，让金融机构在数据融合应用中有章可循。

三、非结构化的金融数据的分析缺乏有效方式

实践证明，基于数据分析的决策行为更加有效，更具有预见性。金融机构对于传统结构化数据的分析和挖掘是处于领先水平的，但是对于非结构化的异构数据的分析缺乏有效方式。例如，金融机构有客户的资金交易信息、语音同花信息、ATM录像等异构信息，却无法从这些信息中挖掘出有价值的信息，无法打破"信息孤岛"的格局。数据将是未来金融机构的核心竞争力之一。因此对于各类金融机构来说，构建强大的大数据处理能力是目前面临的挑战之一。

此外，为解决大数据特征新衍生出的问题，需要在系统架构、存储器、人工智能、数据仓库、数据挖掘分析等方面有所突破，对人才素质的要求也更高。对金融业大数据人才而言，他们不仅要对金融业务有较深入的理解，还要具备很强的数据建模、数据挖掘和数据分析的能力。金融大数据人才要能够利用大数据平台和大数据分析工具从大量数据中提炼有效

数据,并能将有效数据快速地转化成决策数据,帮助金融企业及时应对市场变化,快速制定应对策略。在大数据时代,综合型的大数据分析人才培养对金融机构来说也是一种挑战。

四、国家金融安全受到大数据监听的威胁

网络监听是一种监视网络状态、数据流程及网络上信息传输的管理工具,它可以将网络界面设定成监听模式,并且可以截获网络上所传输的信息。2013 年"棱镜门"事件表明,"海量数据+数据挖掘"的大数据监听模式可以对他国重要机构进行精确监听。

目前,我国金融机构和政府在主机、网络设备、安全设备和云计算等方面对国外的依赖度很高。我国关键应用主机系统主要依赖进口,目前已建的重要信息系统几乎均为外国品牌,包括操作系统、数据库、中间件也基本在美国企业控制之下。例如,IBM、Oracle(甲骨文)、EMC 三家国外 IT 巨头(简称"IOE")。其中 IBM 提供的硬件及整体解决方案、Oracle 提供的数据库及 EMC 提供的数据存储构成了传统的 IT 架构,在我国银行业及政府部门有广泛的应用。这些海外 IT 公司依靠自己的路由器、交换机、主机设备、操作系统等信息系统关键核心部件,几乎垄断了中国互联网的运作,国内 80%以上的信息流量都经过其产品计算、传输和存储。然而,包括政府、海关、金融、教育、铁路、航天等系统的自主化水平都不高。中国电信和中国联通的骨干网络、四大国有银行的数据中心,大部分都采用国外公司的产品。因此,在信息传输的各个环节,中国金融企业和政府机构的内部信息可能通过国外厂商预留的"后门"被泄露给国外机构,从而成为大数据监听的受害者。

解决数据监听的问题要从两方面入手。一方面,在广泛使用国外厂商的软硬件设备的情况下,提高防范数据监听手段和数据加密等技术。依托国家网络与信息安全信息通报机制,加强数据安全监测、通报、预警和应急处置工作,防范数据安全事件和威胁风险。另一方面,在相关技术成熟的前提下,考虑以国产服务器及软件替换"IOE"产品,从安全的角度看,国产产品的替换势在必行。不过,由于服务器、存储等基础的核心部件(如芯片)及系统仍掌握在国外厂商手中,因此,在这种情况下,只能达到相对的安全。因此,我国相关技术的发展水平决定了是否能够达到更高的安全级别。此外,产品替换是个复杂的工程,难度大、成本高。以阿里巴巴为例,阿里巴巴从 2010 年开始"去 IOE",整个项目耗时 3 年,并有 1.7 万名内部技术人员参与其中,并且之后的维持成本并不低。例如,之前只需要上百台小型机的系统被替换成 1.5 万台 X86 服务器,必须重新架构全新的运维体系。幸运的是,阿里巴巴作为一个互联网公司,其 25 000 名员工中有 17 000 名是 IT 技术人员,而其他央企、政府和银行等企业是不具备这种条件的。通过替换的手段解决数据监听的问题是一项巨大的挑战。

五、法律监管缺失存在风险

由于中国大数据金融的发展时间较短,金融市场内现有的证券法、银行法、保险法等都是在传统金融模式的运营下制定的,这些法律对大数据金融相关的金融创新产品的约束力不强,不能有效地适用于这一新生事物的需要,对大数据征信数据处理的各环节及个人隐私等问题未定义明确界限。

目前,我国金融信息安全的法律风险主要包括两个方面:一是金融信息安全法律法规不

够健全;二是金融信息安全立法相对滞后和模糊。近年来,我国相继出台了《电子签名法》《网上银行业务管理暂行办法》《网上证券委托管理暂行办法》《证券账户非现场开户实施暂行办法》等法律法规,但这些法律法规也只是基于传统金融业务的网上服务制定的,并不能满足互联网金融发展的需求。因此,在利用互联网提供或接受金融服务时,配套法规的缺乏容易导致交易主体间的权利、义务不明确,增加相关交易行为及其结果的不确定性,导致交易风险增加,不利于互联网金融的健康发展。

六、互联技术应用快速更新对金融信息安全提出更大挑战

云计算、大数据、人工智能等新技术既催生互联网金融时代快速到来,又带来了新的安全场景,同时赋予信息安全更多工具和能力。一方面,这些基于开放性网络的互联网金融服务,使得以往金融信息安全技术防范已经不能全部适应新互联网技术的进步速度;另一方面,这些新兴互联网技术自身还在不断发展,其技术成熟度还不稳定,特别是第三方支付、P2P等互联网金融新业态还处于起步阶段,其信息安全管理水平不高。如何尽快建立一套既符合金融行业特点,又能快速跟进互联网新技术发展需要的金融信息安全技术规范,显得十分紧迫。

第三节　我国金融信息安全的现状及困境

金融机构在国民经济运行中扮演着极为关键的角色并发挥着基础支撑作用,由于近年来数字经济的快速发展,与之相关的信息网络安全问题愈加受到业界关注,尤其以数据安全与应用安全的风险更加突出。

一、我国金融信息安全的现状

(一)国家对金融行业信息安全的重视程度不断提高

金融信息与网络安全事关金融稳定和国家经济安全,更是社会政治稳定的关键。以往我国金融业信息网络基础设施薄弱,金融数据服务严重依赖思科等国外厂商,从而增加遭受攻击或信息被窃取的潜在风险。只要一个环节出现问题,就很有可能引发"多米诺骨牌"式的传递效应,引发系统性金融信息安全风险。

从政策方面看,党和国家领导人多次就金融行业信息安全作出重要指示,要求金融业研究和把握又好又快的发展规律,努力提高信息安全保障水平,坚决打击危害金融信息安全的犯罪活动。

从资金支持方面看,多年来国家发展改革委等部门针对金融行业信息安全的实际需要,重点支持金融信息安全产品研发和应用等方面。专项资金的支持在一定程度上有助于提升金融领域信息安全专业化服务水平。

例如,2013 年 8 月国家发展改革委发布《国家发展改革委办公厅关于组织实施 2013 年国家信息安全专项有关事项的通知》,对金融信息安全领域内的金融领域智能入侵检测产品、面向电子银行的 Web 漏洞扫描产品等予以重点支持。2016 年 11 月 7 日,全国人大常委

会表决通过《中华人民共和国网络安全法》，该法于 2017 年 6 月 1 日起正式实施，这对金融业的发展产生了深远的影响。

（二）初步建立以"一行两会"为主的信息安全组织保障机制

中国人民银行着重健全金融信息安全保障体系，联合公安部、安全部、工业和信息化部、电监会四部委共同制定《金融业信息安全协调工作预案》，发布《网络和信息系统应急预案编制指引》，针对区域性电力和通信中断建立联合预警、快速处置流程，并指导省级区域建立信息安全应急协调机制。

银保监会将金融业信息技术风险纳入审慎监管整体框架。以《商业银行信息科技风险管理指引》为核心，建立了针对突发事件、业务连续性、科技外包等的监管制度；实施信息科技现场检查和非现场监管，推荐监管评级；同时建立与公安机关、中国银联、电力、电信、证券等部门及重要信息系统服务商的安全突发事件应急协调机制，加强情报交流与技术协作，提高信息安全协同保障能力。

（三）金融信息安全规范体系基本成型

在多种多样的政策规范当中，有关信息安全的政策规范无疑是最重要的。信息安全直接关系到一项业务的成败，甚至关系到金融机构的生存。

在 2019 年，应用软件违法违规收集、使用用户个人信息问题得到了监管层重视，多部委联合发文，开启了全国性专项整治行动。央行出台了《关于发布金融行业标准加强移动金融客户端应用软件安全管理的通知》（银发〔2019〕237 号），明确划出了四条个人金融信息安全红线，并随文发布了《移动金融客户端应用软件安全管理规范》，开启了移动金融应用软件备案工作。2020 年央行又相继出台了其他安全管理规范，例如《商业银行应用程序接口安全管理规范》《网上银行系统信息安全通用规范》《金融分布式账本技术安全规范》等。这三个规范和《移动金融客户端应用软件安全管理规范》性质类似，都属于偏向具体应用的规范。

除了上述四个规范，央行于 2020 年同时出台了《个人金融信息保护技术规范》。《个人金融信息保护技术规范》规定了个人金融信息在收集、传输、存储、使用、删除、销毁等生命周期各环节的安全防护要求，从安全技术和安全管理两个方面，对个人金融信息保护提出了规范性要求。《个人金融信息保护技术规范》发布并实施，规定了个人金融信息在收集、传输、存储、使用、删除、销毁等生命周期各环节的安全防护要求，从安全技术和安全管理两个方面，对个人金融信息保护提出了规范性要求。此外，2020 年 9 月实施的《金融数据安全数据安全分级指南》给出了金融数据安全分级的目标、原则和范围，以及数据安全定级的要素、规则和定级过程，适用于金融业机构开展电子数据安全分级工作，并为第三方评估机构等单位开展数据安全检查与评估工作提供了参考。

《金融数据安全数据安全分级指南》与《个人金融信息保护技术规范》及上述四个技术安全规范相配合，央行金融数据安全规范体系或基本成型。

（四）金融信息法律法规不断完善

针对网络信息安全和网络行为而制定的法律，主要是 1994 年发布的《中华人民共和国计算机信息系统安全保护条例》和 2000 年发布的《关于维护互联网安全的决定》。在这一时期，国家层面已经注意到信息技术对国民生活的重要性，以及信息技术在应用过程中所存在的网络信息安全问题,由于缺乏广泛的应用,网络信息安全问题存在一定的技术门槛,法律条款不能逐一规范具体行为,仅在个人权利、违法行为和指导原则方面进行表述。另外,为了鼓励我国电子商务行业的发展,2004年国家发布的《中华人民共和国电子签名法》,主要目的在于认可电子商务过程中的民事行为,但也在很大程度上促进了网络信息安全的发展。

随着信息技术的迅速发展与广泛应用,网络信息安全的问题逐渐凸显。为了应对这一挑战,国务院及各部委局相继发布了一些条例和规章,旨在及时处理和规范时下热点网络信息安全问题,填补立法空隙。例如,《计算机病毒防治管理办法》《互联网新闻信息服务管理规定》《电子出版物管理规定》《中国互联网络域名管理办法》,等等。这一阶段,国务院及各部委局均对网络和信息安全提出了管理要求,导致存在多头管理、管理不严、依据标准不一等问题。与此同时,国际网络空间安全环境险象环生,存在诸多不确定因素,我国网络空间安全战略提上了日程。

为进一步加强对网络空间安全的保障,规范网络信息安全的管理,2016年我国先后发布了《中华人民共和国网络安全法》《国家网络空间安全战略》,阐明了我国关于网络空间发展和安全的立场,指导网络安全工作,维护国家在网络空间的主权、安全和发展利益。

银保监会在2018年发布的《银行业金融机构数据治理指引》要求各银行业金融机构加强数据治理,提高数据质量,充分发挥数据价值,提升经营管理水平,由高速增长向高质量发展转变。《商业银行信息科技风险管理指引》《银行业金融机构数据治理指引》等相关要求,金融机构需要从组织、制度、流程、技术等层面多措并举,构建严密的信息安全防护墙。经过多年的发展,我国金融行业信息安全监管框架已经基本形成,并且具有以下明显特征:①监管主体向网信办协同各部委的"1+N"多维化转变;②监管制度趋于严格化;③监管内容越来越精细化;④监管科技手段增加,监管方式也从原有的事后审计调查向事中事前转变;⑤由于各地区地域所处经济发展现状有所差异,地域化的监管特征也已经初步显现。

2021年11月1日,《中华人民共和国个人信息保护法》正式实施,从法律层面明确了金融账户的敏感性,要求金融机构在处理生物识别、医疗健康、金融账户、行踪轨迹等敏感个人信息时,都必须取得个人用户的单独同意。我国网络信息安全的监管,从原有的原则性监管正逐步向精细化监管迈进。目前,全国人大和学术界正在紧锣密鼓地加紧拟定我国数据安全保护和个人隐私保护的相关法律。网络信息安全的监管也正从基础设施和系统的安全性向数据和隐私方向演进。

我国现已形成宪法、法律法规、行政部门规章、司法解释和行业自律守则等多层面的信息安全法律体系。

(五)以密码技术和身份认证为主的安全技术保障能力不断加强

当前基于PKI的信息安全产品已经成为保障我国金融行业信息安全的有力武器。

(1)金融机构利用PKI机制可以实现用户身份的鉴别,基于PKI技术的数字证书已经成为保障网络金融交易的主要工具。通过PKI技术加强身份认证、严格控制登录者的操作权限,实现对操作系统和应用系统严格的授权管理和访问控制机制。

(2)通过采用服务器证书可以实现对网站的可信性认证,有效防范网络钓鱼等金融诈骗。

(3)手机短信、动态令牌等安全产品也一定程度上保障了金融交易的安全,并得到了广泛应用。

（4）人民银行还针对 RSA1024 算法破解、数据同步机制促发系统停机、云灾备安全风险、支付空间的漏洞、银行卡交易信息截取等方面的问题开展了研究。

二、我国金融信息安全的困境

（一）金融信息化"自主可控"有待加强

"棱镜门"事件进一步证明了国家大力推行信息化"自主可控"的必要性和紧迫性，国家应从战略层面认知和规划中国在全球网络空间的利益，加强统筹规划和我国网络信息安全体系顶层设计，整合并提升中国的技术能力，进一步提高对我国的基础网络和重要信息系统安全保障水平；国家关键信息系统应对现有设备属性进行统计并进行安全性加固，在今后的国家信息基础设施和关键业务网络的建设上，多采购自主可控产品，同时对现有给国家安全造成威胁的国外设备逐渐替换，以免受制于人；国内 IT 企业应该继续加快推进信息安全技术、产品与服务的自主可控水平，通过市场化加快自主创新，力争在一些重点关键技术领域取得突破，实现关键信息技术自主可控，提升国产厂商竞争力。自从网络安全上升到国家安全后，金融机构对关键信息技术的自主可控需求不断增强。

（二）金融信息安全保护的法律环境有待进一步完善

我国现代征信体系建设起步较晚，征信管理立法更加滞后。征信是一项法律性很强的工作，由于对企业和个人信息主体征信涉及公民隐私和企业商业秘密等问题，而我国现有的法律体系中尚无一项法律和法规为征信活动提供直接依据，导致征信机构在信息采集、信息披露等关键环节上无法可依，征信主体权益难以保障，严重影响了我国征信体系的健康发展。

一直以来，黑客把攻击银行、证券等金融机构信息作为网络违法犯罪活动的重要目标。基于开放性网络的金融服务一旦发生风险，可能造成客户重要数据丢失，使客户资金处于危险状态。而我国在金融信息安全保护立法方面的缺陷，导致监管手段和措施乏力，金融信息的安全与保护面临巨大的风险和挑战。

（三）金融机构在金融信息安全规范的落实方面存在挑战

《个人信息保护法》实施后，从合规的角度看，金融机构需要梳理系统中的数据，排查涉及《数据安全法》和《个人信息保护法》的数据，评估存在合规风险的数据。金融机构原有的数据管理系统无法完全满足识别、标记、评估、记录系统中的每笔交易的要求，需要重新监视与审计。此外，金融机构还需要梳理现在的业务流程，识别其中不符合法律要求的地方，并根据《个人信息保护法》中信息主体权利的要求，对流程中涉及的合同条款进行逐一排查。在排查过程中，对于很多条文的适用性可能存在一些争议，因此需要监管部门与金融机构共同努力，以推动法律的实施和落地。

在数据安全管理的措施方面，需要进一步加强，特别是对数据泄露问题的响应。现有法律对数据泄露响应的标准缺乏更加详细的要求，《个人信息保护法》合规过程可能是一个漫长的过程，未来需要出台更多具体的实施办法、管理办法、法律解释。在这个过程中，确保金融机构个人保护工作的切实执行确实存在一定的困难。

【思考练习】 --

1. 简述金融信息安全保护的原则。
2. 简述大数据给金融信息安全带来的挑战。
3. 请举例国内外大数据金融信息安全事件及启示。
4. 简述我国金融信息安全的法律法规现状。
5. 对比我国与美国的金融信息安全保障体系。
6. 简述对我国的金融信息安全体系建设的建议。

【学习园地】 --

党的十八大以来,党中央高度重视我国网络安全和信息化工作,我国网信事业取得了重大成就。

在习近平总书记的引领推动下,我国网络安全保障体系和能力建设持续加强,初步建立涵盖网络、系统、终端、应用的网络安全防护体系,金融、能源、电力、通信、交通等领域关键信息基础设施安全保护水平不断强化。不可忽视的是,当前,世界范围的网络安全威胁和风险日益突出,重大网络安全事件时有发生。形势和任务要求我们,必须"防风险保安全",扎实筑牢国家网络安全屏障。

第十一 ‹ 章

大数据金融监管体系建设

- 了解大数据背景下金融业的新风险。
- 了解国外对大数据金融的监管。
- 掌握我国对大数据金融的监管法律和措施。
- 理解大数据在金融监管中的应用。

【素质目标】

通过本章内容的学习,学生能够建立法律和合规意识,具备对金融法律法规和合规要求的认识和理解;培养基本的风险管理知识和能力;了解信息安全的重要性,并具备对金融数据和信息安全的意识和保护能力。

第一节　大数据金融的风险

一、大数据金融与传统金融监管的比较

随着金融自由化和金融国际化的日益推进,现代金融业务的品种极大丰富、交易手段和金融决策依据变化较大,大数据和互联网技术迅速发展,这些都要求金融机构市场准入的审核、业务范围及金融企业机构内部组织结构等方面的监管和控制的要求不断加强。传统金融监管体系已经不能满足现代金融市场的风险管理要求。传统金融监管的局限性表现在以下几方面。

(一) 监管方法不够灵活

我国不同地域城市之间发展水平差异较大,在东部沿海地区,金融业的发展程度远远高于内陆地区。在这些地区,监管部门所面对的风险种类更多,程度更深。由于对金融机构的差别化细分不足,地域的差别性细分不够,对于高风险的机构,可能存在风险识别不足,造成监管力度不够,不能有效预警,从而无法起到防范和化解风险的作用。而在低风险机构上投放过多监管资源,则会造成监管成本增加,监管效率降低。监管部门迫切需要提高对不同监管主体监管要求的灵活度,因此,需要监管部门对不同金融机构的经营管理信息了解得更加充分,从而能更好地找到机构发展和风险防控的平衡点。而大数据技术通过海量的数据分

析,能够准确识别不同金融机构面临的风险,对不同金融机构提出差异化的监管要求,从而提高风险识别和监管水平,降低监管的成本。

(二)预警分析不够深入

监管人员对从非现场监管平台得到的信息往往只进行简单的汇总分析,对实际情况的分析不够深入,不能够有效识别隐藏在信息背后的风险。大数据强大的信息分析能力则可以弥补这一缺陷,对监管平台上采集的全部数据信息进行充分的挖掘与分析,从中及时识别风险,做出有效的预警措施。

(三)不同行业监管难以统一

监管模式分为分业监管与综合监管,2008年金融危机后,美国等采取分业监管模式的经济体开始尝试金融综合监管模式的改革。但是,仅仅整合金融监管机构的权力,只能在一定程度上解决机构间权力重叠和监管的问题。而机构内部不同监管职能模块之间的信息互联、互通问题仍未得到根本解决。随着金融市场的发展、金融创新工具的不断出现,信息不对称的情况也日益加剧。

(四)系统性风险难以规避

由于金融机构业务之间的关联机制,当单个金融机构或者某类金融机构出现问题时,可能引发整个金融体系的剧烈波动甚至崩溃。传统金融的分类统计方法能够监控一个行业的运行,而对各个行业之间的关联和整体监控力度不够,这可能导致金融监管部门不能从全行业的角度去分析和运用统计数据,为监管提供依据。

二、大数据金融的技术风险

目前大数据金融领域已拓展出了三大板块业务,即高频交易、社交情绪分析及信贷风险分析。高频交易指交易者借助机器配置及交易程序的优势,快速获取、分析、生成并传递交易指令,在较短时间内完成大幅买卖操作,避免对大量未对冲头寸的隔日保留。社交情绪分析的核心在于,通过对公共信息交流平台大量信息的统计分析,机构可以创造很多机会或避免损失。信贷风险分析是指金融机构希望通过互联网金融创新,收集和分析大量中小微企业用户日常交易行为的数据,判断其业务范畴、经营状况、信用状况、用户定位、资金需求和行业发展趋势,以解决中小微企业贷款中的信息不对称难题。

大数据金融模式在促进金融服务进步的同时,也给金融市场带来了一定的风险。

(一)数据垄断风险

金融科技巨头可能产生数据垄断。一些金融科技巨头凭借其在互联网领域的固有先发优势,掌握了大量数据,客观上可能会产生数据寡头的现象,可能会带来数据垄断。这些机构中,有的掌握了核心的信用数据资源,有的掌握了电商交易数据和金融数据,有的掌握了集团的传统金融机构和互联网金融平台的金融数据。还有一些机构依托大股东掌握大量线下交易数据,通过合作的方式掌握了合作企业的数据。由于缺乏分享的激励机制,这与征信的共享理念存在冲突,从而形成了数据垄断风险。

(二)数据融合困难

大数据时代,数据已经成为核心资源,企业出于保护商业机密或者节约数据整理成本的考虑而不愿意共享自身数据,一些政府部门也缺乏数据公开的动力,政府和企业都面临"数据孤岛"难题。"数据孤岛"现象的存在,将导致大数据信用评估模型采用的数据维度和算法的不同,大数据征信模型的公信力和可比性容易遭到质疑。

(三)数据安全风险

由于大数据系统的建设,金融市场乃至整个社会管理的信息基础设施越来越趋于一体化,其对外性也日益提升,这给个人隐私和数据安全、知识产权构成巨大潜在风险,数据安全和个人隐私保护难度升级。与此同时,基于大数据而开发出来的金融产品和金融交易方式也给市场带来了风险。例如,机构的高频交易就被认为是2010年令道琼斯指数"闪电暴跌"的罪魁祸首。

目前,大数据的获取大致有四种方法:自有平台积累、通过交易或合作获取、通过技术手段获取、用户自己提交数据。但是由于相关的法律法规体系尚不健全,数据交易存在许多不规范的地方,甚至出现数据非法交易和盗取信息的现象。大数据来源复杂多样加大了用户隐私泄露的风险,其一,我国金融大数据行业的发展乃至金融科技行业的发展,在很大程度上得益于互联网应用场景的发展,而大数据从互联网应用场景向金融领域的转移往往发生在一些金融科技企业的集团内部,这个过程缺乏监管和规范,可能会侵犯到用户的知情权、选择权和隐私权;其二,应用数据存在多重交易和多方接入的可能性,隐私数据保护的边界不清晰;其三,技术手段的加入,加大了信息获取的隐蔽性,一旦出现隐私泄露纠纷,用户将面临取证难、诉讼难的问题;其四,大数据采集数据的标准不一,用户的知情权、隐私权可能受到侵犯。可见,在大数据环境下,个人大数据应用的隐私保护是一个复杂的消费者权益保护问题,涉及道德、法律、技术等诸多领域。

(四)技术决策风险

由于大数据金融模式起步相对较晚,数据库建设及数据统计、分析等技术模块还处于不断发展之中,并且部分企业对结构化数据处理较为依赖,直接对非结构数据处理技术的发展造成了影响,导致金融机构只能通过探索的方式,来对大数据技术进行选择,这就会直接加剧技术决策的风险系数,可能会因为技术选择不当而使金融机构产生损失。

拓展阅读

大数据的"算法歧视"

在大数据领域有一个著名的说法,《自然》杂志曾经用BIBO来形容大数据,BIBO也就是"bias in, bias out"的缩写,它所表达的含义是:如果输入的是有偏见的数据,那么输出的也将是有偏见的数据。大数据可以被理解为人类社会的一面镜子,能够反射出社会中人们意识到的及没意识到的偏见,但如果社会对某个少数种族或者性别存在偏见,那么在大数据输出的结果中也将显示这种偏见。亚马逊公司曾经开发了一套算法筛选系统,用于在招聘时筛选简历,开发团队开发了500个模型,并教算法识别了50 000个曾在应聘者简历中出现过的术语,来让算法学习公司赋予不同能力的权重。但是开发团队逐渐发现,这套算法给出的结果具有明显的性别歧视,其对男性应聘者存在明显的偏好,当算法识别出与"女性"相关的词汇时,便会给对应的简历相对较低的评分。这主要是因为像亚马逊、微软、谷歌、苹果这些高科技公司,其整体员工结构以男性为主。也就是说,亚马逊用来训练算法的数据本身就存在对男性的偏好。在这种情况下,基于以往简历数据进行学习的算法自然而然地保留了这种偏好,从而清楚地将高科技产业的性别歧视摆在了台面上。然而,即便能开发出一套可以自动剔除带有偏见数据的算法筛选系统,输入没有偏见的数据让算法进行学习,算法也无法实现绝对的公平。

众所周知,算法学习的数据规模越大,算法产生的错误将越少,结果也将更加精准。但在现实中,永远是主流的事物拥有更多的数据,而非主流的事物则拥有更少的数据。因此,当两套算法进行比较时,数据多的算法产生的错误会相对更少,而数据少的算法产生的错误会相对更多。久而久之,两套算法之间仍然会拉开差距。

资料来源:电子技术应用.数据安全:算法的局限性[EB/OL].[2021-08-08]. https://www.chinaaet.com/article/3000136397.

三、大数据金融的法律风险

根据个人信息的一般原理,自然人对于自己的个人信息享有绝对支配并排除他人干涉的权利。这一权利的内容包括:自然人得以对其个人信息自主决定是否使用及以何种方式使用,对个人信息的内容予以保密,对于错误或过时的个人信息加以更新、封锁或删除,对侵害其权利的行为提请救济等。在大数据金融中,信息的主体主要是金融客户;信息的使用者主要是金融机构,包括互联网金融机构;而信息的收集者则包括搜索引擎、电商网站、社交网站等互联网机构、从事互联网金融业务的互联网金融机构及各级政府部门等信用服务机构,上述方主体之间基于对大数据金融信息的收集与使用建立了相应的金融服务关系。

大数据金融服务涉及数据的收集、处理以及应用,在互联网相关企业,尤其是电商企业在为客户提供金融服务的过程中,积累了大量的客户个人信息,而其中所隐含的商业价值逐渐被人们发现和利用。但是,大数据金融对于很多企业来说,并不都意味着机遇或者商业上的无限潜力,在它们能够很好地了解、管理金融客户的大数据信息之前,大数据金融对金融机构及互联网金融机构来说意味着巨大的风险,大数据金融模式的法律风险才是更值得关注的问题。从目前来看,大数据金融模式的法律风险主要来自大数据金融信息的收集和使用两个方面。

(一)大数据金融信息收集时的风险

在大数据金融信息收集过程中,主要的法律风险来自负责收集大数据金融信息的搜索引擎、电商网站、社交网站等互联网机构,以及从事互联网金融业务的互联网金融机构和各级政府部门等信用服务机构。这些机构在通过各种途径收集获取金融客户的信息时,要确保所采用的方式方法的合法性,以及确保这些信息数据不侵犯他人的知识产权、隐私权、信息权等权利,否则将面临法律风险。

例如,搜索引擎为个体用户带来了方便和实惠,但是同时收集和沉淀了大量的、广泛的个人用户搜索行为数据,其中包括用户的在线行为轨迹信息、地理位置信息、求职信息、社交关系信息、兴趣信息等个人信息。提供搜索引擎的互联网机构在未经授权的情况下对上述个人信息收集整理,可以轻松地取得金融客户的个人金融信息,但是该收集行为已侵犯了部分金融客户的个人权利。电商网站和社交网站收集个人信息的方式基本上有两种:一种是用户主动提供个人信息,另一种是用户并没有主动提供信息,而是由网站利用信息技术在用户不知情的情况下收集个人信息。用户主动提供的个人信息,通常是电商网站和社交网站以登录网站、加入会员的例行程序或者提供优惠等方式要求用户提供的个人信息,用户一般有选择接受或者拒绝的权利。个人信息遭受侵害的最大威胁是网站未经用户的同意而利用信息技术收集个人信息的情况。网站还可以通过隐藏的导航电子软件收集被访问网站的信息,包括哪些网站被访问,哪些信息被下载,哪种类型的浏览器被使用及用户所上过的网站的网址。通过网站所记录的这些信息,电商网站和社交网站能够知晓用户的 E-mail、ID 号码、消费习惯、阅读习惯等兴趣和爱好,甚至可以知晓其信用记录和通信记录,进一步核证其交际范围和能力。此时的个人信息(包括金融客户的个人金融信息)完全处于失控的状态。

拓展阅读

两男子非法爬取公民个人信息

2021 年 6 月 3 日,中国裁判文书网上的一起"侵犯公民个人信息罪"案件引发关注。判决书显示,被告人遽某爬取淘宝客户信息共计 11 亿余条,之后将客户手机号码提供给被告人黎某用于商业营销,共获利 34 万元。淘宝网安全风控员马某证言证实,2020 年 7 月 13 日,其在工作中发现平台的评价接口存在异常流量行为,经排查后发现,有黑产通过破解接口的形式进行加密数据的爬取,在 2020 年 7 月 13 日至 20 日爬取了 3 500 万条数据,平均每天达到 500 万条。黎某称,在 2019 年年底,遽某通过技术手段爬取淘宝网里的淘宝客户信息后,不定时地通过文件传输把公司需要的淘宝客户手机号码直接发送给他。之后,他会利用这些数据加淘宝客户好友,加好友成功后,由泰创公司员工负责发送广告链接,淘宝用户在该公司的广告群里购买东西,该公司获得佣金。

判决结果显示,黎某犯侵犯公民个人信息罪,判处有期徒刑 3 年 6 个月,并处罚金人民币 35 万元;遽某犯侵犯公民个人信息罪,判处有期徒刑 3 年 3 个月,并处罚金人民币 10 万元。

资料来源:腾讯网. 超 11 亿条淘宝用户信息泄露 用户反映收到"自己"旺旺发来骚扰广告[EB/OL]. [2023-05-05]. https://new.qq.com/rain/a/20230505A02XIV00.html.

大数据金融模式下的互联网金融从诞生之日起就面临着重重法律问题和法律风险。虽然已经出台了一些与互联网金融相关的法规,但是针对不同的互联网金融模式的法规还存在很多空白,没有及时反映互联网金融相关的各方面需求。互联网金融机构为了确保交易双方身份的真实性,需要收集、储存大量的个人信息,例如姓名、年龄、住址、单位等基本信息。有些互联网金融机构出于其他目的,甚至收集、储存金融客户的个人财务信息。互联网金融机构在降低交易成本的同时,也带来了金融客户信息安全的道德风险,个人资料泄露等事件时有发生。如果互联网金融机构没有对金融客户的个人信息做好保密措施,网站平台的保密技术被破解,将极易导致金融客户的个人信息被泄露。另外,由于互联网金融的业务主体无法现场确认各方的合法身份,交易信息均通过互联网进行传输,无法进行传统的盖章和签字,相关文件存在被非法盗取、篡改的法律风险。如果业务主体上传的信息为虚假信息或错误信息,那么互联网金融机构就无法对信用评估对象作出客观公正的评估,信用风险就会随之产生,对互联网金融机构的经营活动也将产生极大的法律风险。

对于银行业而言,同质竞争非常严重,业务类型、监管标准、客户群体都高度重叠,业务创新成为各家银行突破困境的关键。在构建以"客户为中心"的全链条服务流程中,客户个性化金融需求与金融产品服务的实时匹配、零售信贷风控、网金数字化运营等新型应用场景都离不开实时数据的支撑。为了实现数据赋能业务创新,确保能够做出及时、准确的业务决策至关重要。而以上能力就要求 IT 系统能够打通数据到业务应用的实时链路,快速反馈数据,满足业务端获取数据的时效性和丰富性。

随着 DataPipeline 企业级实时数据同步管道平台的上线,民生银行存储在多种数据库中的异构数据被打通,海量的数据被汇聚、分发。数百个实时数据任务将客户行为等实时数据进行标准化补全并分发到各个应用系统,将业务系统的实时账户变动与指标变化传输到业务管理系统进行实时头寸计算。在处理实时数据的同时,民生银行利用 DataPipeline 对国产化自主平台及数据库的支持,打通了主数据系统和数据仓库系统到以 SequoiaDB 为基础的历史数据系统和以 GaussDB 为基础的分析系统的数据链路。

(二)大数据金融信息使用时的风险

尽管大数据金融信息的收集者和使用者都承诺能够保护金融客户的个人信息数据,但在互联网环境下,安全性是无法完全保证的。近年来,内部人员偷盗售卖数据,黑客攻破服务商系统盗取数据等事件频繁发生,这些都是导致用户信息数据泄露的主要原因。大数据金融信息使用者的内部工作人员偷盗和售卖金融客户个人信息数据是一种典型的非技术用户信息泄露方式,这类事件的发生难以避免。任何一家金融机构都无法确保其员工在接触金融客户个人信息数据时能够严格遵守道德规范,在利益的诱惑下,个别员工铤而走险的情况通常难以避免。

另外,互联网金融服务由于其特殊性,总是存在网络服务安全漏洞,当这些安全漏洞被利用时,极易引发金融客户个人信息被泄露的法律风险。可以说,没有不存在安全漏洞的互联网服务,只是没有被发现而已。人们日常访问的网站中存在的安全漏洞,随时都可能成为个人信息数据泄露的风险点。

目前,无论是搜索引擎、电商网站、社交网站等互联网平台,还是政府部门等信用服务机构,在收集大数据金融信息时都会面对海量的数据,即便收集者对大数据金融信息进行甄别,仍然避免不了大数据金融信息存在误差甚至错误的情况。面对这种情况,大数据金融信息的使用者需要承担使用存在错误的大数据金融信息所产生的相应的法律风险。

第二节 国外大数据金融监管

金融大数据虽然蕴藏着巨大的价值,并给金融的发展提供了巨大的机遇,但是随之而来的挑战也异常艰巨。尤其是大数据金融的安全问题,包括近年来广受关注的个人信息保护与共享的有效监管,以及征信等问题,是我们在享受大数据时代带来便利的同时无法忽视和回避的难题。对于大数据金融安全问题,如果监管治理不当,会产生诸多问题,小到影响个人生活、威胁金融业,大到危及社会稳定、国家安全等。如何采取法律措施监管大数据金融的安全问题,构建大数据金融的安全法律保障机制,已成为当前国内外亟待解决的重要问题。

自 20 世纪 90 年代互联网商业化大规模发展以来,世界各国纷纷探索建立与大数据金融安全相关的监管构架,尤其是对个人大数据的保护与共享的监管。目前世界上不少国家已经制定了自己的大数据金融安全监管法律,虽然各国大数据金融安全监管的法律规定遵循着许多相似的原则,但在监管模式或某些细节规定方面仍存在许多差异。

一、欧盟大数据金融监管

2006 年 11 月通过的《欧盟有关客户信用、责任和及时支付的适用于由私人实体管理的信息系统的行为和专业实践准则》第二条规定:"信用信息系统中的个人资料仅能由经理和参与者为了保护信用和限制相关风险的目的来处理,特别是评估资料主体的金融状况和信誉或他们的责任和及时支付情况。其他任何目的都是不允许的,特别是有关市场调查和/或促销,广告和/或直销产品或服务。"

2018 年 5 月,欧盟发布实施了《通用数据保护条例》(*General Data Protection Regulation*,GDPR),该法被称为史上最严格的数据保护法案,内容主要针对近年来出现的用户隐私泄露问题,要求对欧盟所有成员国个人信息在进行收集、存储、处理及转移等活动时,必须采取技术和管理手段来保护个人敏感隐私数据。该法案的实施使得过去一些人们习以为常的隐私侵权做法不再合法,一些国际巨头公司如 Facebook(脸书)和 Google(谷歌)等遭到了举报和投诉,成为 GDPR 法案下的第一批被告。该法案规定,对违法企业的罚金最高可达 2 000 万欧元或者其全球营业额的 4%,以高者为准。GDPR 的出台意味着人们对于数据安全的重视正在不断升级。

二、美国个人大数据监管

美国对个人大数据安全的监管模式与欧盟存在明显差异,美国重视行业自律,同时,个人大数据安全相关的单项法律的制定也紧随时代脚步。美国是世界上最早提出隐私权并予以法律保护的国家,美国于 1974 年通过了《隐私法案》,并随后不断更新和完善与隐私相关的法案。2000 年 12 月,美国商业部与欧盟签订了"安全港"协议。安全港协议确立了美国和欧盟之间隐私手续的框架。2012 年 2 月,美国颁布了《消费者隐私权法案》,该法案明确提出了数据的所有权归属于线上线下服务的使用者,也即用户本身,同时也指出数据使用者应承担面向用户公开并维护数据安全的义务等。这项法案可以更好地约束企业,保护网络用户的个人大数据安全。除以网络经营者为监管对象外,美国还立法以政府公共机构为监管对象。美国《联邦隐私权法》的监管对象主要是针对联邦政府和公共机构,规定其在收集和处理公民个人大数据时应遵循的原则。之后,《美国法典》将《隐私权法》纳入体系内,标志着美国正式将个人大数据安全中对政府公共机构的监管提升到了基本法范畴。此外,2012 年 3 月美国白宫科技政策办公室发布了《大数据研究和发展计划》,规定开放政府数据是国家大数据战略的根基和最为重要的一环。美国的个人大数据安全监管将政府监管和自律监管相结合,并以政府公共机构为监管对象之一,这种模式具有借鉴意义。

三、日本大数据金融监管

在采取法律措施方面,日本大数据金融监管模式的特点在于国家立法、部门条例和地方规定三者结合。该模式与欧盟、美国均不相同。究其原因,日本的大数据金融立法起步较晚,立法之初已分别借鉴了欧盟和美国的立法方式和大数据金融安全监管模式,可以综合两者的长处。这与我国情况有类似之处,值得借鉴。

第三节 我国大数据金融监管法律法规

近年来,我国高度重视对信息安全的监管,包括对大数据金融信息安全的监管。在采取法律措施方面,主要以制定相关的法律法规、根据国内大数据金融发展的需要修订现有法律法规、制定金融业自律规章等多种形式监管大数据金融的安全。互联网金融时代,在确保金融秩序和金融安全的前提下,金融客户的个体权益应当得到切实有效的保护。

一、网络安全法

《中华人民共和国网络安全法》是网络安全管理的基础性法律,它的施行在我国网络安全历史上具有里程碑意义。其主要内容如下。

(一)保护个人信息

随着信息处理和存储技术的不断发展,个人信息滥用问题日趋严重,社会对个人信息保护立法的需求越来越迫切。《网络安全法》以基础性法律的形式统一了个人信息的定义和范围,建立健全了个人信息保护制度。该法明晰了网络运营商、关键信息基础设施运营者、网络产品及服务提供者等义务主体的责任,还规范了相关网络安全监管部门的责权范围,有助于在全社会形成保护个人大数据安全的合力。将个人大数据保护纳入《网络安全法》中,可谓其一大亮点。

(二)保护关键基础设施数据安全

该法第三章第二节划定了关键信息基础设施的范围,分别从国家、行业、运营者三个维度划定了相关各方的职责与义务,国家网信部门负责总的统筹协调工作。

(三)监管数据跨境流动

大数据时代数据跨境流动蓬勃发展,给数据安全带来潜在威胁。受"监控门"及其"棱镜项目"的影响,数据本地化风潮席卷全球,我国也是如此。《网络安全法》第 37 条规定,关键信息基础设施的运营者在中国境内运营收集和产生的个人信息和重要数据应当在境内存储,如需向境外提供,应当按照国家网信部门会同国务院有关部门制定的办法进行安全评估。可见,我国对数据跨境流动采取的是以境内存储为原则,安全评估后向境外传输为例外,还不至于像目前一些国家那样严格禁止数据离境。

(四)建立和完善数据犯罪法律制度

《网络安全法》的立法架构是:防御、控制与惩治三位一体。大数据时代,数据犯罪频繁发生,给国家、社会和个人造成了极大的威胁和伤害。该法在总则中明确强调要依法惩治网络违法犯罪活动,具体内容在该法第 41 条等处有规定。在分则中,明令任何个人和组织不得从事侵入他人网络、干扰他人网络正常功能、窃取网络数据等危害网络安全的行为及为该行为提供程序、工具、技术支持等帮助;不得设立用于实施诈骗、传授犯罪方法等违法犯罪活动的网站、通讯群组,不得利用网络发布涉及实施诈骗等违法犯罪活动的信息,并规定相应的法律责任;对攻击破坏我国关键信息基础设施的境外组织和个人也制定了相应的制裁措施。

从以上四方面的作用可以看出,在网络技术高度发展下,《网络安全法》实质上是与大数据安全监管密切相关的法律法规,因而也与大数据金融安全监管密切相关。该法在具体实施中需要妥善处理网络安全立法与执法、网络安全法律规定与技术标准、国内治理与参与国际规则谈判等三方面的关系。作为基础性法律,其功能更多注重的是为问题的解决提供指导思路,而不是具体解决所有的问题,具体问题的解决通常需要依靠相配套的法律法规。该法为未来实施细则的制定预留了接口,以出台系列配套规定,包括相关下位法的制定、更为详细的制度规定、具体行业的网络安全规划和网络安全标准体系等,系列配套的法律法规将与基础性法律有效衔接。

二、刑法相关规定

《中华人民共和国刑法》第二百五十三条规定了侵犯公民个人信息罪,法条规定违反国家有关规定,向他人出售或者提供公民个人信息,情节严重的,处三年以下有期徒刑或者拘役,并处或者单处罚金;情节特别严重的,处三年以上七年以下有期徒刑,并处罚金。

最高人民法院、最高人民检察院关于办理侵犯公民个人信息刑事案件适用法律若干问题的解释于2016年7月1日起施行。其中主要规定了以下三方面的内容:①公民个人信息的范围;②侵犯公民个人信息罪的定罪量刑标准;③侵犯公民个人信息犯罪所涉及的宽严相济、犯罪竞合(一个行为触犯了数个罪名)、单位犯罪等问题。

近年来,侵犯公民个人信息的犯罪处于高发态势,不仅严重侵犯了公民个人信息安全,还往往与电信诈骗等其他犯罪密切关联,社会危害日益突出,同时也影响了大数据金融的发展,必须依法予以惩治。但是,在司法实践中,侵犯公民个人信息罪的具体定罪量刑标准尚不明确,一些法律适用问题存在争议,亟须通过司法解释予以明确。司法解释的出台为依法惩治侵犯公民个人信息犯罪活动,保护公民个人信息安全和合法权益提供了助力。

拓展阅读

严惩大数据滥用

2022年3月8日,十三届全国人大五次会议在北京人民大会堂举行第二次全体会议,最高人民法院院长周强向大会作最高人民法院工作报告。报告指出,2021年人民法院严惩窃取倒卖身份证、通讯录、快递单、微信账号、患者信息等各类侵犯公民个人信息犯罪,审结相关案件4 098件,同比上升60.2%。报告提到,人民法院认真贯彻个人信息保护法,依法打击治理行业"内鬼"泄露个人信息。严惩利用恶意程序、钓鱼欺诈等形式非法获取个人信息,审理"颜值检测"软件窃取个人信息案,惩治网络黑灰产业链犯罪。严惩通过非法侵入监控系统贩卖幼儿园、养老院实时监控数据的犯罪分子。对侵犯个人信息、煽动网络暴力侮辱诽谤的,依法追究刑事责任。与此同时,人民法院通过出台人脸识别司法解释,制止滥用人脸识别技术乱象,让公众不再为自己的"脸面"担忧。审理人脸识别第一案,明确人脸识别技术应用范围,守护公众重要生物识别信息安全。

资料来源:中国法院网．人民法院严惩窃取倒卖身份证等侵犯个人信息犯罪[EB/OL].[2022-03-08]. https://www.chinacourt.org/article/detail/2022/03/id/6562834.shtml.

三、大数据征信相关法规

近年来,大数据金融为民众生活提供了便利,但随之而来的征信问题不可忽视。征信是当前大数据金融、互联网金融中一个热点问题。因此,国务院于2013年1月颁布了行业框架性规范法规《征信业管理条例》,2013年11月中国人民银行颁布了《征信机构管理办法》,但两者均未包括针对个人征信平台业务的实施细则。对此,2016年5月中国人民银行征信管理局下发了关于征求《征信业务管理办法(草稿)》意见的通知。该草案对征信机构的信息采集、整理、保存、加工、对外提供、征信产品、异议和投诉及信息安全等征信业务的各个环节做出了规范,强调了被征信人的征信权利保护问题,强调信息保护。2017年7月举办的第五次全国金融工作会议明确提出"加强互联网金融监管",进一步强调用行业自律、企业诚信、政府监管来保证互联网金融、大数据金融行业有序发展。我国征信体系的不断完善,将有助于降低互联网金融、大数据金融企业在信息采集、核实上的难度,从而降低行业征信的成本,进入健康、有序的发展路径。征信法律法规的制定和完善,促进了征信体系的健康发展及完善,这是对互联网金融、大数据金融行业的重大利好。

四、其他相关监管法规

大数据时代中,个人信息保护面临新的挑战,2020年10月21日全国人大常委会发布《个人信息保护法(草案)》。但是,大数据金融条件下个人信息保护的相关法律体系还不够健全,也没有专门的立法来保护个人金融信息,相关的法律规范如表11-1所示。

表 11-1　大数据相关法律规范

法律法规名称	颁布主体	颁布时间	实施时间
《全国人民代表大会常务委员会关于维护互联网安全的决定》(2011年修订)	全国人民代表大会常务委员会	2000年12月28日	2000年12月28日
《中华人民共和国网络安全法》	全国人民代表大会常务委员会	2016年11月7日	2017年6月1日
《互联网信息服务管理办法》(2011年修订)	国务院	2000年9月25日	2000年9月25日
《征信业管理条例》	国务院	2013年1月21日	2013年3月15日
《征信机构管理办法》	中国人民银行	2013年11月15日	2013年12月20日
《征信业务管理办法》	中国人民银行	2021年9月27日	2022年1月1日
《最高人民法院关于审理侵害信息网络传播权民事纠纷案件适用法律若干问题的规定》(2020年修正)	最高人民法院	2012年12月17日	2013年1月1日
《最高人民法院、最高人民检察院关于办理侵犯公民个人信息刑事案件适用法律若干问题的解释》	最高人民法院最高人民检察	2017年5月8日	2017年6月1日

续表

法律法规名称	颁布主体	颁布时间	实施时间
《个人信用信息基础数据库管理暂行办法》	中国人民银行	2005 年 8 月 18 日	2005 年 10 月 1 日
《中国人民银行关于银行金融机构做好个人金融信息保护工作的通知》	中国人民银行	2011 年 1 月 21 日	2011 年 5 月 1 日
《中国人民银行关于金融机构进一步做好客户个人金融信息保护工作的通知》	中国人民银行	2012 年 3 月 27 日	2012 年 3 月 27 日
《关于促进互联网金融健康发展的指导意见》	中国人民银行等十部委	2015 年 7 月 18 日	2015 年 7 月 18 日
《电信和互联网用户个人信息保护规定》	工业和信息化部	2013 年 7 月 16 日	2013 年 9 月 1 日
《人口健康信息管理办法(试行)》	国家卫生计生委	2014 年 5 月 5 日	2014 年 5 月 5 日
《互联网新闻信息服务管理规定》	国家互联网信息办公室	2017 年 5 月 2 日	2017 年 6 月 1 日
《互联网群组信息服务管理规定》	国家互联网信息办公室	2017 年 9 月 7 日	2017 年 10 月 8 日
《中国银保监会监管数据安全管理办法(试行)》	中国银保监会	2020 年 9 月 23 日	2020 年 9 月 23 日

第四节　大数据金融的监管措施

　　传统金融监管理论建立在维护金融稳定、保护金融消费者安全的价值基础之上,而不同的监管体系又有不同的侧重点。以美国为代表的西方发达国家更加侧重微观领域的监管,将维护金融消费者权益作为监管的基础,对行业管制、产品创新相对宽容,以微观的稳定促进宏观的稳定。我国的金融监管更加侧重宏观的稳定,将行业准入、产品监管作为金融监管的基础,以宏观的监管促进消费者的保护,对于金融行业准入、金融产品创新设有较高的门槛。这两种监管思路的方式、方法不同,但核心目的是一致的。

一、宏观领域的监管

(一)建立完善的监督管理制度

　　处理好大数据金融的发展、应用与信息安全的关系。加快研究完善规范电子政务,监管信息跨境流动,保护国家经济安全、信息安全,以及保护企业商业秘密、个人隐私方面的管理制度。建立健全政府、征信机构、互联网企业等主体在信息记录和采集时的相关管理制度。建立政府信息资源管理制度,加强个人信息和知识产权保护。制定政务信用信息公开共享办法和信息目录。同时,加强对电子商务领域的市场监管制度建设。明确电子商务平台责任,加强对交易行为的监督管理,推行网络经营者身份标识制度,完善网店实名制和交易信用评价制度,加强网上支付安全保障,严厉打击电子商务领域违法失信行为。加强对电子商务平台的监督管理,加强电子商务信息采集和分析,指导开展电子商务网站可信认证服务,推广应用网站可信标识,推进电子商务可信交易环境建设。健全权益保护和争议调解机制。推动出台相关法规,对政府部门在行政管理、公共服务中使用信用信息和信用报告作出规定,为联合惩戒市场主体违法失信行为提供依据。

(二)培育发展信用服务产业

鼓励发展信用咨询、信用评估、信用担保和信用保险等信用服务业。对符合条件的信用服务机构,按有关规定享受国家和地方关于现代服务业和高新技术产业的各项优惠政策。加强信用服务市场监管,进一步提高信用服务行业的市场公信力和社会影响力。支持征信机构与政府部门、企事业单位、社会组织等深入合作,依法开展征信业务,建立以自然人、法人和其他组织为对象的征信系统,依法采集、整理、加工和保存在市场交易和社会交往活动中形成的信用信息,采取合理措施保障信用信息的准确性,建立起全面覆盖经济社会各领域、各环节的市场主体信用记录。引导征信机构根据市场需求,大力加强信用服务产品创新,提供专业化的征信服务。建立健全并严格执行内部风险防范、避免利益冲突和保障信息安全的规章制度,依法向客户提供便捷高效的征信服务。进一步扩大信用报告在行政管理和公共服务及银行、证券、保险等领域的应用。

(三)加快建立统一的信用信息共享交换平台

以社会信用信息系统先导工程为基础,充分发挥国家人口基础信息库、法人单位信息资源库的基础作用和企业信用信息公示系统的依托作用,建立国家统一的信用信息共享交换平台。国家统一的信用信息共享交换平台应整合金融、工商登记、税收缴纳,社保缴费、交通违法、安全生产、质量监管、统计调查等领域的信用信息,实现各地区、各部门信用信息共建共享。同时,引导各类社会机构依法整合和开放数据,例如征信机构依法采集市场交易和社会交往中的信用信息,互联网企业、行业组织、新闻媒体、科研机构等社会力量依法采集相关信息等,充分利用社会各方面信息资源,推动公共信用数据与互联网、移动互联网、电子商务等数据的汇聚整合,构建政府和社会互动的信息采集、共享和应用机制,形成政府信息与社会信息交互融合的大数据资源。

(四)建立健全失信联合惩戒机制

各级政府应将使用信用信息和信用报告嵌入行政管理和公共服务的各领域、各环节,作为必要条件或重要参考依据,充分发挥行政、司法、金融、社会等领域的综合监管效能,在市场准入、行政审批、资质认定、享受财政补贴和税收优惠政策、企业法定代表人和负责人任职资格审查、政府采购、政府购买服务、银行信贷、招标投标、国有土地出让、企业上市、货物通关、税收征缴、社保缴费、外汇管理、劳动用工、价格制定、电子商务、产品质量、食品药品安全、消费品安全、知识产权、环境保护、治安管理、人口管理、出入境管理、授予荣誉称号等方面,建立跨部门联动响应和失信约束机制,对违法失信主体依法予以限制或禁入。建立各行业"黑名单"制度和市场退出机制。推动将申请人良好的信用状况作为各类行政许可的必备条件。

二、微观领域的监管

(一)相关法律法规的完善

近年来,我国相继出台了一系列法律法规,个人信息安全的法律保护得到不断加强。但是,这些原则化的法律法规对于不断发展的金融大数据而言缺少实际的操作性,并且信息技术的复杂性也使得司法过程中的受害人举证和损失评估难以实现,影响了法律法规的实际效力。因此,金融监管机构应该设立具体的规章制度和行业标准,对金融企业在收集、处理和发布金融大数据的过程中如何处置个人信息进行规范,并明确个人损失的评估方法、企业违规的判定依据和相关处罚的裁量方法。这样,个人信息的保护不但有法可依,还能有章可循,通过规范化的标准与程序落实到金融行业的实际运行中。

(二)金融大数据应用的规范

近年来,大数据的应用在金融领域崭露头角。基于大数据的金融创新,例如阿里小贷、百度金融等,方兴未艾。值得重视的是,大数据在推动金融创新的同时,也给金融行业带来新的"数据风险"。同时,从发达国家的经验来看,基于金融大数据的决策可能会导致鲁莽的交易行为,为金融市场带来潜在风险。因此,监管部门应该逐步制定相应的规章制度,完善监管体系和监管手段,规范金融企业对金融大数据的应用行为,避免大数据成为威胁金融市场稳定的风险源头。

1. 大数据与"数据风险"

大数据的发展将带来三大变革:全体数据将代替随机样本,混杂性将代替精确性,相关关系将代替因果关系。目前,这三大变革正带来全新的创业方向、商业模式和投资机会,从而推动金融创新的进一步发展。但是,依赖相关关系、只关注"是什么"而不关注"为什么"的分析方法和决策方式同样带来了新的"数据风险"。首先,这一风险体现在大数据本身的真实性上。大数据基础上的分析与决策对数据自身的数量和质量非常敏感。在不关注因果关系、只强调相关关系的模式下,数据中一旦混杂了虚假、错误的信息,就可能导致错误的分析、预测和决策。随着大数据时代数据类型的丰富和数据规模的升级,这种风险正在不断扩大。因此,在大数据时代,数据提供者造假将具有更大的危害性。其次,即使在数据质量合格的情况下,大数据的分析也可能落入"虚假关系"的陷阱。由于不再依赖随机样本,传统方法中的逻辑思辨和推断能力不再有用武之地。这也导致大数据揭示的事物之间的关系可能并不真实存在,只是数据量扩大产生的假象,从而导致金融企业作出错误的决策并造成巨大的行业风险。

2. 大数据与"鲁莽行为"

自20世纪80年代以来,高频交易(HTF)凭借其出色的业绩表现,在全球范围内赢得投资者的广泛青睐,并成为目前全球金融市场重要的投资策略之一。高频交易是自动化交易的一种形式,它利用复杂的计算机和IT系统,以毫秒级的速度执行交易并日内短暂持有仓位,通过超高速度交易不同平台间的金融工具来获取利润。近年来,金融大数据的兴起为高频交易提供了更加坚实的技术支持,并促进了交易策略的不断创新。例如,如果一只基金通常在收盘前每一分钟的第一秒执行大额订单,能够识别出这一模式的算法将预判出该基金在其余交易时段的动向,并执行相同的交易。该基金继续执行交易时将付出更高的价格,使用算法的交易商将趁机获利。然而,大数据在给高频交易带来策略升级的同时,也带来了风险升级。这些基于大数据的交易算法容易受到数据风险的干扰。在高频交易的程序化交易过程中,这些干扰难以人为排除,并且会几乎立即形成错误的交易行为,进而给公司造成严重的损失。更为重要的是,在对冲基金林立、程序化交易广泛普及的今天,一家高频交易公司的失误,往往会对其他公司交易程序释放错误的信号。这将触发多米诺骨牌效应,导致一系列的、遍及市场的错误交易,并将单个公司的风险迅速扩大为市场风险。

(三)金融大数据产权的明确

金融大数据正在我国金融行业的各个领域推动着革新与突破,逐渐成为未来金融行业发展和创新的重要动力。对此,我国金融监管机构应该与时俱进地构建相应的制度环境,高屋建瓴地建设合适的系统平台,正确引导并充分发挥大数据的力量。目前,大数据在我国金融领域的活力还未能得到充分释放。这主要受到两个现实问题的制约。

1. 数据封闭

大数据驱动金融创新的前提在于,数据能够充分地交流和整合,并创造出更具价值的信息。但是,我国目前的数据储备呈现总量大、分布散、沟通难的特点。虽然我国政府、公共机构和私营企业都持有大量的社会经济数据,但是这些数据都孤立地存储在不同平台。同时,相当多的数据因为产权或技术原因无法为外界获得。这就人为地导致了数据的割裂和短缺,致使大量的数据无法高效地转化为现实的经济价值和社会财富。以中国的四大网络平台(新浪、搜狐、网易、腾讯)为例,这4家公司的数据各自为政,关于用户行为分析都是基于对自己现有用户的分析,在这种封闭的数据环境下,很多层面的具体分析都将受到很大的局限。例如,重叠用户分析,什么特征的人群只在一个平台上开设账号,什么特征的人会在不同平台上开设账号,在不同平台上使用的风格是否相同,在不同账号下的活跃度是否相同,影响因素是什么,等等,这是在封闭的数据环境中无法分析的。

拓展阅读

OceanBase 数据库

2020年6月,蚂蚁集团宣布,将自研数据库产品OceanBase独立进行公司化运作,成立由蚂蚁100%控股的数据库公司北京奥星贝斯科技,并由蚂蚁集团CEO胡晓明亲自担任董事长。蚂蚁集团此举将打破Oracle数据库在中国市场的垄断地位,标志着蚂蚁旗下这一知名科技产品走上大规模商业化轨道,也推动分布式数据库这一中国顶级自研技术进入全新发展阶段。

Oracle数据库是甲骨文公司的一款关系数据库管理系统。它是在数据库领域一直处于领先地位的产品。Oracle数据库系统是目前世界上流行的关系数据库管理系统,系统可移植性好、使用方便、功能强,适用于各类大、中、小、微机环境。它是一种高效率、可靠性好的、适应高吞吐量的数据库方案。

OceanBase的成功是蚂蚁集团持续十年技术投入的结果。它颠覆了传统数据库集中式技术架构,创新采用了新一代分布式处理技术,在数据库这一前沿技术方向上保持领先并实现完全自主研发。OceanBase在技术上的成熟和领先度,为它推向市场并大规模商业化奠定了基础。在阿里经济体内,OceanBase多年来支撑了支付宝、网商银行等重要业务。经过阿里超大规模业务场景、支付宝金融级场景及"双11"等战役的历练,OceanBase成为一款经过复杂业务考验的成熟商业产品。

OceanBase的技术服务也从2017年开始对外输出,在国内金融领域,它的商用化程度不断深入;在交通、铁路、航天等领域,也都出现了它的身影。相比传统数据库,OceanBase

以更低的成本实现了多中心多地域极限容灾能力，满足了数字时代对服务永远在线的严苛要求，也以更强的性能适应了互联网时代不断扩张的数据处理需求，市场前景光明。单独成立公司意味着其商业模式的成熟，也意味着其在蚂蚁集团内部的业务地位得到了提升。

资料来源：搜狐网.官宣，蚂蚁集团成立数据库独立公司 OceanBase[EB/OL].[2020-06-08].https://www.sohu.com/a/400400355_374240.

2.数据垄断

大数据驱动金融创新的核心在于信息流、资金流和商品流的紧密结合。由于目前我国金融大数据的产权不明晰、交易不畅通，这三流合一主要在企业内部进行，这将导致金融行业严重的两极分化。一方面，同时握有数据和资金资源的电商巨头与商业银行将凭借数据垄断获得绝对的竞争优势。例如，阿里巴巴凭借电商平台的数据优势和雄厚的资金实力，先后进入小额贷款、理财账户和保险领域，并向银行领域正式进军。而建设银行、工商银行等传统商业银行也逐步起用沉睡已久的内部数据，开始了业务创新。另一方面，金融市场的中小参与者则处于数据和资金两相分离的弱势地位。一般的互联网平台，例如人人网、新浪微博，拥有丰富的大数据资源，但无法向金融服务进行转化。一般的金融企业则缺少大数据的原始储备和获得渠道，难以进行相关业务的拓展。这种数据垄断一旦形成，将降低金融市场的竞争效率，抑制金融大数据的活力，阻碍金融创新的进一步发展。

为了解决上述困境，中国的相关监管部门应该着力于制定相应的法律法规，为金融大数据的高效整合、信息流与资金流的合理配置创造良好的制度环境。在这一过程中，大数据的财产化和自由交易化将会成为最为关键的环节。

首先，应该从法律上将大数据资源进行财产化。通过立法等形式，将大数据确认为一种财产，并且明确规定大数据的产权如何产生、转移和终结。同时，对于侵害大数据财产权的相关行为，例如黑客攻击、非法传播等，应进行相应的裁量和处罚。这些举措确认了大数据的财产性法益，有利于保护大数据所蕴含的社会经济价值。这将为相关企业开发和持有金融大数据所产生的合法权益提供法律保护，同时也为大数据的进一步交易和流通提供法律支持。与知识产权等非实物资产相似，大数据的财产化将最终促使以大数据的创造、交易、利用为核心的新产业链的诞生，从而创造更多的社会财富。

其次，在大数据财产化的基础上，应该通过制度设计和行业指导，促进金融大数据在市场上以财产的形式自由交易和高效流转。一方面，这种交易将解决数据封闭的困境。市场参与者可以通过竞价购买、自由交易的方式，获取并整合来自不同收集者或不同平台的大数据资源，从而进一步开发大数据的社会经济价值。这将激活我国大量休眠的数据资源，使其为金融行业的发展贡献力量。另一方面，这种交易将消除信息流和资金流的隔离，进而打破数据垄断。在大数据自由交易后，金融市场的中小参与者无须耗费大量的投资进行大数据的收集和开发，只需向大数据的供应商，例如电子商务企业、社交平台、医疗机构等，针对性地购买相应数据。大数据的供应商也将从交易中获得丰厚的资金回报，从而进一步提高数据的处理能力，形成信息流和资金流的良性互动。至此，金融大数据的进入门槛将大为降低，基于大数据的金融创新将不再是少数电商巨头和银行巨头的专利，从而在金融大数据领域维持相对公平和高效的市场竞争。

第五节　大数据在金融监管中的应用

大数据方法的发展及大数据在金融领域的运用,给金融监管提出了挑战。在大数据金融时代,金融监管将更具针对性和精确性,大数据为金融监管提供了有力的手段。

在传统金融中,整个行业或某一个领域往往适用于同一套监管规范,这就使得金融监管缺乏对微观监管主体的监管针对性,无法体现差异性。这一监管方式的优点在于监管成本较小,并且在数据和分析技术有限的情况下,这也是较为实际的监管方式。然而在大数据时代下,数据收集和分析的成本大幅降低,监管机构可以完整、准确地刻画出各被监管主体的特征,提高了监管的效率和水平。

一、监管部门对大数据的应用

大数据分析作为一种新型监管工具,是政府部门完善金融监管体系的有力武器,政府各监管部门都可以通过对大数据的应用来实现对金融市场运行的监督和调控。国务院于2015年7月1日发布《关于运用大数据加强对市场主体服务和监管的若干意见》,强调了大数据在市场监管中的重要作用,这是紧随互联网时代发展趋势、运用先进技术完善政府公共服务和监管工作,促进简政放权和政府职能转变的重要政策文件。从中可以看出,政府极力推动大数据运用于金融监管。

(一)大数据分析助力央行监管业务

从央行的角度来看,数据挖掘及大数据分析能够大幅改善传统分析方法的缺陷,在对海量数据分析之后,能够更准确、更便捷地了解金融市场的整体概况。在央行监管工作的过程中,可以在以下几个方面运用大数据分析手段。

1. 信贷统计分析

大数据分析可以被用于监测贷款集中度风险,监控分析银行融资的投向结构,并且及时做好风险提示工作。它可以指导资金向多个领域分散投放,遏制脱实向虚的风潮。它也能够迅速捕捉到涉及不同区域、不同银行的关联担保及连环担保等动态,预防并压制区域金融风险。

2. 行业风险预警

从范围的角度出发,通过支付、同城清算及纳税报解等系统和数据库中的财务数据并挖掘资金流向,采用统计模型或量化研究方法,从而能够掌握行业运作情况和前景展望。从应用的角度出发,可以挖掘并分析目标行业的典型企业及其股份持有者的数据,然后把握行业的整体情况。一旦用于研究的样本容量达到一定规模,全局掌握该领域的真实面貌和前景就相对容易很多。针对金融机构聚焦的个别方面,例如光伏、房地产、地方融资平台等,通过构造统计模型,改进相应的监测指标,有利于央行借助窗口指导对商业银行进行风险评估和决策支持。

3. 外汇管理和资金监测

国际经贸的兴盛和人民币国际化进程的加速,使得跨境资本流动比以往任何时候都更加频繁。运用大数据技术分析,能够整体分析各个系统的相关数据,对所有跨境资金交易开展实时解析和监督反馈,提高外汇监管的精准防范和预测作用。通过对各大外汇系统和银行记录进行对比,能够辅助外汇审查等事后管理工作进行追踪,发现可疑数据及其关联交易,能够作为现场监管的有效补充,促使监管机构精准定位被监管主体,明确监管目标,增强工作效果。

(二)大数据分析助力证券业监管业务

近年来,证券市场的大数据监管实践也取得了突破性进展。证监会将大数据分析系统应用于调查内幕交易上,取得了不俗的成绩。尤其是在打击"老鼠仓"的问题上,大数据为证监会的工作起到了至关重要的作用。

上海证券交易所专门建立了面向监管的大数据仓库。为了更好地服务于监管,上交所把监管涉及的数据划分成若干个主题,例如会员、投资者、上市公司等,利用多维分析技术,实现跨部门协同、跨主题关联、跨系统共享。同时,上交所设立多层级的异动指标,分为4大类、72项,敏感信息分为3级,共11大类、154项。

深圳证券交易所建立了九大报警指标体系,根据各个时期的交易特征提炼了204个具体指标。一旦系统监测到股价偏离了大盘的走势,深交所会立刻核查当天该上市公司的信息发布,并检查特定时点上是否有投资者买入该股票。如果在该公司发布重组、高配送、高送转等利好消息前出现异常交易,深交所就会将其作为重要线索呈报给证监会,由证监会决定是否立案。随着近年来互联网的普及,信息传播的深度、广度和速度都大幅提高。在股吧、微信、微博、博客等平台上利用消息传播非法获利的手段层出不穷,给监管带来了严峻的挑战。对此,深交所专门派小组去美国学习了 SONAR 系统的监管经验。在借鉴发达国家经验的基础上,深交所开发了以"抢帽子"交易操纵为基础的文本挖掘原型系统,并将该原型系统与股价异动联系起来,构建市场股价综合模型,全面提供对内幕交易、市场操纵、证券欺诈等违法行为的文本信息监督。

(三)大数据分析助力银行系统内部监督

近年来,银行系统的大数据监督也开始稳步发展。2008 年,原中国银监会启动了现场检查系统(EAST 系统)的建设。该系统构建了先进的现场检查平台,实现了对银行业金融机构大数据的有效挖掘和深度分析,为打击各种违法违规行为提供了技术支持。2017 年3 月,原银监会在整合《监管数据标准化规范(中小银行及农村金融机构)2.0 版》和《商业银行监管数据标准化规范》的基础上,修订形成了《银行业金融机构监管数据标准化规范》,旨在进一步深入推进监管部门检查分析系统(EAST)应用,增强系统性、区域性风险识别监测能力,并督促银行业金融机构加强数据治理,运用数据持续提升风险防控能力和公司治理水平。2018 年,银保监会印发《银行业金融机构数据治理指引》,明确了监管机构的监管责任、监管方式和监管要求,监管机构可依法采取其他相应监管措施及实施行政处罚。自 2009 年以来,该系统陆续在全国投入使用,取得了良好的监管效果。例如,2013 年在对辖内某银行信用卡业务的现场检查中,湖北省银监局利用 EAST 系统的分析功能,针对信用卡疑似套现在交易数据上常有一些异常表现,例如每笔交易金额较大、先还后借且交易间隔时间短等,建立了监测模型。该模型成功筛选出近千笔存在套现倾向的交易,并筛选出恶意透支的可疑名单。

二、数据处理的技术问题

随着金融行业的不断发展,金融产品越发丰富,交易规则越发复杂,金融市场的监管难度也大幅上升。因此,在21世纪初,美国等发达国家的金融监管机构就尝试采用计算机和互联网技术实现金融市场监管的自动化。但是,各国的实践表明,数据处理的技术问题和市场监管的特殊要求严重制约着监管自动化的实现。

(一)数据处理的技术问题阻碍金融市场监管自动化

数据处理的技术问题主要包括以下几点。

(1)数据规模。例如,美国股票市场每天产生超过4亿次的交易。海量的交易数据对监管系统的处理能力和反应速度都提出了较高的要求。

(2)数据质量。除一般的数据错误外,金融市场的相关数据还可能因为市场分割、交易指令的寿命等因素,产生各类新型的数据错误。

(3)数据时效性。金融市场的相关数据具有很强的时效性,在一些监管领域,系统必须在一天内完成监测和判断,有些领域甚至要求实时动态监管。

(4)市场调整。在现实的金融市场中,市场结构、市场参与者、法律法规等因素都在持续迅速地发生变化,监管系统必须能够及时作出调整。

(5)隐藏联系。监管系统必须能整合并挖掘市场数据,理清数据背后隐藏的利益关系,从而准确捕捉金融市场的违法行为。

(二)金融市场监管的特殊性对监管自动化提出更高的要求

金融市场监管的特殊性要求主要包括两个方面。

1.预警能力

为了最大限度地减少违规行为对市场造成的损失,自动化的市场监管系统不但要准确识别已发生的违规行为,还要对可能发生的违规行为进行风险评估和提前预警。这一能力对欺诈和市场操纵等违规行为的预防尤为重要。

2.举证能力

为了支持后续的司法措施,自动化的市场监管系统必须具有向法庭举证的能力,这些证据应该包括例证和详细的统计数据。目前,大数据技术的发展和应用正在逐渐解决上述的种种难题。美国、中国等国家已经在证券市场、银行系统等诸多领域开始了大数据金融监管的有益尝试,并且取得了令人瞩目的成绩与经验。

【思考练习】 ---■

1. 比较传统金融和大数据金融在监管上有哪些差异?

2. 举例说明大数据金融的风险。

3. 简述美国对大数据金融的监管。

4. 简述我国针对大数据金融监管的法律法规。

5. 从宏观和微观两个角度简述对大数据金融的监管措施。

【学习园地】

2021年11月19日,中国证券监督管理委员会北京监管局、北京市地方金融监督管理局公布了首批拟纳入资本市场金融科技创新试点的16个项目名单,其中包括证券行业数字人民币应用场景创新试点。

数字人民币看上去很神秘,但使用起来非常简单。一方面,移动支付已经成为人们日常生活中常见的方式。对于数字人民币数字钱包,用户不会有使用上的障碍。另一方面,数字人民币更加安全,能够有效避免个人信息的泄露,也能降低陷入各类支付骗局的风险。数字人民币具有法定货币的权威性,其权威性是移动支付平台难以比拟的。

在2022年北京冬奥会园区内,数字人民币悄然登场,实现了交通出行、餐饮住宿、购物消费、旅游观光、医疗卫生、通信服务、票务娱乐七大类场景全覆盖。来自全球各地的体育健儿、体育官员和新闻记者,在冬奥会全景享受使用数字人民币的新体验,感受中国数字经济的新成果。数字人民币虽非冬奥赛场的主旋律,却丰富了冬奥赛场的精彩度,让冬奥体验更美好,成为中国创新的"绝好素材",提升了我国金融科技创新的软实力。

当数字虚拟货币野蛮生长疯狂炒作成为投机泡沫时,数字人民币已经在有序监管下实现多场景使用。数字人民币走在全球前列,是中国数字经济实力支撑的结果,也是"中国科技+金融创新"的成果,为全球数字货币的监管与使用提供了经验。

资料来源:学习强国.从冬奥赛场看数字人民币行稳致远[EB/OL].[2022-01-05].https://www.xuexi.cn/lgpage/detail/index.html?id=10492844684929999719&item_id=10492844684929999719.

参 考 文 献

[1] 陈红梅．互联网信贷风险与大数据[M]．北京:清华大学出版社,2018.

[2] 陈利强,梁如见,张新宇．金融大数据:战略规划与实践指南[M]．北京:电子工业出版社,2015.

[3] 陈云．金融大数据[M]．上海:上海科学技术出版社,2015.

[4] 陈晓华,吴家富．供应链金融[M]．北京:人民邮电出版社,2018.

[5] 冯利英,李海霞．大数据背景下互联网金融风险测度与监管[M]．北京:经济管理出版社,2018.

[6] 何平平,车云月．大数据金融与征信[M]．北京:清华大学出版社,2017.

[7] 李金龙,宋作玲,李勇昭,等．供应链金融理论与实务[M]．北京:人民交通出版社,2011.

[8] 李勇,许荣．大数据金融[M]．北京:电子工业出版社,2016.

[9] 刘飞宇．互联网金融法律风险防范与监管[M]．北京:中国人民大学出版社,2016.

[10] 刘汝焯,戴佳筑,何玉洁,等．大数据应用分析技术与方法[M]．北京:清华大学出版社,2018.

[11] 刘晓星．大数据金融[M]．北京:清华大学出版社,2018.

[12] 庞引明,张绍华,宋俊典．互联网金融与大数据分析[M]．北京:电子工业出版社,2016.

[13] 宋华．互联网供应链金融[M]．北京:中国人民大学出版社,2017.

[14] 王雷．供应链金融:"互联网＋"时代的大数据与投行思维[M]．北京:电子工业出版社,2017.

[15] 吴卫明．互联网金融知识读本[M]．北京:中国人民大学出版社,2015.

[16] 赵永新．金融科技创新与监管[M]．北京:清华大学出版社,2021.

[17] 张云,韩云．大数据金融[M]．北京:中国财政经济出版社,2020.

[18] 中国支付清算协会金融大数据研究组．金融大数据创新应用[M]．北京:中国金融出版社,2018.

[19] 白运会．大数据时代的金融信息安全[J]．网络安全技术与应用,2014(11):101,103.

[20] 陈静,孙中东,林磊明,等．大数据驱动金融业变革[J]．金融电子化,2013(12):28-33,7.

[21] 陈书宜．金融大数据应用的风险与监管[J]．现代营销(经营版),2019(11):92.

[22] 程立国,陈健恒,徐永红．大数据在金融业的应用初探[J]．中国金融电脑,2013(10):69-73.

[23] 范应胜．大数据技术与金融业的融合发展及应用研究[J]．中国产经,2020(14):41-42.

[24] 冯瑞琳,大数据技术与金融行业的深度融合分析[J]．现代商贸工业,2019,40(30):120-121.

[25] 顾乃景,马晓丽．大数据在征信中的应用[J]．黑龙江金融,2020(4):60-61.

[26] 贺小曼．基于大数据的金融风险预测与防范对策[J]．财经界(学术版),2019(18):4.

[27] 侯晓玥．大数据金融的风险与挑战分析[J]．商场现代化,2019(2):122-123.

[28] 侯富强．大数据时代个人信息保护问题与法律对策[J]．西南民族大学学报(人文社科版),2015,36(6):106-110.

[29] 江振荣．大数据背景下互联网金融风险及应对措施[J]．中国产经,2020(9):113-114.

[30] 李振伟．大数据对银行业的影响及应对建议[J]．金融经济,2015(16):52-54.

[31] 包慧．起底芝麻信用"不一样"的数据源[N]．21世纪经济报道,2015-06-17(002).

[32] 陈莹莹．征信进入大数据时代[N]．中国证券报,2015-04-20(003).